개정판 사루피 스와힐리어
SARUFI YA KISWAHILI

저자 허남운

저서 폴레폴레 스와힐리어

개정판 발행·2020년 9월 23일   초판발행·2013년 10월 21일
지은이·허남운   펴낸곳·호디북스   펴낸이·최재갑   기획·투아프리카
출판등록·제 2013-000014호
주소·서울시 용산구 이촌로 5, 411호(한강로 3가, 한강그랜드오피스텔)
전화·02) 714-2252   팩스·02) 6442-0474
ISBN 979-11-950546-3-3   13790
정가 22,000원

*잘못된 책은 구입하신 곳에서 교환해 드립니다.
*이 책의 내용을 무단 복제하는 것은 저작권법에 의해 금지되어 있습니다.

이 도서의 국립중앙도서관 출판예정도서목록(CIP)은 서지정보유통지원시스템 홈페이지(http://seoji.nl.go.kr)와 국가자료종합목록 구축시스템(http://kolis-net.nl.go.kr)에서 이용하실 수 있습니다. (CIP제어번호:CIP2020039178)

 호디북스 홈페이지

 유튜브

 페이스북

 인스타그램

얼굴의 아프리카 2 Africa

개정판

사루피 스와힐리어

허남운 지음

SARUFI YA KISWAHILI

호디북스

사루피 스와힐리어

머리말

스와힐리어에서 소유를 표현할 때 'kuwa na'라는 표현을 사용하는데, 직역해보면 '~와 (함께) 있다'라는 의미이다. 예를 들면, 'nilikuwa na kitabu^{나는 책을 갖고 있었다}'라는 문장을 직역해보면 '나는 책과 (함께) 있었다'는 뜻이다. 스와힐리어 표현에서 뭔가를 소유한다는 것은 절대적으로 내 것이 아니라 나와 함께 있으면 내 것이 되고 또 다른 누군가와 있으면 그 사람 것이 된다는 의미인 것이다. 이처럼 언어 표현 속에는 그 언어를 쓰는 사람들의 세계관이 고스란히 녹아 있다. 한국어에서는 소유를 나타낼 때 '~을 가지고 있다'라는 표현보다는 '~이 있다'라는 표현을 더 많이 쓴다. 예를 들면, '나는 책이 있다', '그녀는 집이 있다'처럼 쓰는데, 이는 스와힐리어 표현 방식과 많이 비슷해 보인다. 아마도 우리의 세계관과 스와힐리어를 쓰는 사람들의 세계관은 서로 닮아 있나 보다. 그래서 어떤 언어를 배운다는 것은 단순히 서로 다른 음운 체계와 문장 구조를 습득하는 것이 아니라, 그 언어를 쓰는 사람들의 생각과 철학과 사상을 이해하는 과정이다.

사루피 스와힐리어를 처음 펴낸 지 어느덧 7년이 되어간다. 그 사이, 정치·경제·사회적으로 많은 변화가 있었고, 기술 발달로 사람들의 소통 방식도 이전과는 많이 달라졌다. 다른 한편으로는 전세계를 마비시킬 정도의 엄청난 바이러스로 인해 우리의 삶이 뿌리째 흔들리기도 했다. 그런 변화는 필연적으로 우리가 매일 사용하는 언어에도 영향을 미치게 되는데, 스와힐리어 역시 예외는 아니다.

특히 소셜 미디어를 통한 교류가 활발해지면서 스와힐리어로 된 콘텐츠가 기하급수적으로 늘어났다. 마음만 먹으면 얼마든지 스와힐리어 신문이나 논문, 소설, 라디오, 텔레비전, 개인 창작물 등을 실시간으로 접할 수 있다. 여과되지 않은 있는 그대로의 스와힐리어를 안방에서도 만날 수 있다. 문어체 표현, 구어체 표현, 속어, 은어, 시대를 반영하는 신조어 등은 모두 그만한 가치를 지니고 있지만, 콘텐츠의 홍수 속에서 그 차이를 구분해서 적절하게 사용하는 것은 쉬운 일이 아니다.

이 책은 그런 수많은 콘텐츠 속에서 올바른 길잡이가 되어줄 것이다. 이번 개정판에서는 이전에 담지 못했던 문법적인 설명뿐만 아니라, 숙어와 관용적인 표현도 다수 추가하였다. 또한 시대의 변화를 반영하는 예문을 최대한 많이 담고자 노력했고, 탄자니아와 케냐에서 사용하는 스와힐리어 표현이 어떻게 다른지도 설명하고자 했다. 물론 언어는 시대에 따라 지역에 따라 끊임없이 다른 모양으로 변화하기 때문에 그 변화나 차이를 모두 담는 것은 불가능한 일이다. 하지만, 이 책을 통해 스와힐리어의 깊이와 그 변화를 충분히 느낄 수 있을 것이다.

Elfu huanzia moja.

2020년 케냐에서 저자 허남운

슬리끌라 차끌라 퀘 가리 릴레끌레?

단순한 호기심으로 아프리카 말을 듣고 싶어 하는 사람들에게 내가 해주는 말이다. 그러면 모두 즐거워하고 만족스러워한다. 아프리카 언어를 공부한다고 하면 모두들 마냥 신기해하고 그 신기한 아프리카 말이 듣고 싶어 꼭 한 마디 해달라고 요청하는 것이다. 물론 대부분의 경우에 그건 지적인 호기심이 아니라 그냥 귀를 만족시키기 위한 것이지만, 그래도 그렇게 한 사람 두 사람 아프리카에 관심을 갖는 이들이 많아지는 것에 감사하고 기쁠 따름이다.

아프리카 말은 으레 어휘도 부족하고 표현에도 한계가 있어서 뭔가 불완전한 원시 언어일 것이라고 생각하는 사람들이 의외로 많다. 오랫동안 스와힐리어 통역과 번역을 했던 사람으로서 경험을 이야기하자면, 오히려 스와힐리어로 된 표현을 한국어나 영어로 옮길 수 없는 경우가 많았다. 사실 세상의 모든 언어는 평등하다. 어느 언어가 더 우월하다거나 어느 언어가 불완전하다고 말할 수 없다. 언어란 수천 년의 세월을 거치면서 형성되어 그 언어 공동체의 역사, 문화, 환경, 세계관 등을 담고 있다. 인류의 보편적 가치와 그 언어 공동체 만의 특별한 가치를 모두 지니고 있는 것이다.

아프리카에는 그런 언어가 2,000여개가 넘는다. 탄자니아에만 120여 개가 넘는 언어가 사용되고 있고 나이지리아에는 무려 500여 개가 넘는 언어가 있다. 이렇게 서로 다른 언어를 쓰는 사람들이 의사소통을 하기 위해서는 공통의 언어가 필요한데 그것을 교통어라고 한다. 그 중 하나가 스와힐리어이다.

어떻게 하면 사람들이 스와힐리어를 쉽게 배울 수 있을까에 대한 고민을 십 년 넘게 했다. 아프리카에 살면서 가졌던 그 오랜 고민이 이 책에 고스란히 담겨져 있다. 이 책은 처음으로 스와힐리어를 배우는 사람도 혼자서 공부할 수 있도록 스와힐리어 발음에서부터 문장 구조에 이르기까지 도표를 활용해 이해하기 쉽게 설명을 하고 있다. 물론 스와힐리어를 이미 알고 있는 사람들에게 필요한 중·고급 표현도 최대한 많이 담으려고 노력했다. 표준 스와힐리어를 중심으로 설명하고 있지만, 실제 현대 스와힐리어에서, 혹은 구어체에서 조금씩 다른 표현들에 대해서도 설명을 아끼지 않았다.

언어 공동체 밖에 있는 사람이 그 언어를 배운다는 것은 그것이 담고 있는 모든 가치를 함께 습득한다는 뜻인데, 그건 절대 하루아침에 이루어질 수 있는 일이 아니다. 자연의 모든 현상이 순리에 따라 천천히(polepole, 폴레폴레) 진행되듯이 언어도 조급한 마음을 버리고 천천히 배우다보면 어느새 내 것이 되기 마련이다.

Penye nia pana njia.

2013년 탄자니아에서 저자 **허남운**

표준 스와힐리어 / 탄자니아 스와힐리어 / 케냐 스와힐리어

스와힐리어가 사용되는 지역이 넓고 전체적으로 수백 개에 달하는 서로 다른 언어가 함께 사용되다 보니 지역에 따라 여러 스와힐리어 변이형이 존재한다. 그중 스와힐리어가 대중적으로 가장 많이 사용되는 지역을 들어보면, 스와힐리어의 본고장 잔지바르, 스와힐리어가 가장 활발하게 사용되고 있는 탄자니아 본토, 영어 및 현지 언어와 긴밀한 영향을 주고받으면서도 스와힐리어가 널리 사용되는 케냐 등이다. 이 중 잔지바르 스와힐리어는 표준 스와힐리어로 인정되고, 탄자니아 본토 스와힐리어 역시 활발한 사용으로 끊임없이 변화를 겪고 있지만 표준 스와힐리어에서 크게 벗어나지 않는다.

그에 비해 케냐 스와힐리어, 특히 나이로비를 중심으로 한 '케냐 내륙 스와힐리어'는 표준 스와힐리어와 비교했을 때 여러 가지 눈에 띄는 차이를 보이는데, 이를 간략하게 정리하면 아래와 같다.

① 영어 표현을 많이 섞어 쓰고 특히 숫자는 영어로 쓰는 경우가 많다. 도시 지역 젊은이들 사이에서는 스와힐리어와 영어 및 현지 언어를 섞어 쓰는 Sheng이 널리 사용되고, 대중문화가 반영되는 여러 방송 프로그램이나 소셜 미디어에서도 Sheng을 빈번하게 사용한다. 예) room yangu

② 명사 부류 호응의 단순화가 일어난다. 사람은 m-wa 부류 호응, 사물은 대체로 n 부류 호응이 일어난다.
   - 형용사 앞에 붙는 접두사는 대부분 'm/mu-', 'wa-', 'n-', 'mi-' 등이다. 예) shida mingi
   - 주격 접사는 사람일 때 'a-'(단수형)와 'wa-'(복수형)로, 사물일 때는 대부분 'i-'로 받는다. 예) Matunda iko?
   - 연결사(-a)는 사람일 때 'wa'로, 사물일 때는 대부분 'ya'로 받는다. 예) Kiswahili ya kawaida
   - 소유격은 사람일 때 'w-'로, 사물일 때는 대부분 'y-'로 시작된다. 예) kitanda yake

③ 단음절 동사 앞에 붙는 '-ku-' 접사를 거의 모든 경우에 그대로 유지한다. 참고로, 표준 스와힐리어에서는 시제에 따라, 긍정문/부정문에 따라 '-ku-' 접사가 붙기도 하고 떨어지기도 한다. 예) Akikuja, usikuje.

④ 그 외에도 어법이나 단어가 조금씩 다르게 사용된다.
   - 의문형용사인 'gani'를 의문대명사인 'nini'와 같은 의미로 사용한다. 예) Unataka gani?
   - 탄자니아에서는 일상적으로 쓰는 'Naomba~'(해 주세요)라는 표현을 거의 사용하지 않는다.
   - 'pa/ku/mu' 호응에서 대부분 'ku'로 호응한다. 예) Maji iko? Iko.
   - 주격 'yu-'가 들어가는 긍정문에서 'yu-' 대신 'a-'를 사용한다. 예) Ako hapa? Hayuko.

탄자니아와 케냐 다음으로 스와힐리어를 많이 쓰는 곳이 콩고민주공화국(DRC)이다. DRC 동부 지역은 스와힐리어가 교통어로 사용되는데, 불어 표현을 많이 섞어 쓰며 상대적으로 더 많은 언어학적인 변화를 겪었다. 그 차이에 대해서는 여기서 별도로 다루지 않겠다.

이 책에서 케냐 스와힐리어라고 지칭한 부분은 케냐 전체 스와힐리어를 대표한다기보다는 '나이로비를 중심으로 한 케냐 내륙 지역에서 쓰이는 구어체 스와힐리어'를 말한다. 물론 수도인 나이로비에서 사용되는 스와힐리어가 다양한 매체를 통해 케냐 전역에 직간접적으로 영향을 미친다는 사실은 염두에 두어야 할 부분이다.

이 책은 전반적으로 표준 스와힐리어를 중심으로 설명하고 있기 때문에, 표준 스와힐리어를 익히고 난 후 케냐 내륙 스와힐리어의 특성을 살펴본다면 그 차이를 더 쉽게 이해할 수 있을 것이다.

[SARUFI YA KISWAHILI]

목차

Sura ya

01 알아두기 11

- I 아프리카 언어 구분 12
- II 스와힐리어의 발음 14
- III 수와 시간 26

Sura ya

02 문장의 구조 43

- I 문장 구성 44
- II 인칭대명사, 주격, 목적격, 시제 54
- III Ku- 부정사 82
- IV 부정 90
- V kuwa 120
- VI 명령법 126
- VII 가상법 136

Sura ya

03 호응(일치) 149

- I 명사 부류 150
- II 형용사 180
- III 비교급 188
- IV 소유격 190
- V 연결사 -a 193
- VI 지시사 198
- VII 의문사 202
- VIII 부사/전치사/접속사 209
- IX 관계사 구문 224

Sura ya

04 동사의 파생 235

- I 동사의 파생 236
- II 지향형 238
- III 수동형 246
- IV 상태형 252
- V 사역형 256
- VI 재귀형 260
- VII 상호형 264
- VIII 접촉형 267
- IX 반대형 268
- X 기동형/정지형 270
- XI 중첩형/복합파생 272

Usomaji

UVIKO-19? 276

사루피 스와힐리어 개정판 활용하는 방법

문장구조 분석
문장 성분을 하나 하나 뜯어서 이해하기 쉽게 분석한다

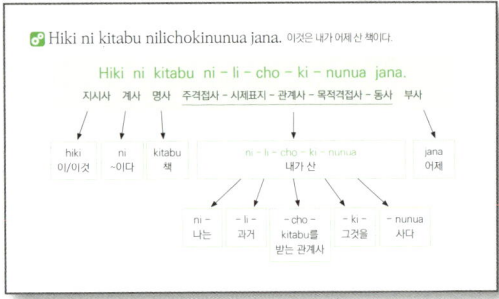

더 알아보기
본문에 나온 표현을 Maelezo Zaidi 에서 깊이 있게 설명한다

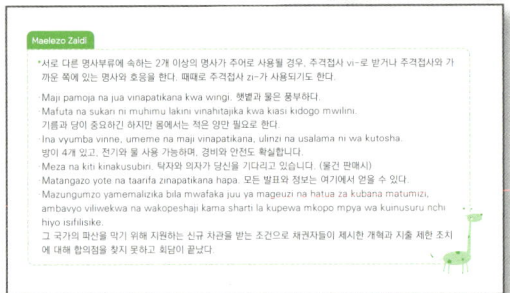

표로 정리하기
복잡한 문법 내용을 하나의 표로 일목요연하게 정리한다

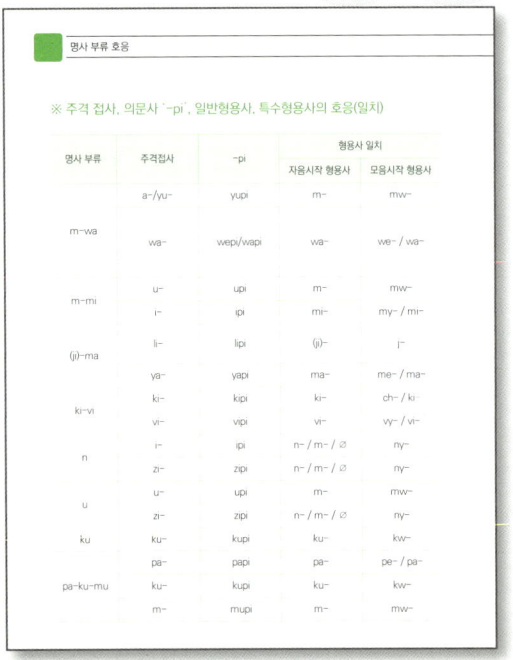

읽을거리
시사적인 소재의 읽을거리를 통해 긴 글을 읽고 분석해본다

> 읽을거리
>
> ### UVIKO-19?
> Safisha mikono yako!
> Weka umbali wa kijamii!
> Vaa barakoa!
>
> UVIKO-19 ni kifupisho cha Ugonjwa wa Virusi vya Korona. Katika Kiingereza, UVIKO ni COVID (Corona Virus Disease). Katika kifupisho UVIKO-19, 'U' kinawakilisha 'Ugonjwa,' 'VI' 'Virusi,' na 'KO' ni Korona. Jina 'COVID' linafuata taratibu za Shirika la Afya Duniani za kutaja magonjwa mapya ya kuambukiza kwa binadamu.
>
> Mnamo Januari, 2020, Shirika la Afya Duniani lilitangaza mlipuko wa ugonjwa mpya wa virusi vya korona katika Mkoa wa Hubei, China, kuwa suala la Hali ya Hatari ya Afya ya Umma Kimataifa kwa sababu ya uwezekano mkubwa wa Ugonjwa wa Virusi vya Korona vya mwaka 2019 (UVIKO-19) kuenea duniani kote. Kufikia Septemba 10, 2020, wagonjwa zaidi ya 28,057,154 wameambukizwa katika nchi zaidi ya 200, zaidi ya watu 908,659 wamekufa kutokana na ugonjwa huo, lakini wengine 20,123,188 pia wametibiwa na kupona tangu kuzuka kwa ugonjwa huo. Katika bara la Afrika matukio ya ugonjwa huu yameripotiwa katika nchi 55 zote. Watu wengi walioambukizwa huonyesha dalili zisizo kali na kiwango cha takribani 3.2% cha vifo ulimwenguni ni cha chini kikilinganishwa na magonjwa mengine ya kuambukiza yanayotokea katika bara hili kama vile VVU/UKIMWI, surua au Ebola. Janga hili haliiaathiri tu sekta ya afya, bali limeathiri uchumi kwa ulumla, ikiwa ni pamoja na biashara na utalii, ambazo ndizo nguzo kuu za maisha katika nchi nyingi.
>
> Dalili za UVIKO-19 kwa wagonjwa wengi ni homa, uchovu na kikohozi kikavu. Wagonjwa wengine wanaweza kuwa na uchungu wa misuli, maumivu ya koo, kubanwa pua, kutokwa kamasi au kuharisha. Ugonjwa huu husambaa kupitia vitone vidogo

알아두기

Ⅰ. 아프리카 언어 구분
Ⅱ. 스와힐리어의 발음
Ⅲ. 수와 시간

I 아프리카 언어 구분

아프리카에는 아프리카어가 없다?!

1. 세계 언어 분류

> 153개 어족(Afro-Asiatic, Austronesian, Indo-European, Niger-Congo, Nilo-Saharan, Sino-Tibetan, Trans-New Guinea, …) ⇒ 7,100여개 (SIL 2020년)

전 세계의 언어를 큰 어족 Language Family 단위로 분류해 보면 153개의 어족으로 분류할 수 있고, Ethnologue 2020년 자료에 의하면 전세계적으로 7,117개의 언어가 사용되고 있다. 현재까지의 연구에 따르면, 스페인의 바스크어 Basque 나 탄자니아의 하자어 Hadza 를 비롯해 88개의 언어는 어느 어족에도 속하지 않는 개별적인 언어로 분류한다.

2. 아프리카 언어 분류(2,100여개)

> ① Niger-Congo (1,542) : Swahili, Zulu, Xhosa, Setswana, Lingala, Yoruba, …
> ② Nilo-Saharan (207) : Kanuri, Dholuo, Maasai, Kalenjin, …
> ③ Afro-Asiatic (377) : Hausa, Amharic, Oromo, Somali, …
> ④ Khoe-Kwadi (13) : Khoekhoe, Kwadi, Shua, Tshuwau, …
> ⑤ Tuu (7) : ǃXóõ, ǂUngkue, ǁXegwi, ǀXam, …
> ⑥ Kx'a (4) : ǂAmkhoe, Juǀ'hoansi, Kung-Ekoka, Northwestern ǃKung

아프리카 대륙에는 2,100여개의 언어가 사용되고 있는데, 이 언어들은 크게 6개의 어족으로 분류할 수 있다. 그 중 가장 큰 어족은 나이저-콩고 Niger-Congo 어로 1,500개 이상의 언어가 속해 있다. 그 외에 나일-사하라 Nilo-Saharan 어, 아프로-아시아 Afro-Asiatic 어, 퀘이-콰디 Khoe-Kwadi 어, 투우 Tuu 어, 카 Kx'a 어가 있는데, 이 중에서 퀘이-콰디어와 투우어, 카어는 특유의 흡착 폐쇄음 Click Sound 으로 전 세계의 다른 지역에서는 찾아볼 수 없는 특이한 음을 가지고 있다. 탄자니아에는 모두 125개의 언어가 사용되고 있고, 케냐에는 67개, 카메룬에는 274개, 나이지리아에는 무려 515개의 언어가 사용되고 있다.

SARUFI YA KISWAHILI

3. 스와힐리어

> Niger-Congo 〉 Atlantic-Congo 〉 Volta-Congo 〉 Benue-Congo 〉 Bantoid(695개) 〉 Southern 〉 Narrow Bantu (543개) 〉 Central 〉 G 〉 Swahili (G.42)

① 쓰이는 지역 : 동아프리카 해안 지역을 중심으로 탄자니아, 케냐, 콩고민주공화국^{DRC} 동부, 소말리아 남부, 우간다·부룬디·르완다·잠비아·말라위·모잠비크·마다가스카르·코모로 군도 일부 지역
② 잔지바르 스와힐리어를 표준 스와힐리어로 채택함
③ 스와힐리어를 알면 다른 반투어들을 배우는데 많은 도움이 됨

동아프리카 해안 지역을 중심으로 사용되는 스와힐리어는 탄자니아, 케냐, 콩고민주공화국 등에서 특히 많이 사용되고 있다. 스와힐리어는 반투어에 속하는데 스와힐리어를 알면 다른 반투어—좁게 보면 543개 언어, 넓게 보면 695개 언어—를 배우는데 많은 도움이 된다. 탄자니아의 잔지바르에서 사용되는 스와힐리어를 표준 스와힐리어로 채택해서 쓰고 있지만, 실제로 스와힐리어가 가장 왕성하게 사용되고 그 변화가 가장 많이 나타나는 곳은 다르에스살람 지역이다. 물론 여러 언어 화자들이 섞여 있어 각 언어의 특징들이 스와힐리어에 배어들기도 하고 속어 표현이 많이 생겨나기도 하지만, 이 또한 언어 변화의 지극히 자연스러운 현상이라고 볼 수 있다.

Maelezo Zaidi

*언어에 대한 통계 수치는 개별 언어에 대한 연구와 언어 비교를 통한 언어학적 연구 결과에 따라 해마다 조금씩 달라질 수 있다.

*스와힐리어가 쓰이는 지역이 워낙 넓다 보니 여러 변이형이 존재한다. 소말리아에서부터 케냐, 탄자니아, 모잠비크, 콩고민주공화국에 이르기까지 각 나라마다 다르고, 한 국가 내에서도 지역에 따라 서로 다른 형태의 스와힐리어가 사용된다. 케냐에서는 스와힐리어와 영어, 각 지역의 현지 언어 등을 섞어서 쓰는 Sheng이라는 말이 존재하는데, 젊은 세대들 사이에서는 이 Sheng을 사용하는 것이 세련되고 멋진 것으로 생각하기도 한다.

II. 스와힐리어의 발음

스와힐리어의 모음이나 자음은 그 발음이 변하지 아니하고 항상 동일하다

어떤 언어를 배우든 그 언어의 모국어 화자들이 쓰는 발음에 최대한 가깝게 발음하려고 노력해야 한다. 내 발음이 그 언어의 실제 발음과 가까우면 가까울수록 그 언어를 세련되게 구사할 수 있다. 문법적으로 아무리 정확한 문장을 구사한다고 해도 발음이 부정확하면 그 언어를 잘 못하는 사람으로 인식하게 마련이다. 외국인으로서 남의 언어를 현지인들과 똑같이 구사한다는 것은 어려운 일이고 분명히 한계가 있다. 하지만, 최대한 가깝게 가도록 노력할 때 언어적인 전달력도 높아질 것이다.

스와힐리어는 5개의 모음과 2개의 반모음, 25개의 자음으로 이루어져 있다. 스와힐리어의 모음이나 자음은 그 발음이 변하지 아니하고 항상 동일하다. 예를 들면, 'a[아]' 발음은 항상 'a[아]'로만 발음하고, 'e[에]' 발음은 항상 'e[에]'로만 발음하는 것이다. 모음은 단음과 장음으로 나뉘는데, 장음은 'aa[아~]', 'ee[에~]', 'ii[이~]', 'oo[오~]', 'uu[우~]' 등으로 동일한 철자를 반복해서 쓰고 발음을 길게 하면 된다.

1. 모음

철자	발음기호	단어 읽기
A	[a]	bata 오리, mama 엄마, baba 아빠
E	[ɛ~e]	embe 망고, debe 담는 용기, pembe 뿔, 각, 모서리
I	[i]	bibi 할머니, 아내, Miss., Mrs., kiti 의자, titi 유두
O	[ɔ~o]	moto 불, toroka 도망가다, jogoo 수탉
U	[u]	tundu 틈, 구멍, jua 해, 알다, tumia 사용하다

SARUFI YA KISWAHILI

2. 자음

스와힐리어는 로마자 알파벳으로 표기하는데. 자음 중에서 하나의 철자로 표기하기 힘든 발음들이 있어서, 9개의 자음은 두 개의 철자를 결합하여 표기한다. 이렇게 두 개의 철자로 표기된 자음은 비록 형태적으로는 두 개의 철자로 되어 있지만, 실제 발음은 하나의 음소를 나타내기 때문에 이 두 개의 철자를 절대로 분리해서 발음하면 안된다.

B [ɓ]

bubu 청각장애인, 벙어리, babu 할아버지, mbwa 개

영어의 'b'와 비슷하지만, 내파음*으로 발음하는 경우가 많다. 그 음가는 /ɓ/로 실현된다. 한국어 화자들은 특히 'b'가 단어의 첫머리에 나올 때 'ㅂ'처럼 발음하지 않도록 주의해야 한다. 왜냐하면 한국어의 'ㅂ'은 단어 첫머리에 나올 때 /p/에 가깝게 발음되기 때문이다.

D [ɗ]

dada 누나, 언니, duka 상점

영어의 'd'와 비슷하지만, 내파음으로 발음하는 경우가 많다. 그 음가는 /ɗ/로 실현된다. 한국어 화자들은 특히 'd'가 단어의 첫머리에 나올 때 'ㄷ'처럼 발음하지 않도록 주의해야 한다. 왜냐하면 한국어의 'ㄷ'은 단어 첫머리에 나올 때 /t/에 가깝게 발음되기 때문이다.

Maelezo Zaidi

*내파음이란 간단히 설명하면 숨을 밖으로 내뱉는 대신 안으로 흡입하면서 내는 음이라고 생각하면 된다. 스와힐리어에서는 'b', 'd', 'g', 'j'가 내파음의 성질을 가진다.

II 스와힐리어의 발음

F [f]

> ficha 숨기다, fuata 따르다, 쫓다

영어의 'f'와 비슷하다. 그 음가는 /f/로 실현된다. 윗니로 아랫입술을 살짝 물고 발음한다.*

G [g]

> gani 무슨, 어떤, goigoi 게으름뱅이

영어의 'g'와 비슷하지만, 내파음으로 발음하는 경우가 많다. 그 음가는 /g/로 실현된다. 한국어 화자들은 특히 'g'가 단어의 첫머리에 나올 때 'ㄱ'처럼 발음하지 않도록 주의해야 한다. 왜냐하면 한국어의 'ㄱ'은 단어 첫머리에 나올 때 /k/에 가깝게 발음되기 때문이다.*

H [h]

> habari 소식, 뉴스, haki 법, 정의, 권리

'h' 발음은 영어의 'h'와 비슷하다. 그 음가는 /h/로 실현된다. 스와힐리어 화자들 중에는 'h'를 묵음화시켜 아예 발음하지 않거나 'h'를 'kh'로 발음하는 경우도 있다. 'kh'의 음가는 /x/이다.
예) haya → aya, asubuhi → asubui, heri → kheri

Maelezo Zaidi

* 'f'와 'v'는 윗니로 아랫입술을 살짝 물고 각각 'ㅍ'과 'ㅂ'을 발음한다고 생각하고 발음하면 된다.
* 영어에서는 'g'의 음가가 단어에 따라 달라진다. 예를 들면, girl[gəːrl]과 giant[dʒáiənt] 두 단어 모두 똑같은 철자인 'g'로 시작하지만, 실제 'g'의 음가가 girl에서는 /g/이고 giant에서는 /dʒ/임을 알 수 있다. 그렇지만 스와힐리어에서 'g'의 음가는 항상 /g/로 실현된다.

J [ʃ~ɟ]

jibu 대답하다, **joto** 더운

'j' 발음은 외국인이 가장 어려워하는 발음 중의 하나로 내파음이다. 그 음가는 /ʃ/로 실현된다. 입안에서 소리가 만들어지는 위치를 봤을 때 한국어의 'ㅈ'이나 영어의 'j'보다 더 안쪽에서 이루어지고 공기가 안으로 빨려들어가면서 나는 소리이다.

K [k]

kitu 물건, 일, **kaka** 형, 오빠

영어의 'k'와 비슷하다. 그 음가는 /k/로 실현된다. 스와힐리어의 여러 어휘를 놓고 그 음가를 분석해보면 무성파열음 /k/와 기식음* /kʰ/가 구분되는 경우가 있다. 그렇지만, 현대 스와힐리어에서는 대체로 그 차이를 구분하지 않고 쓰기 때문에 자세히 서술하지 않겠다.

L [l]

lala 잠자다, **leo** 오늘

영어의 'l'과 비슷하다. 그 음가는 /l/로 실현된다. 많은 스와힐리어 화자들이 'l'과 'r'을 구분하지 않고 쓰는 경향이 있다. 예) toroli → torori, tofali → tofari, teleza → tereza

Maelezo Zaidi

*기식음이란 소리가 만들어지는 마지막 단계에서 'ㅎ' 혹은 /h/음이 추가되어 공기를 훅 내뱉듯이 나는 음이다. 스와힐리어에서는 'k', 'p', 't'가 기식음화되어 각각 /kʰ/, /pʰ/, /tʰ/로 실현될 수 있다. 우리말의 음소로 설명을 하자면, 'ㄲ', 'ㅃ', 'ㄸ' 음이 기식화되면 각각 'ㅋ', 'ㅍ', 'ㅌ'으로 바뀌는 것이라고 생각하면 된다. 그렇지만, 현대 스와힐리어에서는 /k/, /p/, /t/와 기식음 /kʰ/, /pʰ/, /tʰ/를 특별히 구분하지 않기 때문에 기식음에 대해서 굳이 신경쓰지 않아도 된다.

II 스와힐리어의 발음

M [m]

> moyo 마음, mtu 사람, mtoto 아이, mwalimu 선생님

영어의 'm'과 비슷하다. 그 음가는 /m/로 실현된다. 스와힐리어에서는 'm' 뒤에 모음이 없이 곧바로 자음이 나오는 경우가 종종 있는데, 그럴 때 한국어 화자들이 많이 하는 실수가 'm'의 발음을 한국어의 [음]으로 발음하는 것이다. 한국어의 [음]은 두 입술이 떨어진 상태에서 시작해서 발음이 종료되면 입술이 닫힌 상태가 된다. 그렇지만, 스와힐리어의 'm' 발음은 입술이 닫힌 상태에서 발음을 시작하는 것이다. 그렇게 발음을 하면 실제 'm'의 발음은 다음에 이어지는 자음으로 시작되는 음절과 거의 한 음절처럼 발음이 되어 'm'의 발음이 잘 들리지 않는 경우가 많다.

N [n]

> na ~와 함께, 그리고, nini 무엇, ndizi 바나나

영어의 'n'과 비슷하다. 그 음가는 /n/로 실현된다. 스와힐리어에서는 'n' 뒤에 모음이 없이 곧바로 자음이 나오는 경우가 종종 있는데, 그럴 때 한국어 화자들이 많이 하는 실수가 'n'의 발음을 한국어의 [은]으로 발음하는 것이다. 한국어의 [은]은 혀끝이 아랫니 안쪽에 위치한 상태에서 시작해서 윗니 안쪽으로 올라가 붙으면서 발음이 종료된다. 그렇지만, 스와힐리어의 'n' 발음은 혀끝이 윗니 안쪽에 닿은 상태에서 발음을 시작하는 것이다. 그렇게 발음을 하면 실제 'n'의 발음은 다음에 이어지는 자음으로 시작되는 음절과 거의 한 음절처럼 발음이 되어 'n'의 발음이 잘 들리지 않는 경우가 많다.

P [p]

> **penda** 좋아하다, 사랑하다, **pata** 얻다

영어의 'p'와 비슷하다. 그 음가는 /p/로 실현된다. 스와힐리어의 여러 어휘를 놓고 그 음가를 분석해보면 무성파열음 /p/와 기식음 /pʰ/가 구분되는 경우가 있다. 그렇지만, 현대 스와힐리어에서는 대체로 그 차이를 구분하지 않고 쓰기 때문에 자세히 서술하지 않겠다.

R [ɾ]

> **raha** 즐거움, 행복, **rafiki** 친구

영어의 'r'과는 차이가 나는 발음이다. 그 음가는 /ɾ/로 실현된다. 오히려 한국어의 'ㄹ'이 모음과 모음 사이에 있을 때 나는 발음과 비슷하다. 예를 들면, '나라[naɾa]', '마루[maɾu]' 등의 단어에 있는 'ㄹ'과 비슷한 음이다.

S [s]

> **safari** 여행, **simba** 사자

영어의 's'와 비슷하다. 그 음가는 /s/로 실현된다. 한국어 화자들은 's'가 모음 'i'와 결합하여 'si'가 될 때 그 발음이 [시]가 아니라 [si]가 되는 것에 주의해야 한다. 예를 들면, 'siri 비밀'의 발음이 [시리]가 아니라 [siɾi]가 된다는 것이다. 's'의 발음은 한국어의 'ㅅ'보다는 'ㅆ'에 가깝다.

T [t]

> taka 원하다, tumbo 배

영어의 't'와 비슷하다. 그 음가는 /t/로 실현된다. 스와힐리어의 여러 어휘를 놓고 그 음가를 분석해보면 무성파열음 /t/와 기식음 /tʰ/가 구분되는 경우가 있다. 그렇지만, 현대 스와힐리어에서는 대체로 그 차이를 구분하지 않고 쓰기 때문에 자세히 서술하지 않겠다.

V [v]

> vaa 입다, vita 전쟁

영어의 'v'와 비슷하다. 그 음가는 /v/로 실현된다. 윗니로 아랫입술을 살짝 물고 한국어의 'ㅂ'을 발음한다고 생각하고 발음하면 된다.

W [w]

> wimbo 노래, wali 밥

영어의 'w'와 비슷하다. 그 음가는 /w/로 실현된다. 'w'는 반모음이라고 하는데, 자음의 성격이 강하여 보통 자음으로 파악한다. 그래서, 뒤에 항상 모음이 따라 나와야 한다. 한국어 화자들의 이해를 돕기 위해, 발음하는 방법을 설명하자면, 'w'는 모음 'u'와 비슷한 음가를 갖고 있지만 음의 길이가 모음 'u'의 절반 이하라고 생각하면 된다. 예를 들면, 〈uo〉는 /u/나 /o/가 모두 동일한 길이로 발음되면서 각각 독립적인 음절을 구성하여 두 개의 음절이 되지만, 〈wo〉는 /w/음이 /o/음에 비해 그 길이가 훨씬 짧게 발음되면서 [wo]가 하나의 음절을 이룬다.

Y [j]

> yai 계란, yeyuka 녹다

영어의 'y'와 비슷하다. 그 음가는 /j/로 실현된다. 'y'는 반모음이라고 하는데, 자음의 성격이 강하여 보통 자음으로 파악한다. 그래서, 뒤에 항상 모음이 따라 나와야 한다. 한국어 화자들의 이해를 돕기 위해, 발음하는 방법을 설명하자면, 'y'는 모음 'i'와 비슷한 음가를 갖고 있지만 음의 길이가 모음 'i'의 절반 이하라고 생각하면 된다. 예를 들면, ⟨iu⟩는 /i/나 /u/가 모두 동일한 길이로 발음되면서 각각 독립적인 음절을 구성하여 두 개의 음절이 되지만, ⟨yu⟩는 /y/음이 /u/음에 비해 그 길이가 훨씬 짧게 발음되면서 [yu]가 하나의 음절을 이룬다.

Z [z]

> zima 끄다, zawadi 선물

영어의 'z'와 비슷하다. 그 음가는 /z/로 실현된다. 혀끝이 윗니 뒤쪽에 닿아 마찰을 일으키면서 나는 음이다. 윗니와 혀끝 사이로 공기가 통과하면서 혀 끝에 진동이 생길 정도로 마찰이 일어나야 한다.

CH [ʧ]

> chuma 쇠, 철, chupa 병

영어의 'ch'와 비슷하다. 그 음가는 /ʧ/로 실현된다. 한국어의 'ㅊ'과 비슷한 음가를 가진다. 철자법상 두 개의 철자가 결합되어 있지만, ⟨ch⟩에서 'c'와 'h'는 절대로 분리할 수 없는 하나의 음이다.

II 스와힐리어의 발음

DH [ð]

> **dhambi** 죄, **dhani** 생각하다

영어의 유성음 'th'와 비슷하다. 그 음가는 /ð/로 실현된다. 예를 들면, 영어 단어 'this[ðis]'나 'then[ðen]'의 ⟨th⟩ 발음과 비슷하다. 혀끝을 이로 살짝 물고 'ㄷ'을 발음한다고 생각하면서 발음한다. 철자법상 두 개의 철자가 결합되어 있지만, ⟨dh⟩에서 'd'와 'h'는 절대로 분리할 수 없는 하나의 음이다. 많은 스와힐리어 화자들이 'dh'를 'z'로 발음하는 것을 종종 들을 수 있다. 예) dhani → zani, dhambi → zambi, dharau → zarau

GH [ɣ]

> **ghali** 비싼, **gharama** 비용

유성음 'g'처럼 발음하되 입천장과 혀 사이로 공기가 통과하면서 마찰을 일으키면서 나는 음이다. 그 음가는 /ɣ/로 실현된다. 철자법상 두 개의 철자가 결합되어 있지만, ⟨gh⟩에서 'g'와 'h'는 절대로 분리할 수 없는 하나의 음이다.

KH [x]

> **Sabalkheri** Good morning

무성음 'k'처럼 발음하되 입천장과 혀 사이로 공기가 통과하면서 마찰을 일으키면서 나는 음이다. 그 음가는 /x/로 실현된다. 가래를 내뱉을 때 나는 소리와 비슷하다고 생각하면 된다. 철자법상 두 개의 철자가 결합되어 있지만, ⟨kh⟩에서 'k'와 'h'는 절대로 분리할 수 없는 하나의 음이다. 현대 스와힐리어에서 ⟨kh⟩ 발음은 이슬람교의 종교 행사를 제외하고는 거의 사용되지 않는다고 볼 수 있다.

NG' [ŋ]

> ng'ombe 소, ng'oa 뽑다, 제거하다

영어의 〈ng〉의 발음과 비슷하다. 그 음가는 /ŋ/로 실현된다. 영어 단어 'singer[síŋər]'의 〈ng〉 발음과 비슷하고, 한국어 '상'에서처럼 'ㅇ'이 받침으로 왔을 때 나는 소리하고 비슷하다. 철자법상 두 개의 철자가 결합되어 있지만, 〈ng〉에서 'n'과 'g'는 절대로 분리할 수 없는 하나의 음이다.

NG [ŋg]

> ngoja 기다리다, ngozi 피부, 가죽

영어의 〈ng〉의 발음과 비슷하다. 그 음가는 /ŋg/로 실현된다. 영어 단어 'singular[síŋgjələr]'의 〈ng〉 발음과 비슷하고, 한국어 '생가'의 'ㅇ'과 'ㄱ'을 합친 음과 비슷하다. 철자법상 두 개의 철자가 결합되어 있지만, 〈ng〉에서 'n'과 'g'는 절대로 분리할 수 없는 하나의 음이다.

NY [ɲ]

> nyumba 집, nyota 별

'n'과 'y'가 합쳐진 음이라고 생각하면 된다. 그 음가는 /ɲ/로 실현된다. 영어 단어 'union[júːnjən]'의 발음기호 상의 [nj] 발음과 비슷하다. 철자법상 두 개의 철자가 결합되어 있지만, 〈ny〉에서 'n'과 'y'는 절대로 분리할 수 없는 하나의 음이다.

II 스와힐리어의 발음

SH [ʃ]

> shamba 들, 농장, sheria 법, 규칙

영어의 〈sh〉 발음과 비슷하다. 그 음가는 /ʃ/로 실현된다. 영어 단어 'shine[ʃain]'의 〈sh〉 발음과 비슷하다. 철자법상 두 개의 철자가 결합되어 있지만, 〈sh〉에서 's'와 'h'는 절대로 분리할 수 없는 하나의 음이다. 'sh' 발음에서 특히 주의할 점은 'sh'가 모음 'i'와 결합할 때이다. 예를 들면, 'shika'나 'shida'의 발음을 한글로 표기한다면, 각각 'shika시카', 'shida시다'가 된다. 이를 'shika쉬카'나 'shida쉬다'로 발음하면 안된다.

TH [θ]

> thelathini 30, themanini 80

영어의 무성음 'th'와 비슷하다. 그 음가는 /θ/로 실현된다. 예를 들면, 영어 단어 'think[θiŋk]'나 'thousand[θáuzənd]'의 〈th〉 발음과 비슷하다. 혀끝을 이로 살짝 물고 'ㅆ'을 발음한다고 생각하면서 발음한다. 철자법상 두 개의 철자가 결합되어 있지만, 〈th〉에서 't'와 'h'는 절대로 분리할 수 없는 하나의 음이다. 많은 스와힐리어 화자들이 'th'를 's'로 발음하는 것을 종종 들을 수 있다. 예) thamani → samani, thibitisha → sibitisha, thelathini → selasini

실제 스와힐리어를 쓰는 화자들 중에서 L[l]과 R[ɾ]의 발음을 별도의 음운으로 구분하지 않고 쓰는 화자들이 많다. 또한 DH[ð]를 [z]로 발음하거나 TH[θ]를 [s]로 발음하는 화자들도 종종 있다. 이는 대체로 각 화자들의 모국어의 음운 목록에서 [l]과 [ɾ]의 차이를 구분하지 않거나, [ð]와 [θ] 음이 존재하지 않기 때문에 나타나는 현상으로 보인다. 한편으로 [l]과 [ɾ]은 원래 반투어에서 이음allophone이었거나 자유변이음free variation의 성격을 띠고 있었기 때문에 그로 인한 흔적으로 파악할 수도 있다.

3. 강세 위치

스와힐리어 단어에서 강세는 뒤에서 두 번째 음절에 온다.
예를 들면,

> safári 여행, gharáma 비용, jogóo 수탉, themaníni 80,
> kunung'uníka 불평하다, ng'óa 뽑다, káka 형, 오빠,
> émbe 망고, mazungúmzo 대화, 회화, kughaíri 마음을 바꾸다
> safaríni 여행 중에, nyúmba 집, nyumbáni 집에
> Amesóma kitàbu. 그녀는 책을 읽었다.
> Amenisoméa kitàbu. 그녀는 나에게 책을 읽어주었다.

등으로 발음한다.
예외적으로, lázima ~해야 한다는 뒤에서 세 번째 음절에 강세가 온다.

수와 시간

moja, mbili, tatu, … / saa moja, saa mbili, saa tatu, …

1. 수

수	Kiswahili	예	뜻
0	sifuri*	sifuri pointi sifuri, tatu	0.03
1	moja	mtu mmoja	한 사람
2	mbili	watu wawili	두 사람
3	tatu	vitu vitatu	세 개
4	nne	miezi minne	네 달
5	tano	matunda matano	다섯 개의 과일
6	sita*	matunda sita	여섯 개의 과일
7	saba*	matunda saba	일곱 개의 과일
8	nane	matunda manane	여덟 개의 과일
9	tisa*	matunda tisa	아홉 개의 과일
10	kumi*	matunda kumi	열 개의 과일
11	kumi na moja	visu kumi na kimoja	열 한 자루의 칼
12	kumi na mbili	visu kumi na viwili	열 두 자루의 칼
13	kumi na tatu	viti kumi na vitatu	열 세 개의 의자
14	kumi na nne	viti kumi na vinne	열 네 개의 의자
15	kumi na tano	mayai kumi na matano	열 다섯 개의 계란
16	kumi na sita	mifuko kumi na sita	열 여섯 개의 봉지
17	kumi na saba	mifuko kumi na saba	열 일곱 개의 봉지
18	kumi na nane	mifuko kumi na minane	열 여덟 개의 봉지
19	kumi na tisa	viazi kumi na tisa	열 아홉 개의 감자
20	ishirini*	wasichana ishirini	스무 명의 소녀
21	ishirini na moja	wavulana ishirini na mmoja	스물 한 명의 소년
22	ishirini na mbili	vyumba ishirini na viwili	스물 두 개의 방

SARUFI YA KISWAHILI

수	Kiswahili	예	뜻
29	ishirini na tisa	wanyama ishirini na tisa	스물 아홉 마리의 동물
30	thelathini*	watu thelathini	서른 명의 사람
40	arobaini*	viti arobaini	마흔 개의 의자
50	hamsini*	miaka hamsini	50년
60	sitini*	mawe sitini	60개의 돌
70	sabini*	dakika sabini	70분
80	themanini*	mbu themanini	80마리의 모기
90	tisini*	viboko tisini	90마리의 하마
100	mia*	watoto mia (moja)	100명의 아이
200	mia mbili	watoto mia mbili	200명의 아이
300	mia tatu	wazee mia tatu	300명의 노인
400	mia nne	kuku mia nne	400마리의 닭
500	mia tano	viatu mia tano	500개의 신발
900	mia tisa	maembe mia tisa	900개의 망고
1,000	elfu*	miti elfu (moja)	1000그루의 나무
2,000	elfu mbili	mayai elfu mbili	2000개의 계란
3,000	elfu tatu	mayai elfu tatu	3000개의 계란
8,000	elfu nane	vijana elfu nane	8000명의 청년
만	elfu kumi	minazi elfu kumi	만그루의 코코넛 나무
십만	laki*	shilingi laki moja	십만 실링
백만	milioni*	watu milioni	백만명의 사람
천만	milioni kumi	dola milioni kumi	천만 달러
억	milioni mia	shilingi milioni mia	일억 실링
십억	bilioni*	dola bilioni	십억 달러
백억	bilioni kumi	shilingi bilioni kumi	백억 실링

III. 수와 시간

숫자만을 말할 때는 앞의 표에 나온 것처럼 'moja, mbili, tatu, nne, tano, sita, saba, nane, tisa, kumi, ...'로 표현하면 된다. '11'부터는 'na ~와'를 사용하여 '11 kumi na moja', '12 kumi na mbili', '13 kumi na tatu'처럼 만들면 된다. 백 단위 이상으로 올라가면 대체로 영어와 비슷하게 표현하는데, 단지 어순이 영어와는 반대가 된다. 만 단위에서는 영어와 같은 어순으로 쓰기도 한다.

수	Kiswahili
14	kumi na nne
25	ishirini na tano
36	thelathini na sita
47	arobaini na saba
58	hamsini na nane
69	sitini na tisa
200	mia mbili
600	mia sita
4,000	elfu nne
7,000	elfu saba
20,000	elfu ishirini (구어체에서는 'ishirini elfu'라고도 많이 씀)
30,000	elfu thelathini (구어체에서는 'thelathini elfu'라고도 많이 씀)
400,000	laki nne
500,000	laki tano
6,000,000	milioni sita
80,000,000	milioni themanini
900,000,000	milioni mia tisa

큰 숫자를 표현할 경우에는 일 단위 앞에만 'na'를 붙이고, 나머지 숫자는 이어서 쓰면 된다. 만약 그 수가 십 단위로 끝나면 십 단위 앞에도 'na'를 붙인다.

수	Kiswahili
456	mia nne, hamsini na sita
935	mia tisa, thelathini na tano
107	mia moja na saba
820	mia nane na ishirini
1,580	elfu moja, mia tano na themanini
3,629	elfu tatu, mia sita, ishirini na tisa
7,044	elfu saba, arobaini na nne
9,200	elfu tisa, mia mbili
18,000	elfu kumi na nane (= kumi na nane elfu)
10,008	elfu kumi, na nane
1,018	elfu moja, kumi na nane (= elfu, kumi na nane)
18,210	elfu kumi na nane, mia mbili na kumi
87,654	elfu themanini na saba, mia sita, hamsini na nne
234,567	laki mbili, elfu thelathini na nne, mia tano, sitini na saba
999,999	laki tisa, elfu tisini na tisa, mia tisa, tisini na tisa
7,202,607	milioni saba, laki mbili, elfu mbili, mia sita na saba
19,720,221	milioni kumi na tisa, laki saba, elfu ishirini, mia mbili, ishirini na moja

- Salio la akaunti yako ni shilingi milioni sita, laki nane, elfu sabini na tatu, mia tano, arobaini na moja tu. 당신 계좌의 잔액은 6,873,541실링입니다.

III 수와 시간

숫자를 표현하는 수사가 명사를 수식하게 되면 그 모양이 달라진다. 모든 명사는 단수와 복수의 형태에 따라 특정한 부류에 속하게 된다. 수식하는 명사가 어느 부류에 속하는지에 따라 수사 앞에 'm-', 'wa-', 'mi-', 'ma-', 'ki-', 'vi-' 'pa-' 등의 각기 다른 접두사가 붙는다. 명사의 부류에 대해서는 뒤의 「호응(일치)」에서 자세히 다루고 있다. 수사 중에서 'mbili'는 주의해야 할 숫자이다. 그냥 숫자만을 읽을 때는 'mbili'이지만, 명사를 수식할 때는 '-wili'에 접두사가 붙는다. 본래 '-wili'가 원형인데 '2'라는 숫자를 단독으로 표현할 때만 'mbili'가 되는 것이다.

예	뜻	예	뜻
mtu mmoja	한 사람	watu wawili	두 사람
miti mitatu	세 그루의 나무	matunda manne	네 개의 과일
kitabu kimoja	한 권의 책	vitabu vitano	다섯 권의 책
mahali pamoja	한 곳	nguo nane	여덟 벌의 옷

26페이지 표에서 '*' 표시가 있는 숫자들이 있는데, 이는 아랍어나 영어에서 차용된 것들이다. 'sita[6]', 'saba[7]', 'tisa[9]', 'kumi[10]'처럼 외래에서 차용된 어휘들은 다른 반투어원의 숫자들과 달리 명사의 부류가 바뀌더라도 그 형태가 변하지 않는다. 명사를 수식하는 형용사의 형태 변화에 대해서는 뒤의 「호응(일치)」 중 형용사 편에서 자세히 다루고 있다.

예	뜻	예	뜻
watu watatu	세 사람	watu sita *	여섯 사람
watu wanne	네 사람	watu saba *	일곱 사람
watu watano	다섯 사람	watu tisa *	아홉 사람
watu wanane	여덟 사람	watu kumi *	열 사람

'-moja' 앞에는 항상 'ki-'나 'm-' 같은 단수형 접두사가 결합한다. 수사를 포함한 여러 개의 형용사가 명사를 수식할 때 수사의 위치는 비교적 자유롭다. 그렇지만, 실제로는 명사에 세 개 이상의 수식어가 붙는 경우는 드물다.

예	뜻
viti kumi na kimoja	의자 11개
wanyama wakubwa wanne	4마리의 큰 동물
watoto wadogo kumi na wanane hawa	이 작은 18명의 아이들
Vikombe ishirini vinatosha.	컵 20개면 충분하다.
Nimenunua vitabu vipya vinne.	나는 새 책을 네 권 샀다.

실제 구어체에서는 십 단위 이상으로 올라가면 명사 부류에 따른 호응을 무시하는 경우가 많다. 즉, 아랍어나 영어에서 차용된 단어들처럼 어떤 부류의 명사를 수식하더라도 그 형태가 변하지 않는 것이다.

구어체	표준 스와힐리어	뜻
watu kumi na tano	watu kumi na watano	15명의 사람
wanafunzi thelathini na moja	wanafunzi thelathini na mmoja	31명의 학생
miaka ishirini na tatu	miaka ishirini na mitatu	23년
miembe hamsini na nne	miembe hamsini na minne	54그루의 망고 나무
mataifa kumi na mbili	mataifa kumi na mawili	12개의 나라
mayai sitini na nane	mayai sitini na manane	68개의 계란
viti arobaini na mbili	viti arobaini na viwili	42개의 의자

수와 시간

2. 수(기타 표현)

'nusu'와 'robo'는 다른 수사나 형용사들과 달리 수식하는 명사 앞에 위치한다.

표현	뜻
nusu	반, 절반, 2분의 1
nusu saa	30분
theluthi	3분의 1
theluthi mbili	3분의 2
robo	4분의 1
robo tatu	4분의 3
robo saa	15분
elfu moja, mia mbili, thelathini na nne na nusu	천이백삼십사와 2분의 1
sehemu moja ya saba	7분의 1
sehemu sita za saba	7분의 6
kumi na tisa pointi tatu, nne, moja, saba	19.3417
ishirini pointi sifuri, tano, nane	20.058
asilimia thelathini	30%
asilimia sitini na tisa	69%
hamsini kwa mia	50%
sabini na tano kwa mia	75%
mia kwa mia	100%

- **Mji ule una wenyeji elfu kumi na mia tano.** 저 도시에는 만 오백 명의 주민이 살고 있다.
- **Kuna wanyama kumi na mbili elfu katika sehemu ile.** 저 곳에는 만 이천 마리의 동물이 있다.

3. 서수

순서를 표현할 때는 연결사 '-a'와 수를 결합해서, '-a tatu^{세 번째}', '-a nne^{네 번째}', '-a tano ^{다섯 번째}' 등으로 쓰면 된다. 주의할 숫자는 '첫 번째'와 '두 번째'로, 각각 '-a kwanza'와 '-a pili'로 표현한다. '-a moja'나 '-a mbili'처럼 표현해서는 안된다. 연결사 '-a'는 앞에 나오는 명사가 속한 부류에 따라 그 모양이 달라지는데, 이에 대해서는 뒤의 「호응(일치)」 중 연결사 편에서 자세히 다루고 있다.

표현	뜻
mtoto wa kwanza	첫째 아이 (= kifunguamimba)
mtoto wa pili	둘째 아이
mtoto wa tatu	셋째 아이
mtoto wa nne	넷째 아이
mtoto wa tano	다섯째 아이
mtoto wa mwisho	막내 아이 (= kitindamimba)
sura ya sita	6장
kitabu cha saba	일곱 번째 책
duka la nane	여덟 번째 가게
mwaka wa tisa	아홉 번째 해
mwaka wa kumi	열 번째 해
mwezi wa kumi na moja	11월
mwezi wa kumi na mbili	12월

- Huu ni mwaka wa pili tangu aolewe. 올해는 그녀가 결혼한 지 두 번째 되는 해이다.
- Wanafunzi wa darasa la kwanza, pili na tatu wameanza kujiandikisha shuleni.
 (초등학교) 1학년, 2학년, 3학년 학생들이 학교에 등록하기 시작했다.

수와 시간

4. 시간

스와힐리어의 시간 개념은 우리의 시간 개념과는 다르다. 해가 지는 시각에서부터 다음 날 해가 뜨는 시각까지를 12시간으로 나누고, 해가 뜨는 시각부터 해가 지는 시각까지를 다시 12시간으로 나누어서 시간 구분을 한다. 해가 지는 시각을 대략 저녁 6시로 가정하면, 저녁 7시는 해진 후 1시간이 지난 시점이므로 스와힐리어 시간으로는 1시이고, 저녁 8시는 해진 후 2시간이 지난 시점이므로 2시, 저녁 9시는 3시가 되는 것이다. 낮에도 마찬가지로, 새벽 6시를 해 뜨는 시각으로 가정하면 아침 7시는 스와힐리어 시간으로 1시, 아침 8시는 2시, 아침 9시는 3시가 된다. 정리하자면, 스와힐리어 시간은 우리가 쓰는 서양의 시간 개념과 6시간 차이가 난다.

Saa za Kiswahili	Saa za Kizungu	Saa za Kiswahili	Saa za Kizungu
saa moja	7시	saa saba	1시
saa mbili	8시	saa nane	2시
saa tatu	9시	saa tisa	3시
saa nne	10시	saa kumi	4시
saa tano	11시	saa kumi na moja	5시
saa sita	12시	saa kumi na mbili	6시

시o'clock를 나타낼 때는 'saa시' 뒤에 수를 넣고, 분minute을 나타낼 때는 'dakika분' 뒤에 수를 넣으며, 초second를 나타낼 때는 'sekunde초'나 'nukta초, 점' 뒤에 수를 넣으면 된다. 순서는 맨 먼저 시saa가 나오고, 그 다음에 분dakika이 나오고, 마지막으로 초sekunde, nukta가 나온다.
스와힐리어 시간으로 이야기할 때는 헷갈리지 않도록 시간 뒤에 때를 나타내는 표현을 넣는 것이 좋다. 때를 나타내는 표현으로는 'alfajiri새벽', 'asubuhi아침', 'mchana점심, 낮', 'alasiri늦은 오후', 'jioni저녁', 'usiku밤' 등이 있다.

SARUFI YA KISWAHILI

표현	뜻
Sasa ni saa ngapi? / Saa ngapi sasa?	지금 몇 시예요?
saa moja asubuhi	아침 7시
saa nne asubuhi	오전 10시
saa tano usiku	밤 11시
saa sita mchana	정오
saa sita usiku	자정
saa saba mchana	오후 1시
saa kumi jioni/alasiri	오후 4시
saa kumi na moja alfajiri	새벽 5시
saa kumi na mbili jioni	저녁 6시
saa moja na nusu	7시 30분
saa saba na dakika ishirini na tano	1시 25분
saa mbili na robo	8시 15분
saa nane kasoro dakika kumi*	2시 10분 전
saa tatu kasorobo*	9시 15분 전
saa sita kasoro	12시 몇 분 전
saa tisa kamili*	3시 정각

Maelezo Zaidi

*kasoro ~이 부족한, ~ 전
*kasoro + robo ⇒ kasorobo (축약이 일어남)
*kamili 정각

III 수와 시간

5. 요일

스와힐리어 요일은 이슬람의 영향을 받아 금요일부터 시작해서 순서를 매기는 방식이다. 금요일은 이슬람에서 모든 사람들이 함께 모여 예배를 보는 날이다. 금요일로부터 첫 번째 날인 토요일은 'Jumamosi*', 두 번째 날인 일요일은 'Jumapili', 세 번째 날인 월요일은 'Jumatatu', 네 번째 날인 화요일은 'Jumanne', 다섯 번째 날인 수요일은 'Jumatano'로 표현한다. 목요일은 'Alhamisi'로, 이는 아랍어 요일을 그대로 차용한 것이다.* 금요일은 'Ijumaa'로 이 말 속에는 사람들이 모두 함께 모인다는 의미가 내포되어 있다. 'juma'라는 말을 따로 떼어놓으면 이는 '주week'라는 의미가 된다. 요일명의 첫 글자는 항상 대문자로 써야 한다.

Siku za Juma	뜻	다른 표현
Ijumaa	금요일	siku ya Ijumaa
Jumamosi	토요일	siku ya Jumamosi
Jumapili	일요일	siku ya Jumapili
Jumatatu	월요일	siku ya Jumatatu
Jumanne	화요일	siku ya Jumanne
Jumatano	수요일	siku ya Jumatano
Alhamisi	목요일	siku ya Alhamisi

- Tunakwenda mjini kila Alhamisi. 우리는 목요일마다 시내에 나간다.

Maelezo Zaidi

* 'mosi'는 수 '1하나'를 표현하는 옛 형태로, 현대 스와힐리어에서는 거의 사용되지 않지만, 이렇게 요일과 날짜를 표현할 때 사용되고 있다.
* 'Alhamisi'라는 말 속에는 '다섯'이라는 의미가 포함되어 있다. 아랍어에서의 요일은 유대인과 같은 방식을 사용하는데, 유대교에서는 토요일을 안식일로 삼아 그로부터 다섯 번째 날에 해당하는 날이 목요일이다.

6. 어제, 오늘, 내일, …

표현	뜻	예문
zamani	오래전에	Nilikutana naye zamani sana. 나는 그를 아주 오래전에 만났다.
juzijuzi	일전에	Alikuja hapa juzijuzi. 그는 일전에 여기에 왔다.
juzi	그제	Salome aliondoka juzi. 쌀로메는 그제 떠났다.
jana	어제	Nilikuwa nyumbani jana. 나는 어제 집에 있었다.
leo	오늘	Tumemaliza kazi leo. 우리는 오늘 일을 끝마쳤다.
kesho	내일	Watasafiri kesho. 그들은 내일 여행을 떠날 것이다.
kesho kutwa	모레	Mtafanya nini kesho kutwa? 너희들은 모레 뭐 할거니?
mtondo	글피	Shule itafungwa mtondo. 학교는 글피에 문을 닫을 것이다.
mtondogoo	글피 다음날	Kikao kitafanyika mtondogoo. 회의는 글피 다음날 있을 것이다.

III 수와 시간

7. 날짜(년, 월, 일)

스와힐리어 날짜는 일, 월, 년 순으로 말한다. 날짜는 'tarehe^일' 뒤에 수를 넣으면 된다.*

Tarehe	뜻
tarehe moja	1일 (= tarehe mosi)
tarehe mbili	2일 (= tarehe pili = tarehe ya pili)
tarehe tatu	3일
tarehe nne	4일
tarehe kumi	10일
tarehe kumi na moja	11일
tarehe kumi na mbili	12일
tarehe ishirini	20일
tarehe ishirini na moja	21일
tarehe thelathini	30일
tarehe thelathini na moja	31일

- Mchezo wa mpira utakuwa tarehe mosi. 축구 경기가 1일에 있을 것이다.
- Jumatatu itakuwa tarehe kumi na nne. 월요일은 14일일 것이다.
- Leo ni tarehe gani? 오늘은 며칠이죠?
- Wageni watafika tarehe ishirini na tano. 손님들은 25일에 도착할 것이다.
- Ninatakiwa kumaliza kazi hii kabla ya tarehe kumi na tano.
  나는 이 일을 15일 전에 끝내야 한다.

> **Maelezo Zaidi**
> *실제로 숫자로만 표기할 때도, '2021년 7월 26일'은 '26/07/2021'과 같은 방식으로 쓴다.

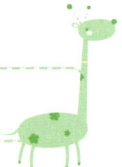

SARUFI YA KISWAHILI

월은 'mwezi달' 뒤에 서수의 형태로 수를 넣으면 된다. 영어의 달을 스와힐리어식으로 약간 변형해서 표기하는 방식도 사용되지만, 일반적으로는 서수 형태를 활용한 스와힐리어 표현이 더 많이 사용된다.

Mwezi	뜻	다른 표현
Mwezi wa kwanza	1월	Januari
Mwezi wa pili	2월	Februari
Mwezi wa tatu	3월	Machi
Mwezi wa nne	4월	Aprili
Mwezi wa tano	5월	Mei
Mwezi wa sita	6월	Juni
Mwezi wa saba	7월	Julai
Mwezi wa nane	8월	Agosti
Mwezi wa tisa	9월	Septemba
Mwezi wa kumi	10월	Oktoba
Mwezi wa kumi na moja	11월	Novemba
Mwezi wa kumi na mbili	12월	Desemba

- Mwezi wa pili una siku ishirini na nane. 2월은 28일로 이루어져 있다.
- Mwezi wa nne ni kipindi cha mvua. 4월은 우기다.
- Tutakuwa na sherehe mwezi wa kumi na mbili. 우리는 12월에 잔치가 있다.
- Wazazi wangu watanitembelea Juni. 부모님이 6월에 나를 방문할 것이다.

III 수와 시간

연도 표기는 'mwaka해' 뒤에 수를 넣으면 된다.

Mwaka	표현
1972년	mwaka elfu moja, mia tisa, sabini na mbili
1985년	mwaka elfu moja, mia tisa, themanini na tano
1991년	mwaka elfu moja, mia tisa, tisini na moja
1999년	mwaka elfu moja, mia tisa, tisini na tisa
2000년	mwaka elfu mbili
2001년	mwaka elfu mbili na moja
2002년	mwaka elfu mbili na mbili
2003년	mwaka elfu mbili na tatu
2004년	mwaka elfu mbili na nne
2005년	mwaka elfu mbili na tano
2010년	mwaka elfu mbili na kumi
2013년	mwaka elfu mbili, kumi na tatu
2014년	mwaka elfu mbili, kumi na nne
2016년	mwaka elfu mbili, kumi na sita
2017년	mwaka elfu mbili, kumi na saba
2022년	mwaka elfu mbili, ishirini na mbili
2028년	mwaka elfu mbili, ishirini na nane
2030년	mwaka elfu mbili na thelathini

- 1987년 6월 10일
  tarehe kumi, mwezi wa sita, mwaka elfu moja, mia tisa, themanini na saba

- 1999년 12월 31일
  tarehe thelathini na moja, mwezi wa kumi na mbili, mwaka elfu moja, mia tisa, tisini na tisa

- 2000년 1월 1일
  tarehe moja, mwezi wa kwanza, mwaka elfu mbili

- 2006년 2월 22일
  tarehe ishirini na mbili, mwezi wa pili, mwaka elfu mbili na sita

- 2013년 10월 19일
  tarehe kumi na tisa, mwezi wa kumi, mwaka elfu mbili, kumi na tatu

- 2020년 7월 20일
  tarehe ishirini, mwezi wa saba, mwaka elfu mbili na ishirini

- Hana alizaliwa tarehe kumi na tatu, mwezi wa pili, mwaka elfu moja, mia tisa, themanini na sita.
  하나는 1986년 2월 13일에 태어났다.

- Jeni na Matonya walikutana mara ya kwanza tarehe saba, mwezi wa pili, mwaka elfu mbili, kumi na saba.
  제니와 마토냐는 2017년 2월 7일에 처음 만났다.

- Nassoro atafunga ndoa tarehe kumi na tisa, mwezi wa nane, mwaka elfu mbili, ishirini na mbili.
  나쏘로는 2022년 8월 19일에 결혼할 것이다. ※ -funga ndoa 결혼하다

- Mnamo Machi 11, 2020, Shirika la Afya Duniani lilitangaza ugonjwa wa Virusi vya Korona kuwa janga la kimataifa.
  2020년 3월 11일에 세계보건기구(WHO)는 코로나19를 팬데믹(세계적 대유행)으로 선언했다.

Malaika

Malaika, nakupenda Malaika.	나의 천사, 나 그대를 사랑하오
Malaika, nakupenda Malaika.	나의 천사, 나 그대를 사랑하오
Nami nifanyeje, kijana mwenzio,	당신을 사랑하는 난 어찌하리오
Nashindwa na mali sina, we,	내껜 가진 게 아무 것도 없으니
Ningekuoa Malaika.	나의 천사, 그대와 결혼하고 싶은데
Nashindwa na mali sina, we,	내껜 가진 것이 아무 것도 없소
Ningekuoa Malaika.	나의 천사, 그대와 결혼하고 싶은데
Pesa zasumbua roho yangu	돈이 나의 영혼을 괴롭히는군요
Pesa zasumbua roho yangu	돈이 나의 영혼을 괴롭히는군요
Nami nifanyeje, kijana mwenzio,	당신을 사랑하는 난 어찌하리오
Nashindwa na mali sina, we,	내껜 가진 게 아무 것도 없으니
Ningekuoa Malaika.	나의 천사, 그대와 결혼하고 싶은데
Nashindwa na mali sina, we,	내껜 가진 게 아무 것도 없소
Ningekuoa Malaika.	나의 천사, 그대와 결혼하고 싶은데
Kidege, hukuwaza kidege.	나의 작은 새, 난 늘 당신을 생각하오
Kidege, hukuwaza kidege.	나의 작은 새, 난 늘 당신을 생각하오
Nami nifanyeje, kijana mwenzio,	당신을 사랑하는 난 어찌하리오
Nashindwa na mali sina, we,	내껜 가진 게 아무 것도 없으니
Ningekuoa kidege.	나의 작은 새, 그대와 결혼하고 싶은데
Nashindwa na mali sina, we,	내껜 가진 것이 아무 것도 없소
Ningekuoa kidege.	나의 작은 새, 그대와 결혼하고 싶은데

문장의 구조

Sura ya 02

- I. 문장 구성
- II. 인칭대명사, 주격, 목적격, 시제
- III. Ku- 부정사
- IV. 부정
- V. kuwa
- VI. 명령법
- VII. 가상법

문장 구성

모든 문장을 한 단어로!

> 스와힐리어 문장은 크게 2종류로 나눌 수 있다. 단어 하나에 모든 문장 구성 요소가 다 들어가 있는 일단어 문장과, 여러 단어가 하나의 문장을 이루고 있는 다단어 문장이 있다. 다른 언어와 구분되는 스와힐리어의 특징은 일단어 문장에 있고, 실제로 스와힐리어 문장 구조를 파악하는데 있어서 일단어 문장에 대한 이해가 가장 중요하다.
>
> 예를 들면, '나는 너를 사랑해'라는 문장을 스와힐리어로 표현하면, 'Ninakupenda니나쿠펜다' 혹은 'Nakupenda나쿠펜다'*라고 쓸 수 있다. 이런 문장에서 보듯이 우리말로는 주어, 목적어, 서술어가 다 포함되어 있는 문장인데, 스와힐리어로는 단 하나의 단어로 표현할 수 있는 것이다. 그런데, 겉으로는 하나의 단어로 보이지만, 실제로 이 단어를 분석해보면 이 단어 안에 여러 문장 구성요소들이 들어있음을 알 수 있다.

1. 일단어 문장 (Single-word sentence)

Ninakupenda. 나는 너를 사랑해.

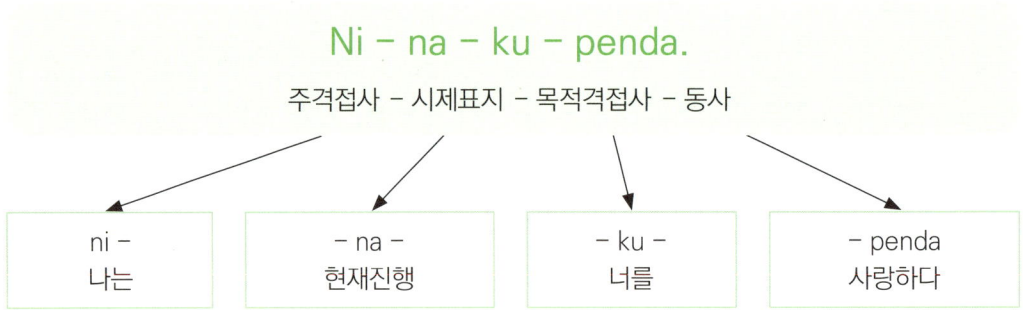

Maelezo Zaidi

*실제 구어체에서는 'Ninakupenda' 보다는 'Nakupenda'를 더 많이 쓴다.

*접사 앞 혹은 뒤에 붙는 하이픈hyphen은 그 접사 앞이나 뒤에 다른 문장 구성요소가 붙는다는 것을 의미한다.

SARUFI YA KISWAHILI

이처럼 '-penda'라는 동사 앞에 주어, 시제, 목적어 역할을 하는 접사들이 붙어서 'Ninakupenda. 나는 너를 사랑해'라는 완전한 문장을 구성하게 되는 것이다.

Nitakusubiri. 나는 너를 기다릴게.

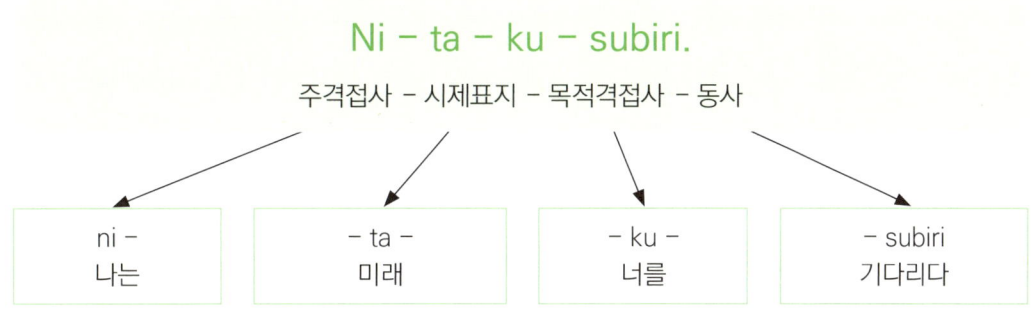

스와힐리어 일단어 문장 구조

주격 - 시제 - 관계사 - 목적격 - 동사

(S subjective - T tense - R relative - O objective - V verb)

스와힐리어 문장 구조를 이해하는데 반드시 기억하고 있어야 할 가장 중요한 부분이다. 스와힐리어에서 일단어 문장은 반드시 이 순서를 지켜야 하고, 특히 '주격', '시제', '동사' 이 세 요소는 절대로 빠져서는 안된다고 생각해야 한다. '관계사'나 '목적격'은 어떤 문장을 만드느냐에 따라 들어가지 않을 수도 있다. 그렇지만, '주격'과 '시제'는 무조건 들어가야 한다고 생각해야 한다. 스와힐리어로 문장을 만들려고 생각하면 제일 먼저 어떤 동사가 들어가는지 생각하고, 동사를 생각해냈으면 그 동사 앞에는 반드시 '주격 접사'와 '시제'가 들어가야 한다는 것을 염두에 두어야 한다. 스와힐리어를 처음 배우는 사람들이 가장 많이 하는 실수가 이 '주격'과 '시제'를 빼먹는 것이다.

I 문장 구성

2. 다단어 문장 (Multi-word sentence)

⚙️ **Mimi ninakungoja wewe.** 나는 너를 기다리고 있다.

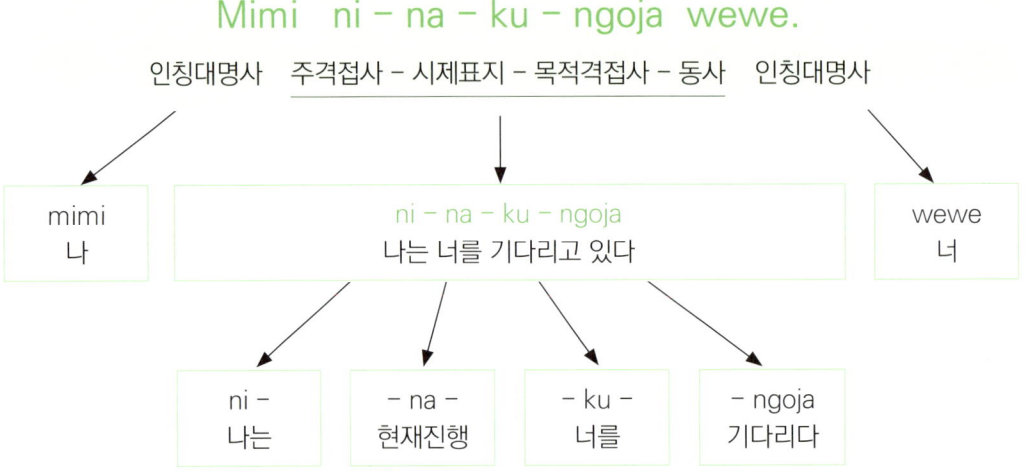

다단어 문장은 거의 대부분 앞서 언급한 일단어 문장을 중심으로 앞뒤로 여러 단어들이 결합되어 있는 형태다. 문장 구성요소들을 하나하나 뜯어보면 주어도 두 번 쓰고 목적어도 두 번 쓴 것처럼 보인다. 그래서, 실제로 이 문장에서 'mimi'나 'wewe'를 생략해도 큰 문제는 없다. 그렇지만, 주격 접사 'ni-'나 목적격 접사 '-ku-'는 생략하면 안된다.

- Ninakungoja. (○)
- Mimi ngoja wewe. (×)

결론적으로, 다단어 문장에서 제일 중요한 부분은 주격 접사나 시제 표지가 들어있는 일단어 문장 구조이고, 그 일단어 문장 안에 있는 접사들은 임의로 생략할 수 없다.

⚙️ Simba alimshambulia nyumbu. 사자가 누를 공격했다.

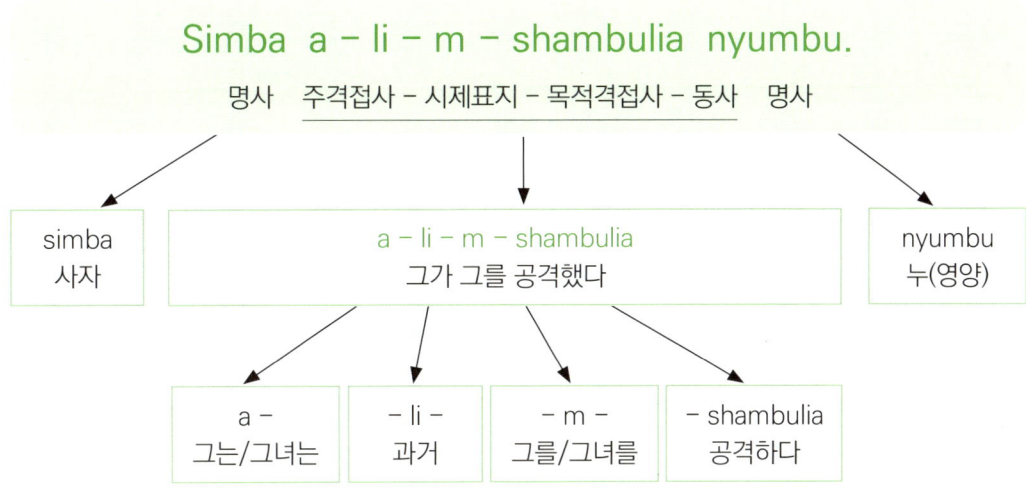

여기서 'a-'는 'simba'를 받는 주격 접사이고, '-m-'은 'nyumbu'를 받는 목적격 접사이다. 앞선 문장과 마찬가지로, 이 문장에서도 'simba'나 'nyumbu'는 생략해도 문법적으로 이상이 없지만, 주격 접사 'a-'나 목적격 접사 '-m-'를 생략하면 문법적으로 틀린 문장이 되거나 어색한 문장이 된다.

- Alimshambulia. (○)
- Simba limshambulia nyumbu. (×)
- Simba mshambulia nyumbu. (×)
- Simba shambulia nyumbu. (×)

Ⅰ 문장 구성

🔧 Hiki ni kitabu nilichokinunua jana. 이것은 내가 어제 산 책이다.

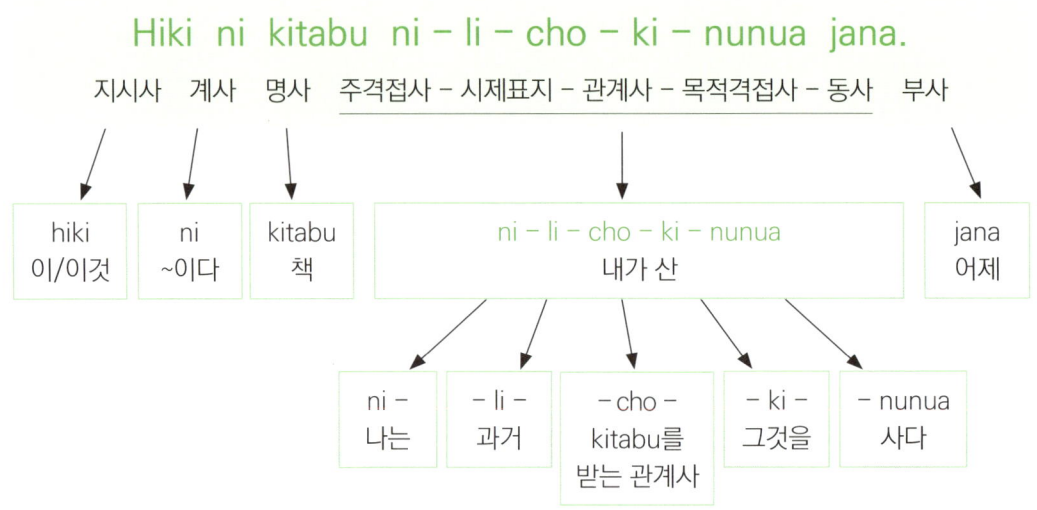

관계사가 들어가는 일단어 문장은 보통 그 앞에 나오는 선행사를 수식하여 '~ㄴ/~한/~인/~할' 등의 의미를 내포하게 된다. 그래서, 여기서도 'kitabu nilichokinunua'가 '내가 (과거에) 산 책'이라는 의미가 되는 것이다. 관계사 구문에 대해서는 뒤에서 더 자세하게 설명할 것이다.

일단어 문장이 가장 복잡하게 구성되더라도 위의 예문 'nilichokinunua' 정도이고, 이보다 더 복잡한 문장 구성은 없다.

구어체에서는 관계사 구문에 붙는 목적격 접사가 종종 생략되기도 한다. 예를 들면, nilichokinunua에서 목적격 접사 -ki-가 생략되어 nilichonunua로 쓰이기도 한다.

다음의 예문들을 통해 실제 문장을 분석하고 이해해보자.

Ninamngoja. 나는 그녀를 기다리고 있다.

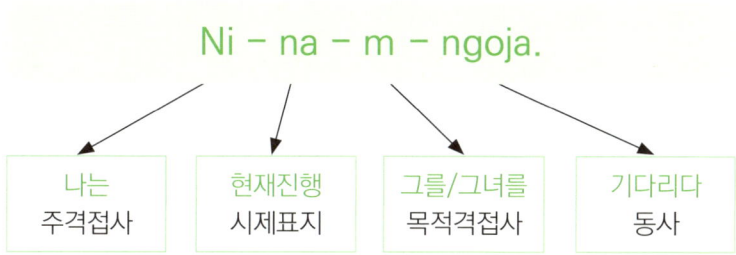

Ninampenda. 나는 그녀를 좋아한다.

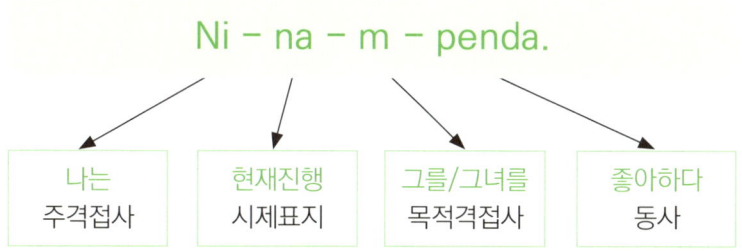

Ninamfuata. 나는 그를 따라가고 있다.

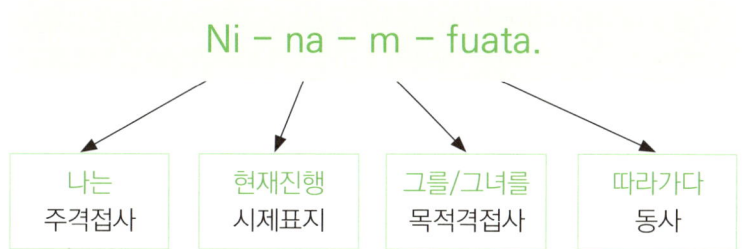

I 문장 구성

Nimeanguka. 나는 넘어졌다.

Nimefaulu. 나는 해냈다.

Unanipenda? 당신은 날 사랑하나요?

SARUFI YA KISWAHILI

Utanisamehe? 당신은 절 용서해 주실 건가요?

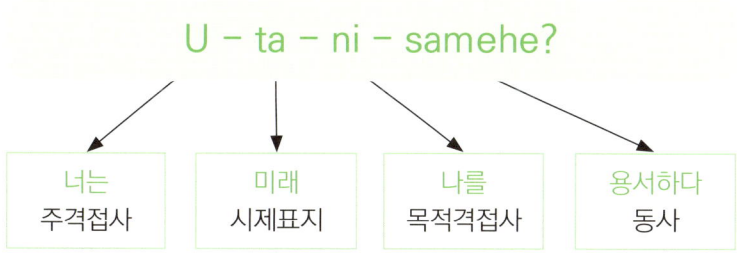

Utarudi? 너 돌아올 거야?

Namjua. 나는 그녀를 안다.*

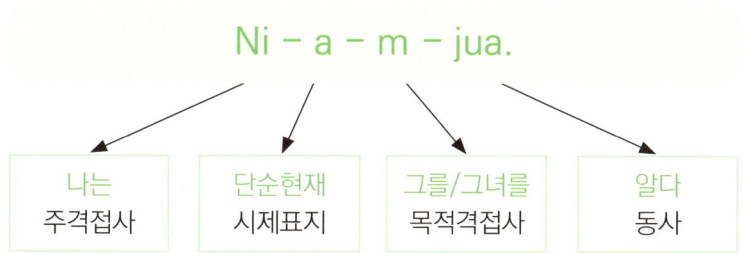

Maelezo Zaidi

*주격접사 'ni-'가 단순현재를 나타내는 시제 '-a-'를 만나면 'na-'로 축약된다. 이에 대해서는 56-57쪽의 '-a-' 시제에 대한 설명에서 더 자세히 언급되어 있다.

I 문장 구성

'-ja^{오다}', '-la^{먹다}', '-nywa^{마시다}'와 같은 단음절 동사에는 '-ku-'를 함께 써준다. 여기에서 '-ku-'는 2인칭 목적격의 'ku-^{너를}'가 아니라, 'ku- 부정사'의 '-ku-'이다.* 다음의 문장을 보자.

Anakuja. 그녀는 오고 있다.

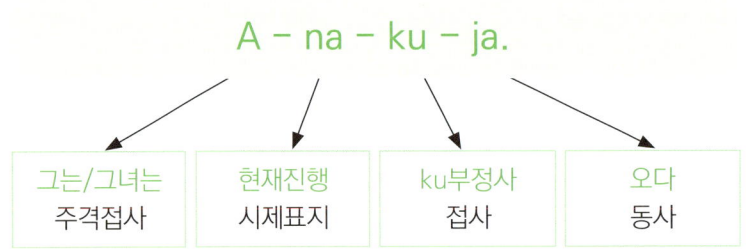

Amekula. 그녀는 먹었다.

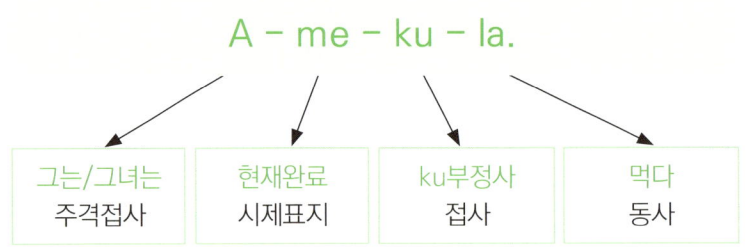

Maelezo Zaidi
*이런 경우의 '-ku-'는 특별한 의미가 없으므로 굳이 따로 해석할 필요는 없다.

'-enda^{가다}'와 '-isha^{끝나다, 다하다}'는 단음절 동사가 아니지만, 관용적으로 단음절 동사처럼 '-ku-'가 붙는다.*

🔧 **Atakwenda.** 그녀는 갈 것이다.

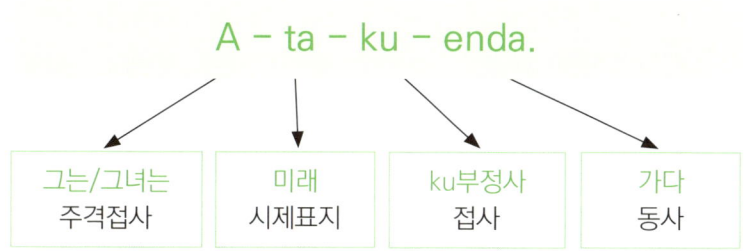

단음절 동사라도 동사 어간 앞에 목적격 접사가 오면 '-ku-'를 생략한다.

🔧 **Tulimpa chakula.** 우리는 그녀에게 음식을 주었다.

Maelezo Zaidi

*'-enda'와 '-isha'는 '-ku-'와 결합하면서 음운축약이 일어나, 각각 '-kwenda'와 '-kwisha'로 바뀐다.

*구어체에서는 '-enda'와 '-isha'에 '-ku-'를 붙이지 않고 쓰기도 한다. 예를 들면, 'Atakwenda→Ataenda 그는 갈 것이다', 'Imekwisha→Imeisha 다 떨어졌어요'처럼 쓰기도 한다.

II. 인칭대명사, 주격, 목적격, 시제

문장의 필수 구성 요소

1. 독립 인칭 대명사

동사 앞에 접사 형태로 결합하지 않고 독자적으로 쓰는 인칭 대명사를 독립 인칭 대명사라고 한다. 예를 들면, 친구 집을 방문해서 문을 두드렸는데, 안에서 친구가 'nani^{누구세요}'라고 물어본다면, 'mimi^{나야}'라고 답을 해야 할 것이다. 이럴 때 독립 인칭 대명사를 쓸 수 있다.

단 수		복 수	
mimi	나	sisi	우리(들)
wewe	너, 당신	nyinyi (ninyi)	너희(들), 당신들
yeye	그, 그녀	wao	그들

- Mimi ni mwalimu. 나는 선생님이다.
- Wewe ni mwanafunzi. 너는 학생이다.
- Yeye ni rafiki yangu. 그녀는 내 친구이다.
- Sisi tutaondoka kesho. 우리는 내일 떠날 것이다.
- Ninyi ni Wachina? 당신들은 중국 사람입니까?
- Wao ni Wakorea. 그들은 한국 사람입니다.

2. 주격 접사

독립 인칭 대명사와 달리 반드시 동사 앞에 결합한 형태로 써야 하는 주격 접사는 다음과 같다.

단 수		복 수	
ni-	나는	tu-	우리(들)은
u-	너는, 당신은	m-	너희(들)은, 당신들은
a-	그는, 그녀는	wa-	그들은

SARUFI YA KISWAHILI

- <u>Ni</u>takaa hapa. 나는 여기에 머무르겠다.
- <u>U</u>tazoea. 너는 익숙해질거야.
- <u>A</u>napika. 그는 요리하고 있다.
- <u>Tume</u>jitahidi. 우리는 열심히 노력했다.
- <u>Mme</u>sahau? 너희들 잊어버렸니?
- <u>Wa</u>mejaribu. 그들은 시도했다.

3. 목적격 접사

동사 앞에 붙는 목적격 접사는 다음과 같다.

단 수		복 수	
-ni-	나를, 나에게	-tu-	우리를, 우리에게
-ku-	너를, 너에게	-wa-	당신들을, 당신들에게
-m-	그를/그녀를, 그에게/그녀에게	-wa-	그들을, 그들에게

- Uta<u>ni</u>subiri? 너는 나를 기다릴거니?
- Nina<u>ku</u>waza sana. 나는 너를 많이 생각한다.
- Wame<u>m</u>kamata. 그들은 그를 붙잡았다.
- Ame<u>tu</u>danganya. 그녀는 우리를 속였다.
- Nita<u>wa</u>fuata ninyi. 내가 너희들을 따라가겠다.*
- Ana<u>wa</u>tafuta wao. 그는 그들을 찾고 있다.*

Maelezo Zaidi

*2인칭 복수를 나타내는 목적격 접사와 3인칭 복수를 나타내는 목적격 접사의 형태가 똑같이 '-wa-'이므로, 문맥상 그 의미 파악이 어려운 경우에는 위의 예문처럼 'ninyi'나 'wao'를 붙여주는 것이 좋다.

II 인칭대명사, 주격, 목적격, 시제

4. 단순 시제

동사 앞에 붙는 시제 표지는 다음과 같다.*

표 지	기 능	예 문
-a-	단순 현재	Nakupenda sana. 나는 너를 매우 사랑한다.
-na-	현재 진행	Wanakwenda sasa. 그들은 지금 가고 있다.
-me-	현재 완료	Mmerudi nyumbani? 너희들 집에 돌아왔니? -mesha-*
-li-	과거	Alifungua mlango. 그(녀)는 문을 열었다. -lisha-*
-ta-	미래	Utakula chakula gani? 넌 무슨 음식을 먹을 거야?
-ki-	동시동작 / 조건	Tuliwaona wakipika. / Ukija kwetu, nitafurahi sana.
-ka-	연속 동작	Walikwenda mjini, wakapitia sokoni, wakanunua ndizi.
hu-	습관적 행위	Hawa hufanya kazi jioni.
-nge-	현재 가정	Ungekuja hapa, ungemwona Juma.
-ngali-	과거 가정	Angalikujua, angalikuuliza. ※ -ngeli-(구어)

※ 주격접사 다음에 '-a-' 시제가 오면 주격접사와 '-a-' 시제가 결합되어 축약된 형태로 나타난다.

"ni-" + "-a-" ⇒ "na-"	"tu-" + "-a-" ⇒ "twa-"
"tu-" + "-a-" ⇒ "twa-"	"m-" + "-a-" ⇒ "mwa-"
"a-" + "-a-" ⇒ "a-"	"wa-" + "-a-" ⇒ "wa-"

Maelezo Zaidi

*언어학에서는 '시제tense'와 '상aspect'을 구분하여 논하지만, 이 책에서는 편의상 모두 '시제'로 통칭하겠다.

*'-mesha-'는 시제표지인데, '-me-' 시제에 '완료'의 의미가 강화된 것으로 볼 수 있다. 굳이 그 의미를 표현하자면, '이미 ~했다' 정도가 된다. 참고로, '-mesha-'에서 형태소 '-sha-'는 '-isha끝나다, 다하다'라는 단어에서 유래된 것이다.

*구어체에서는 '-lisha-'도 종종 사용되는데, 이 역시 '-li-' 시제에 '완료'의 의미가 추가된 것으로 볼 수 있다. 그 의미는 '이미 ~했었다' 정도로 해석할 수 있다.

SARUFI YA KISWAHILI

1) '단순 현재'를 나타내는 -a-

단순한 현재 사실을 나타낸다. 불변의 진리를 나타낼 때도 쓸 수 있다. 주로 신문기사의 제목으로 많이 쓰인다. '-a-' 시제는 주격 접사와 결합하여 축약이 일어난다.

Nakupenda sana. 나는 너를 매우 사랑한다.

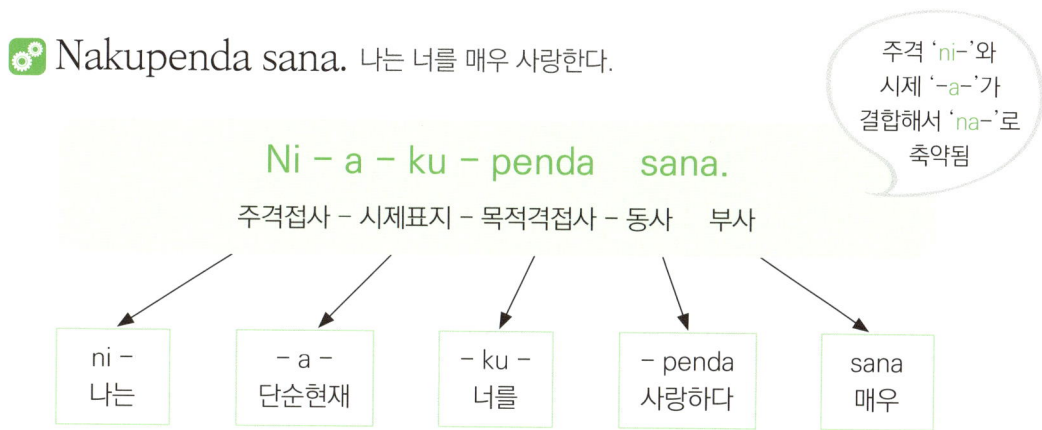

주격 'ni-'와 시제 '-a-'가 결합해서 'na-'로 축약됨

Twasema Kiswahili. 우리는 스와힐리어를 말한다.

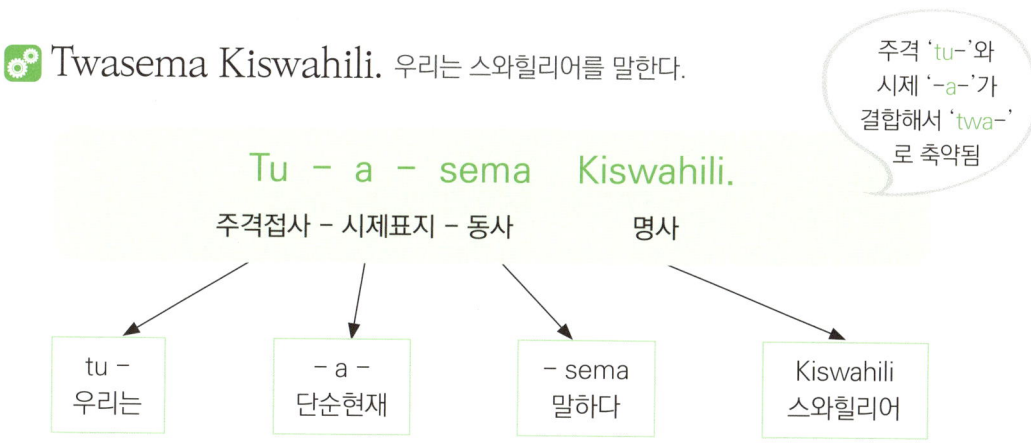

주격 'tu-'와 시제 '-a-'가 결합해서 'twa-'로 축약됨

- Namjua. 나는 그를 안다.
- Rais Magufuli aondoka nchini kuelekea Afrika Kusini.
  마구풀리 대통령 남아프리카공화국을 향해 출국하다. (신문기사 제목으로 쓸 때)
- Dunia yazunguka Jua. 지구는 태양을 돈다. (불변의 진리)

57

II 인칭대명사, 주격, 목적격, 시제

2) '현재 진행'을 나타내는 -na-

기본적으로 현재 진행의 의미를 나타내지만, '-a-' 시제의 의미까지 포함하는 경우가 많다. 만약 '-a-' 시제를 써야할지, '-na-' 시제를 써야할지 헷갈린다면, 대부분의 경우에 '-na-' 시제를 쓰면 그 뜻을 무난하게 표현할 수 있다. '-na-' 시제는 포괄적으로 사용되어, 단순현재(-a-), 현재진행(-na-), 미래시제(-ta-)의 의미를 모두 아우르기도 한다.

Unakaa wapi? 너는 어디에 머무르니? / 너는 어디에 사니?

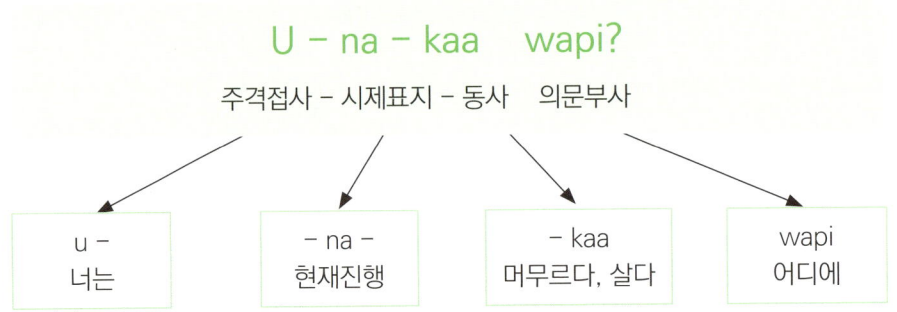

Wanakwenda sasa. 그들은 지금 간다.

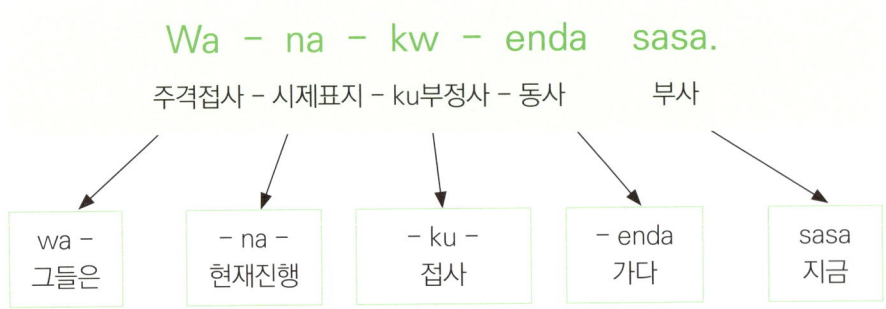

- Unaitwa nani? 너 이름이 뭐니? (직역: 너는 누구라고 불리니?)
- Anaondoka kesho. 그는 내일 떠나.

3) '현재 완료'를 나타내는 `-me-` *

조금 전에 완료된 상황을 표현하거나, 가까운 과거를 표현할 때 쓴다. '-me-' 시제는 과거에 일어난 행위가 현재까지 영향을 미치는 경우에 사용한다.

Amefika Dar es Salaam. 그는 다르에스살람에 도착했다.

Mmerudi nyumbani? 너희들은 집에 돌아왔니?

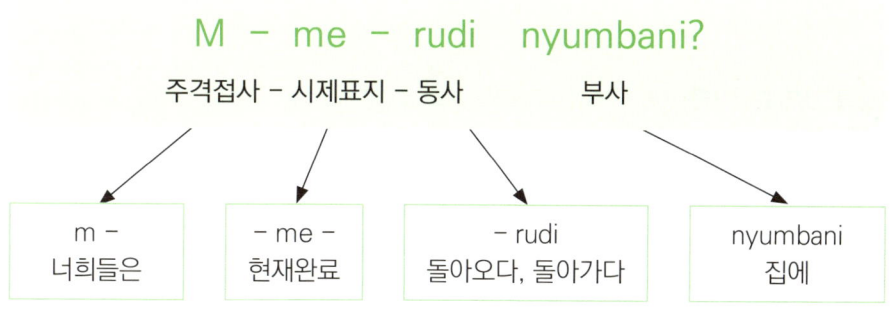

Maelezo Zaidi

*'-me-'와 '-li-'를 우리 말로 해석하면 모두 과거 시제를 표현하여 '~했다' 혹은 '~였다' 등의 의미를 갖는다. '-me-'와 '-li-'는 그 뉘앙스의 차이가 있으므로 유의해서 사용해야 하지만, 만약 둘 중의 어느 시제를 써야할지 모르겠다면, '-me-'를 사용하는 게 좋다. 실제 구어체에서 사용 빈도를 보면 '-me-'가 '-li-'보다 훨씬 높다.

II 인칭대명사, 주격, 목적격, 시제

4) '과거'를 나타내는 -li-

'-me-' 시제에 비해 상대적으로 먼 과거에 일어난 일을 표현할 때 사용한다. '-me-'는 발생한 동작으로 인해 현재까지 그 영향이 미치는 반면에, '-li-'는 과거의 어느 시점에 그 동작이 발생했다는 사실에만 초점을 맞출 뿐, 그 영향력에 대해서는 관심이 없다. 과거에 일어난 일을 표현할 때, 외국인, 특히, 한국인들이 '-li-'를 쓰는 경우가 많은데, 실제 구어체에서 '-li-'를 쓸 경우가 생각보다 많지 않다. 오늘부터 '-li-'를 써야겠다고 생각할 때 '-li-' 대신 '-me-'나 '-ka-'를 쓰는 연습을 한번 해보자.

⚙ **Ulikula chakula jana?** 너는 어제 밥 먹었니?

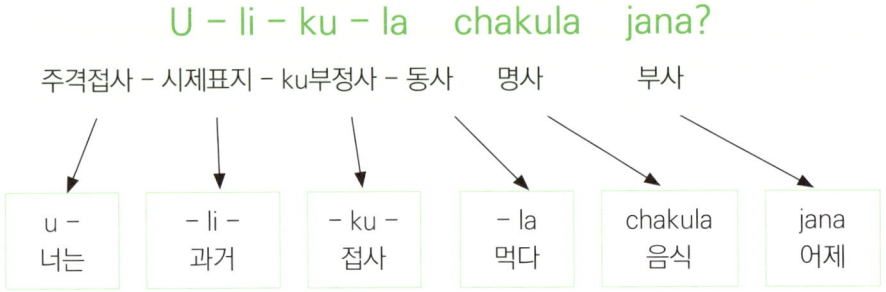

⚙ **Alifungua mlango.** 그녀가 문을 열었다.

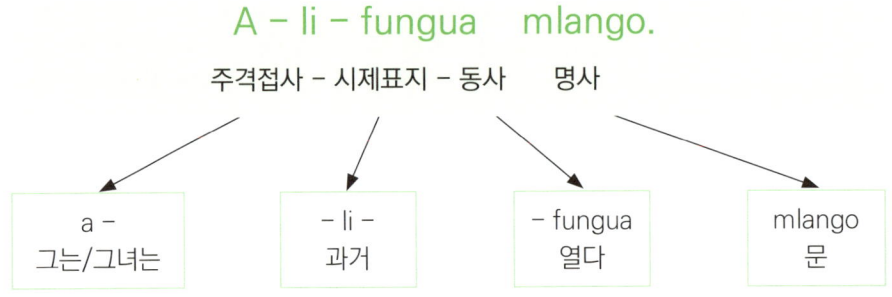

- Waliniambia siku ile. 그들이 일전에 나에게 말해주었어.
- Mlikuwa wapi? 너희들은 어디에 있었니?

5) '미래'를 나타내는 `-ta-`

미래에 일어날 일을 표현하거나, 추측의 의미를 표현할 때 쓴다. '~할 것이다' 혹은 '~일 것이다' 같은 의미를 담는다.

⚙️ **Tutakuja kesho.** 우리는 내일 올게.

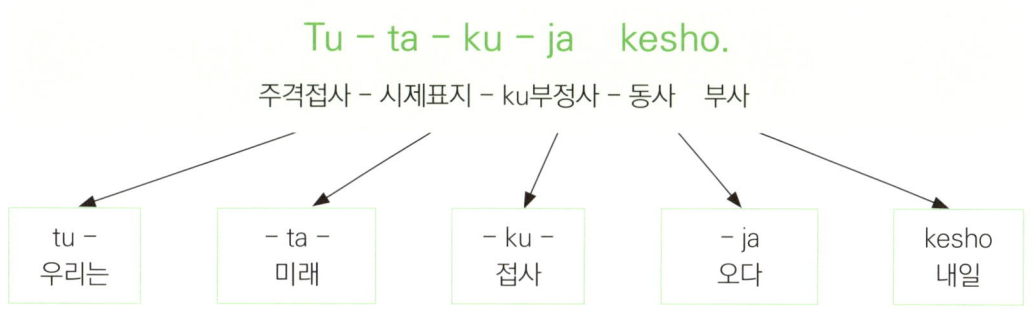

⚙️ **Atakuwepo nyumbani sasa.** 그는 지금 집에 있을 것이다.

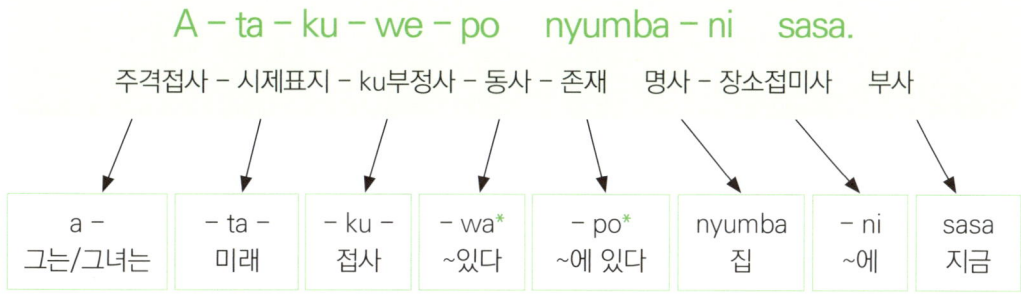

Maelezo Zaidi

* 'Atakuwepo'에서 보듯이 실제 문장에서는 '-wa-'가 아닌 '-we-'의 형태로 사용되었다. 이는 구어체 문장에서 흔히 일어날 수 있는 음운 변화이다. 사실 'Atakuwapo'라는 문장도 가능하고 'Atakuwepo'라는 문장도 가능하지만, 구어체에서는 'Atakuwepo'를 더 많이 사용한다.

* '-po'는 본래 관계사 역할을 하는 접사로서, 장소나 때를 표현하여 영어의 관계부사 'where'나 'when'과 비슷한 역할을 한다. 그런데 그 의미가 확대되어, 주격접사와 결합하거나 동사 뒤에 붙어 존재나 위치, 상태를 표현하기도 한다. 그럴 경우 주어가 '(어떤 상태 혹은 어떤 장소)에 있다'는 의미를 나타낸다.

II 인칭대명사, 주격, 목적격, 시제

🔧 Basi litaondoka saa ngapi? 버스는 몇 시에 떠납니까?

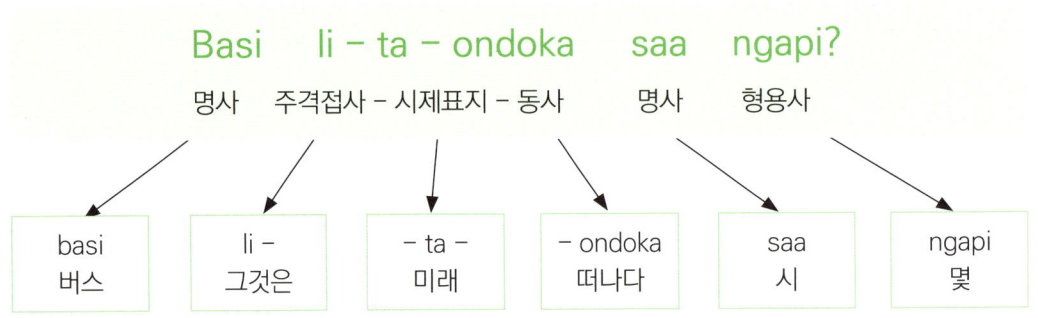

🔧 Nitakupa zawadi kesho. 내가 너에게 내일 선물을 줄게.

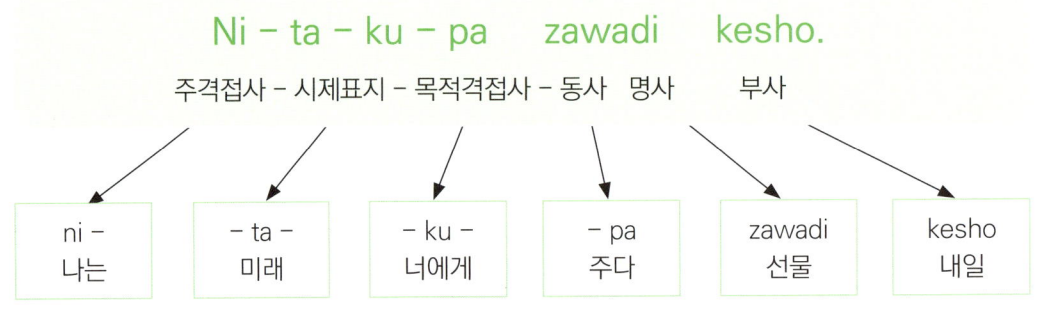

🔧 Utanisaidia kubeba mizigo? 제가 짐 나르는 걸 도와주시겠습니까?

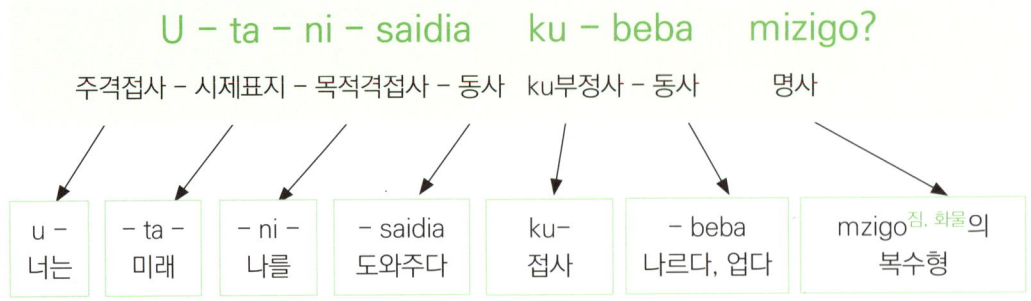

6) '동시동작'이나 '조건'을 나타내는 -ki-

'-ki-'는 크게 두 가지 역할을 한다. 첫 번째로 두 가지 동작이 동시에 일어남을 표현하는 '동시동작'의 기능이다. '~하면서, ~이면서, ~하고 있는' 등의 의미로 이해할 수 있다.

Anakunywa chai akisoma gazeti. 그는 신문을 읽으면서 차를 마시고 있다.

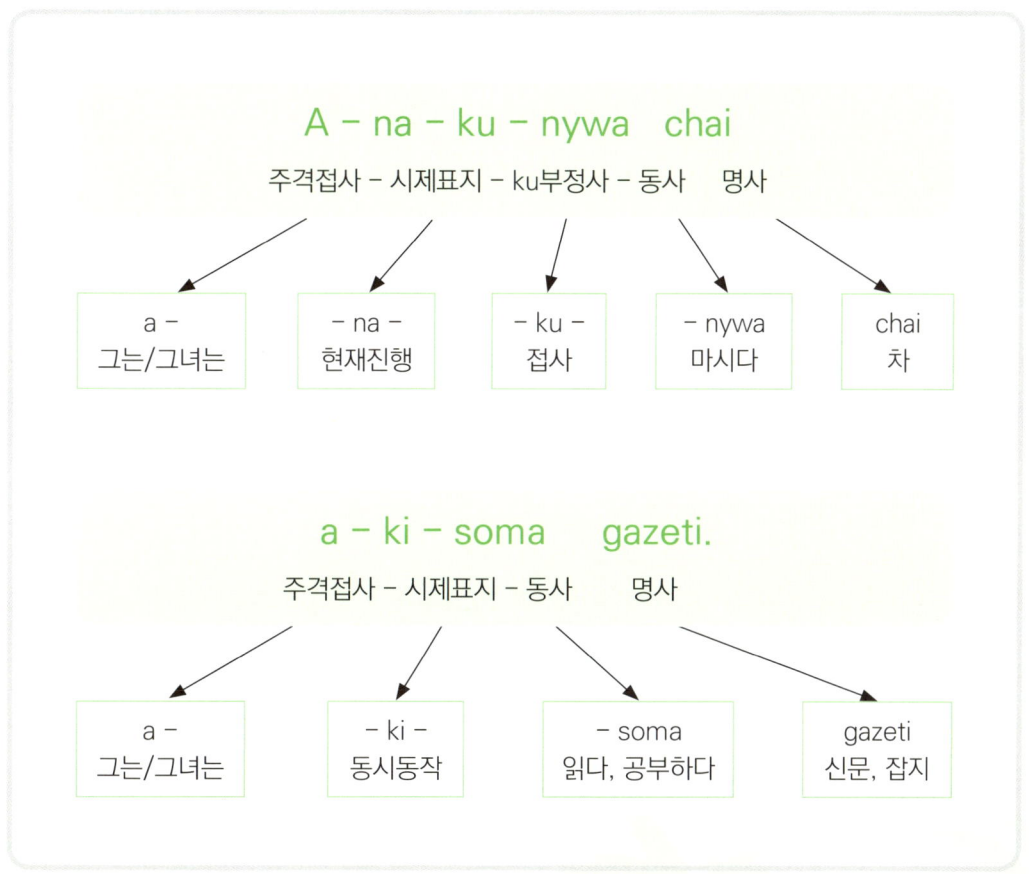

II 인칭대명사, 주격, 목적격, 시제

⚙️ **Tuliwaona wakipika chakula.** 우리는 그들이 요리하고 있는 것을 보았다.

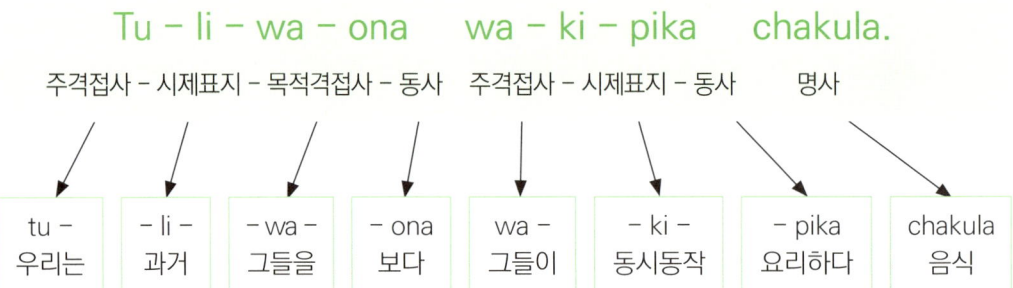

- Walisafisha nyumba wakimbembeleza mtoto. 그들은 아이를 달래면서 집을 청소했다.
- Nilikusikia ukiimba Bongo Flava. 나는 네가 탄자니아 대중가요를 부르는 걸 들었다.

'-ki-'의 두 번째 기능은 '조건'의 의미를 표시하는 것이다. '~하면, ~이면' 등의 의미로 이해할 수 있다.

⚙️ **Wakifika Mombasa, watasikia joto.***

그들이 몸바사에 도착하면, 그들은 더위를 느낄 것이다.

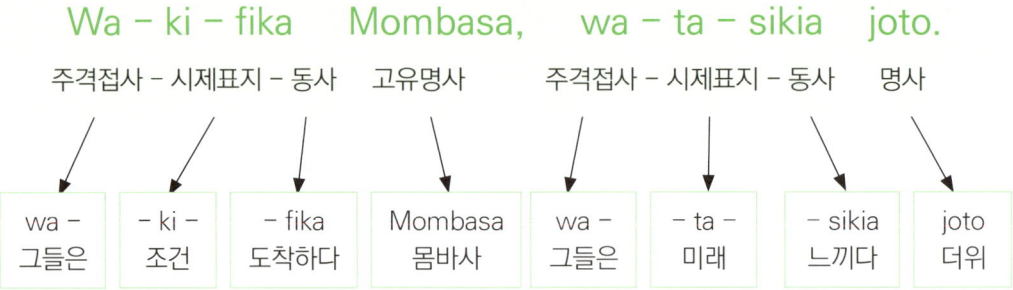

> **Maelezo Zaidi**
>
> * '-ki-' 시제에서는 단음절 동사가 나오더라도 접사 '-ku-'를 붙이지 않는다.
>   예) nikija / ukila / akifa / tukinywa / mkiwa / wakienda
>
> * 'kama'라는 단어를 사용해서 조건문을 만들 수도 있다. 'kama'를 사용하면 훨씬 더 다양한 시제를 표현할 수 있다.
>   nikija → kama ninakuja / kama umekula / kama atakuwa mwalimu

SARUFI YA KISWAHILI

⚙ Ukija kwetu, nitafurahi sana. 네가 우리집에 오면, 나는 아주 기쁠거야.

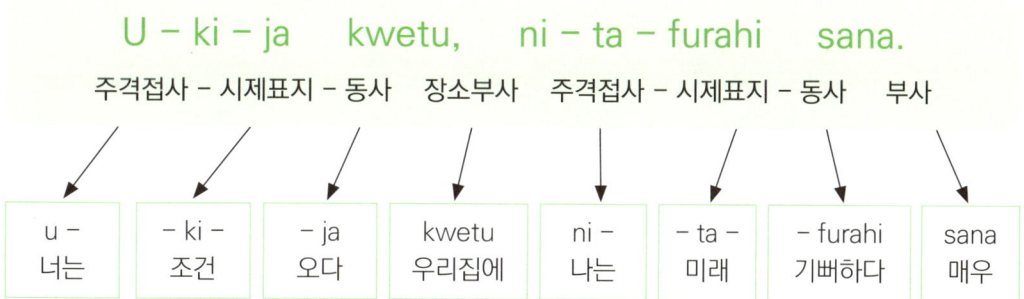

'-ki-'가 들어가는 구문은 대부분 두 개의 문장이 함께 쓰이게 된다. '동시 동작'의 '-ki-'가 들어가면 '-ki-'가 포함된 문장은 대체로 두 번째 문장으로 오고, '조건'의 '-ki-'가 들어가면 '-ki-'가 포함된 문장은 대체로 첫 번째 문장으로 온다. 그렇지만, 위치는 언제든 뒤바뀔 수 있으므로, 문맥에 따라 그 의미를 파악하는 것이 가장 바람직하다.

- Nikisoma kwa bidii, nitafaulu mtihani. 내가 열심히 공부하면 시험에 합격할 것이다.
- Ukisafisha mikono yako vizuri, unaweza kujikinga na Virusi vya Korona.
  손을 깨끗이 잘 씻으면, 코로나 바이러스를 예방할 수 있다.

7) '연속 동작'을 나타내는 -ka-

어떤 행위가 연속적으로 일어날 때 사용한다. '~하고, ~해서, ~하고, ~하고, ~하다' 같은 식으로 해석할 수 있다. '-ka-' 시제의 속성상 여러 문장이 연속해서 나오게 되는데, 보통 첫 번째 문장만 원래의 시제를 따르고 두 번째 문장부터는 시제 자리에 '-ka-'를 넣어주면 된다.

⚙ Niliamka saa 12, nikaoga, nikanywa chai, nikaenda kazini, nikamkuta mgeni.

나는 6시에 일어나서 샤워를 하고, 차를 마시고, 일하러 가서 손님을 만났다.

Maelezo Zaidi

* '-ka-' 시제에서는 단음절 동사가 나오더라도 접사 '-ku-'를 붙이지 않는다.
  예) nikala / ukaja / akafa / tukanywa / mkawa / wakaenda

Ⅱ 인칭대명사, 주격, 목적격, 시제

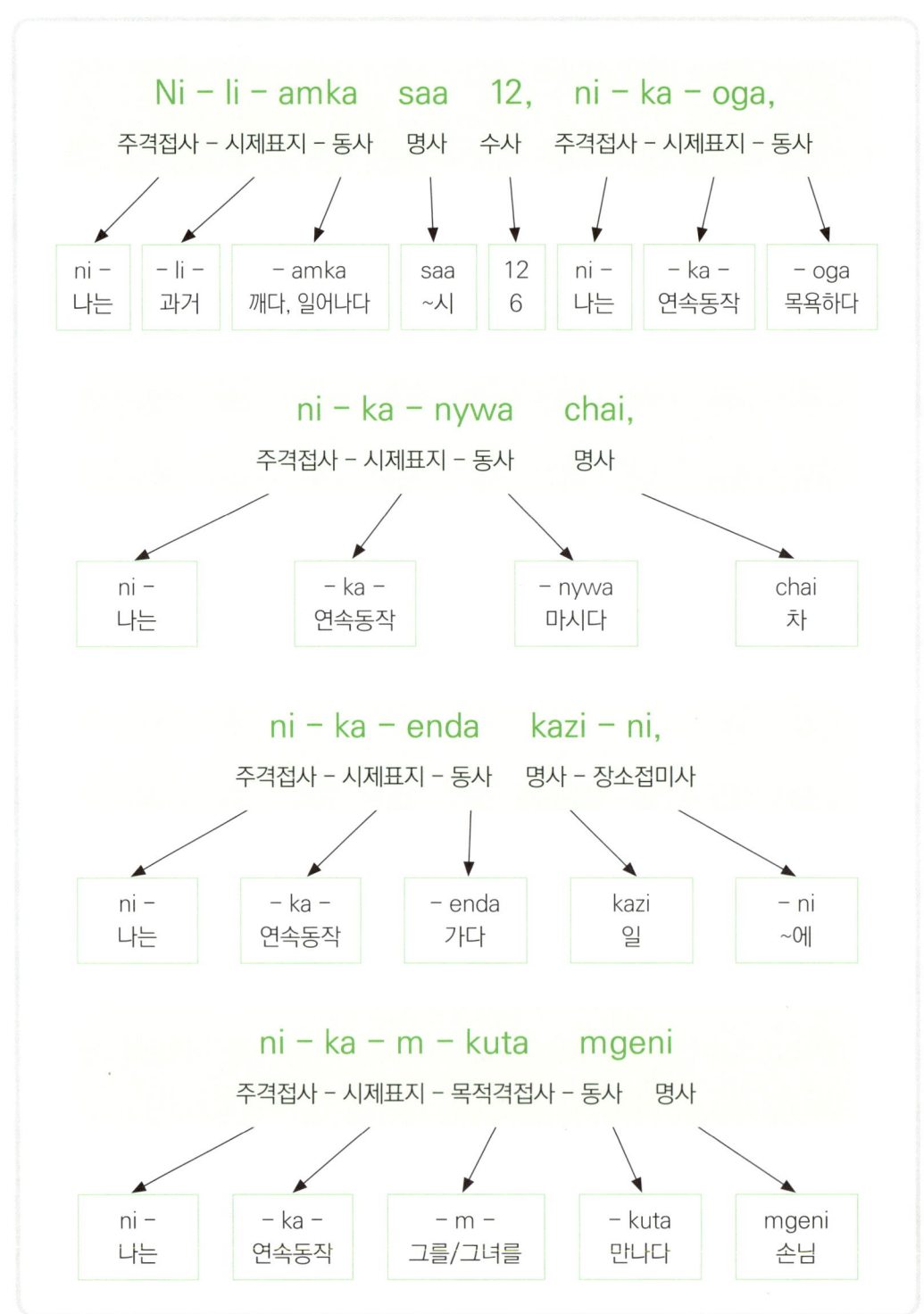

SARUFI YA KISWAHILI

🔧 Walikwenda mjini, wakapitia sokoni, wakanunua ndizi.
그들은 시내에 가서 시장을 들러 바나나를 샀다.

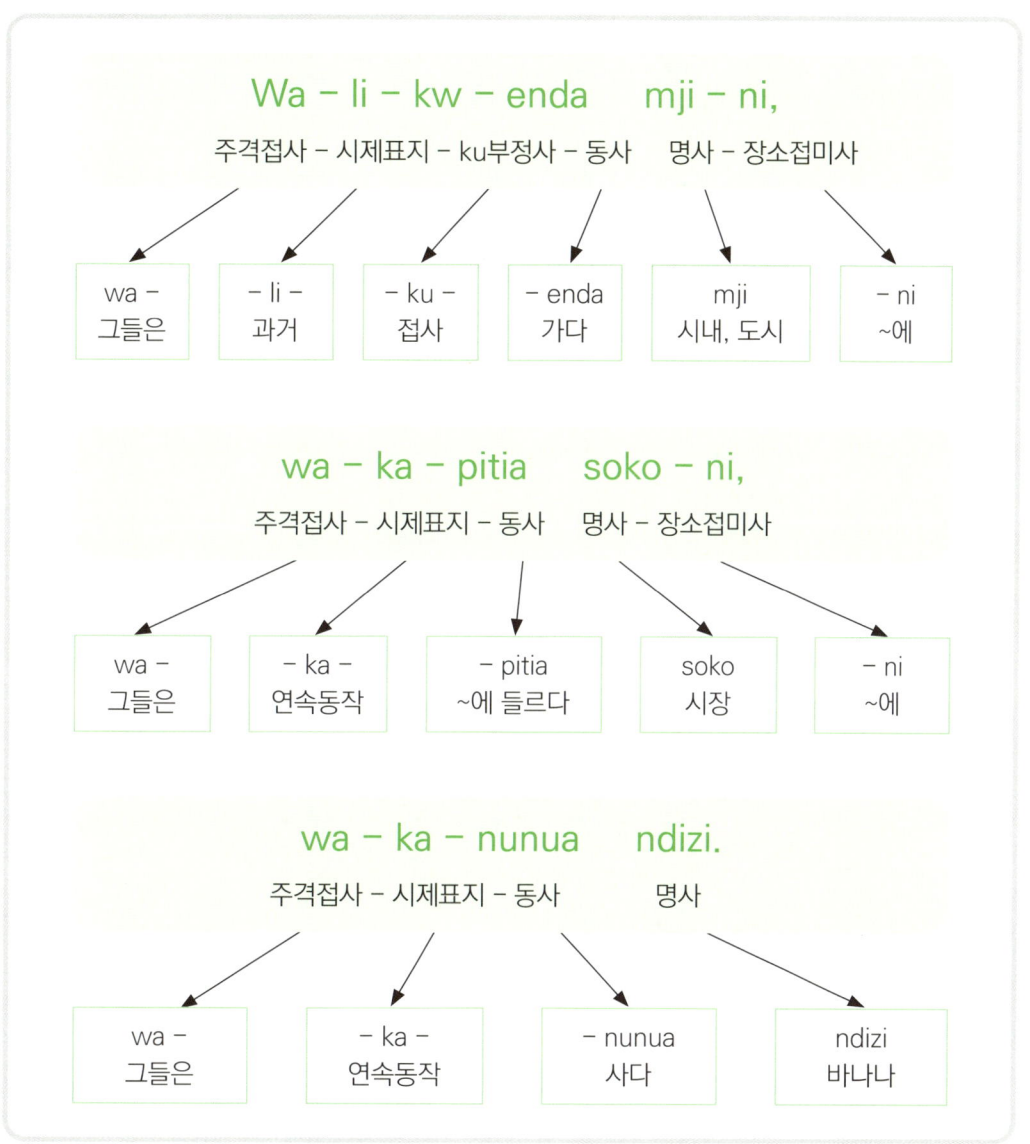

이론적으로는 첫 번째 문장에 대부분의 시제가 다 올 수 있지만, 실제 구어체에서는 거의 '-li-' 시제가 온다. 그래서, 때로는 '-li-' 시제마저도 '-ka-' 시제로 대체되어, 첫 문장부터 '-ka-'로 시작하는 경우도 많다. '-ka-' 시제는 명령법과 가상법에서도 사용된다.

II. 인칭대명사, 주격, 목적격, 시제

8) '습관적 행위'를 나타내는 `hu-`

습관적이거나 일상적인 행위를 표현할 때 사용한다. 다른 시제와 달리 주격 접사가 결합하지 않는다. 그러므로, 주어가 누구인지를 표현하기 위해서 'hu-'로 시작하는 문장 앞에 일반적으로 독립적인 단어 형태로 주어를 언급한다.

⚙️ **Mimi huenda msikitini Ijumaa.** 나는 금요일에 보통 이슬람사원에 간다.

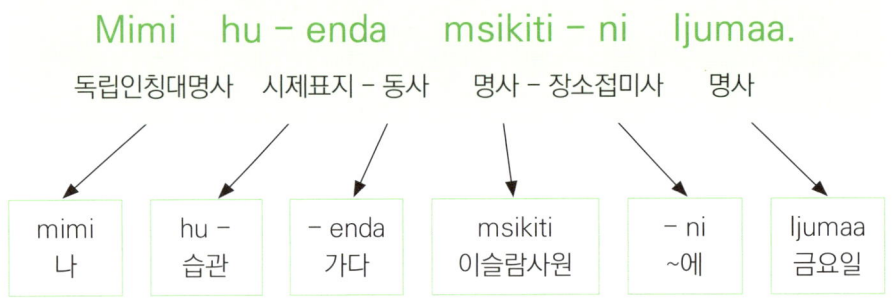

⚙️ **Hawa hufanya kazi jioni.** 이들은 보통 저녁에 일한다.

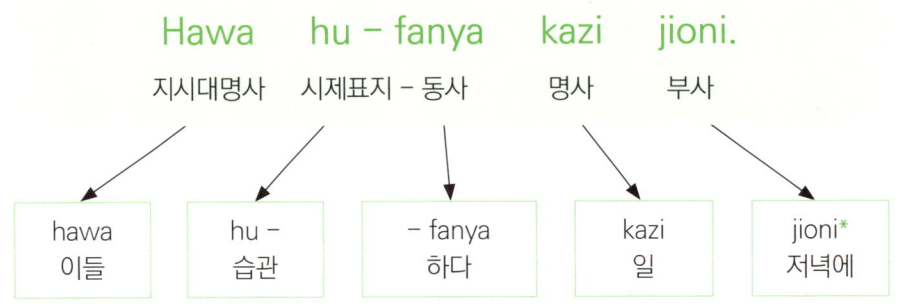

Maelezo Zaidi

* 'hu-' 시제에서는 단음절 동사가 나오더라도 접사 '-ku-'를 붙이지 않는다.
예) hula / huja / hunywa / huwa

* jioni는 명사(저녁)로 쓰이기도 하고 부사(저녁에)로 쓰이기도 한다.

SARUFI YA KISWAHILI

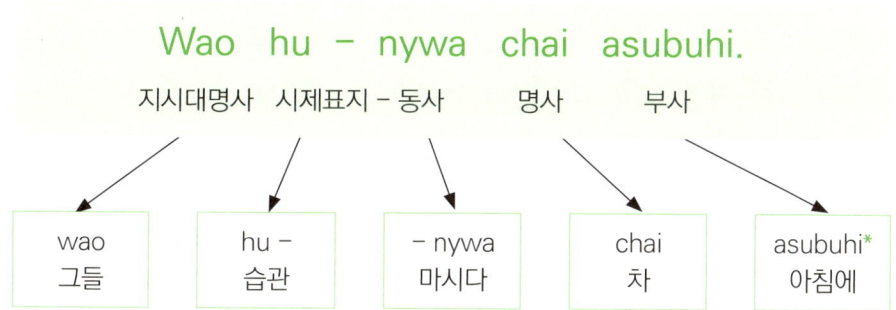

🔧 Wao hunywa chai asubuhi. 그들은 아침에 보통 차를 마신다.

```
Wao   hu - nywa   chai   asubuhi.
지시대명사  시제표지 – 동사  명사   부사
```

- wao / 그들
- hu- / 습관
- -nywa / 마시다
- chai / 차
- asubuhi* / 아침에

'hu-' 시제는 관용적으로 'huwa'의 형태로도 많이 사용된다. 'huwa'가 들어가는 문장은 복합 시제로 분석할 수도 있고, 'huwa'가 독립적인 부사로 변한 것으로 이해할 수도 있다. 독립적인 부사로 파악하면 'huwa'는 '일반적으로, 보통, 흔히' 등의 의미로 해석하면 된다. 'huwa'를 쓰게 되면 뒤에 나오는 문장은 이론적으로 어떤 시제라도 취할 수 있다.*

- Juma huwa anawahi kazini. 주마는 보통 일찍 출근한다.

  ⇒ Juma hu-wa* a-na-wahi kazi-ni.

- Neema huwa alisafiri kila mwezi. 네에마는 매월 여행을 다녔다.

  ⇒ Neema hu-wa a-li-safiri kila mwezi.

- Neema na Juma huwa wanacheza tenisi wikiendi. 네에마와 주마는 보통 주말에 테니스를 친다.
  ⇒ Neema na Juma hu-wa wa-na-cheza tenisi wikiendi.

Maelezo Zaidi

*asubuhi는 명사(아침)로 쓰이기도 하고 부사(아침에)로 쓰이기도 한다.

*'hu-' 시제에 대한 직접적인 부정문은 만들 수 없지만, 'huwa'를 사용하면 부정문을 만들 수 있다.
예) Juma huwa hapendi kuogelea baharini. 주마는 바다에서 수영하는 걸 별로 좋아하지 않는다.

인칭대명사, 주격, 목적격, 시제

9) '현재가정'을 나타내는 -nge-

실제 현실에서는 일어나지 않지만, 일어날 것이라고 가정을 해보는 것이다. 때로는 가까운 미래나 가까운 과거에 대한 가정을 표현하기도 한다. 그 의미는 '~한다면 ~할 텐데', '~하면 좋겠다', '~할 뻔하다' 등으로 해석할 수 있다.

Angejitahidi angefaulu. 그가 열심히 노력한다면 합격할 텐데.

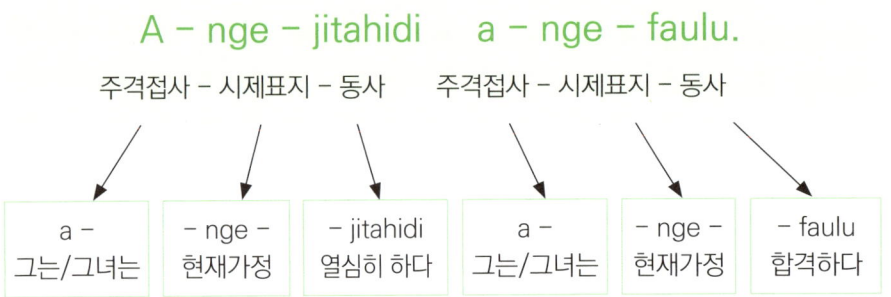

Ungekuja hapa, ungemwona Juma. 네가 여기에 온다면 주마를 볼 텐데.

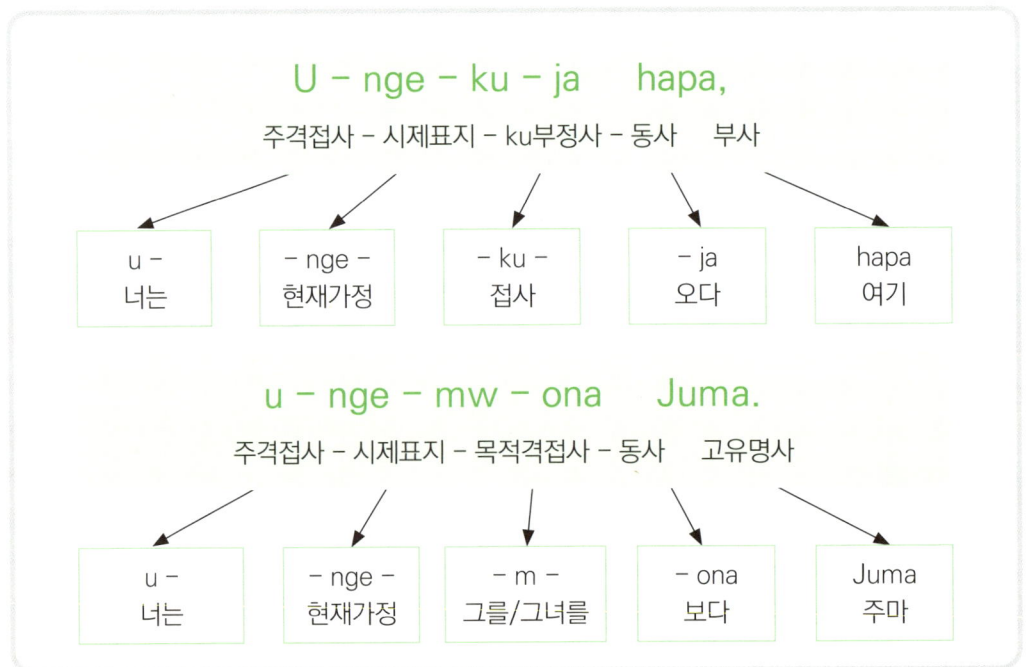

'ungemwona'라는 문장에서 보듯이 형태소 '-m-'이 모음으로 시작되는 형태소를 만나면 그 사이에 '-w-'가 삽입된다. 이는 형태소 '-m-'의 음가를 유지하기 위한 자연스러운 음운 변화이다. 예) nimemwangalia / wamemwogopa / mtu mweusi

'-nge-' 시제는 완곡한 표현이나 가까스로 모면한 상황을 묘사할 때도 사용한다.

- Ningetumia fursa hii kuwatambulisha wageni.
  이 기회를 빌어 손님들을 소개하고 싶습니다.
  ⇒ Ni-nge-tumia fursa hii* ku-wa-tambulisha wageni*.

- Ningependa kukujulisha kwamba umechaguliwa kuwa mwanafunzi wa shule yetu.
  당신이 우리 학교 학생으로 뽑혔다는 것을 알려드리고 싶습니다.
  ⇒ Ni-nge-penda ku-ku-julisha kwamba u-me-chaguliwa ku-wa mwanafunzi wa shule yetu.

- Ningekusaidia, lakini sina hela leo.
  당신을 도와드리고 싶지만, 제가 오늘 돈이 없네요.
  ⇒ Ni-nge-ku-saidia, lakini si-na hela* leo*.

- Ungeniambia kwanza. 네가 나한테 먼저 말해준다면 (좋을 텐데).
  ⇒ U-nge-ni-ambia kwanza.

- Tungegongwa na gari. 우리는 차에 치일 뻔했다.
  ⇒ Tu-nge-gongwa na gari.

Maelezo Zaidi

*hii는 명사(이것)로 쓰일 수도 있고, 형용사(이 ~)로 쓰일 수도 있다.
*wageni(손님들)의 단수형은 mgeni(손님)이다.
*hela도는 탄자니아에서 많이 쓰이고, 케냐에서는 pesa도를 많이 쓴다.
*leo는 명사의 의미로도 부사의 의미로도 쓰일 수 있다.

II 인칭대명사, 주격, 목적격, 시제

10) '과거가정'을 나타내는 -ngali-

실제 과거에서는 일어나지 않았지만, 일어났었으면 어땠을까 하고 가정을 해보는 것이다. 구어체에서는 '-ngeli-'를 사용하기도 한다. 그 의미는 '~했다면 ~했을 텐데' 정도로 해석할 수 있다.

Angalijitahidi angalifaulu. 그가 열심히 노력했다면, 합격했을 텐데.

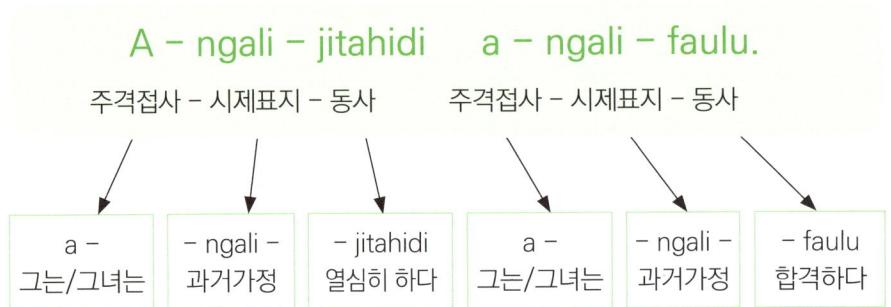

Ungalikuja hapo, ungalimwona Juma. 네가 거기에 왔더라면, 주마를 보았을 텐데.

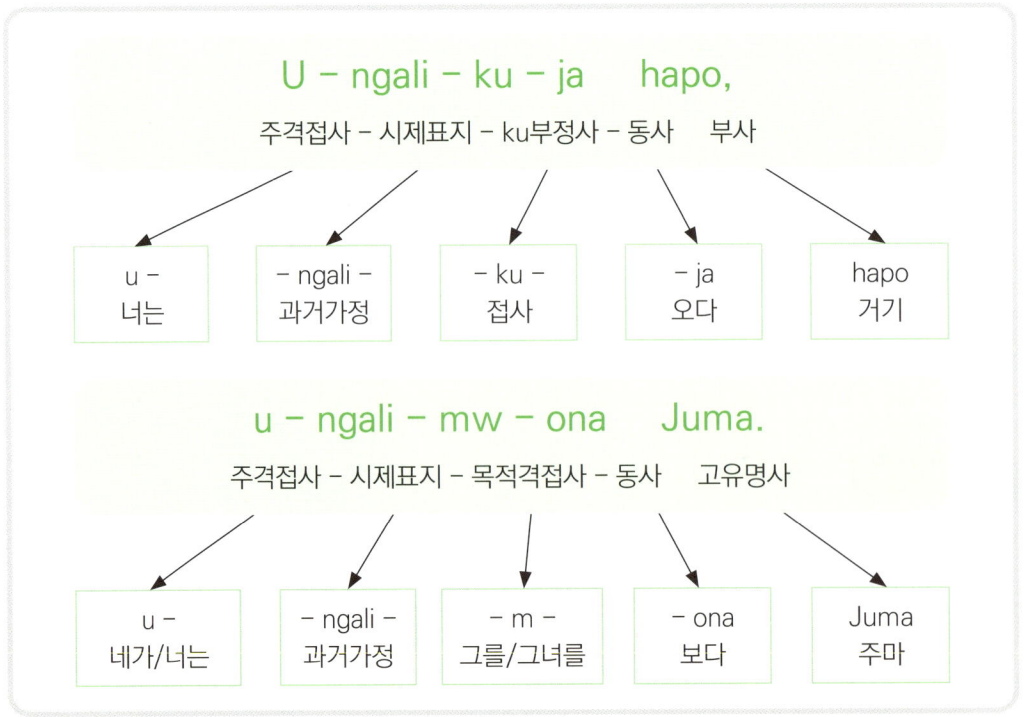

SARUFI YA KISWAHILI

'-ngali-' 시제는 완곡한 표현이나 가까스로 모면했던 과거 상황을 표현하기도 한다.

⚙️ **Ungaliniambia kwanza.** 네가 나한테 먼저 말해줬으면 (좋았을 텐데).

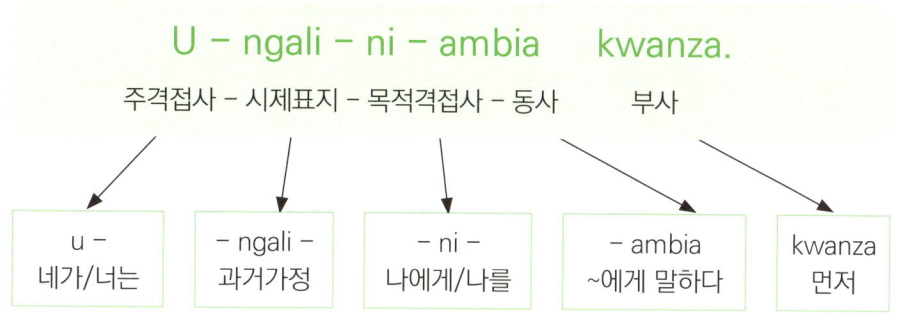

- Ningalikusaidia, lakini sikuwa na hela siku hiyo.
  내가 너를 도와주었으면 (좋았겠지만), 그 날 내가 돈이 없었어.
⇒ Ni-ngali-ku-saidia, lakini si-ku-wa na hela siku hiyo*.

- Tungaligongwa na gari. 우리는 차에 치일 뻔 했었다.
⇒ Tu-ngali-gongwa na gari.

현대 스와힐리어에서는 '-nge-' 시제가 '-ngali-' 시제를 대체해서 쓰는 경우가 많다. 즉, 과거 가정을 표현할 때도 '-ngali-' 대신 '-nge-'를 사용하는 것을 자주 들을 수 있다. 오늘날에는 '-nge-'가 '-ngali-'의 의미까지 포함하면서 그 의미 영역이 확대되고 있다.

- 네가 나한테 먼저 말해줬으면 (좋았을 텐데).
  ⇒ Ungaliniambia kwanza. (O)
  ⇒ Ungeniambia kwanza. (O) 구어체에서 가능
  ⇒ Ungeliniambia kwanza. (O) 구어체에서 가능

Maelezo Zaidi

*hiyo는 명사(그것)로 쓰일 수도 있고, 형용사(그 ~)로 쓰일 수도 있다.

II 인칭대명사, 주격, 목적격, 시제

5. 복합시제

한 가지 동작에 대해 두 가지 시제를 적용함으로써 훨씬 더 미묘하고 복잡한 의미를 전달할 수 있다. 이를 복합시제라고 하는데, 앞서 나오는 시제에는 동사 '-wa'를 결합하고 뒤에 나오는 시제에 본동사를 결합시킨다.

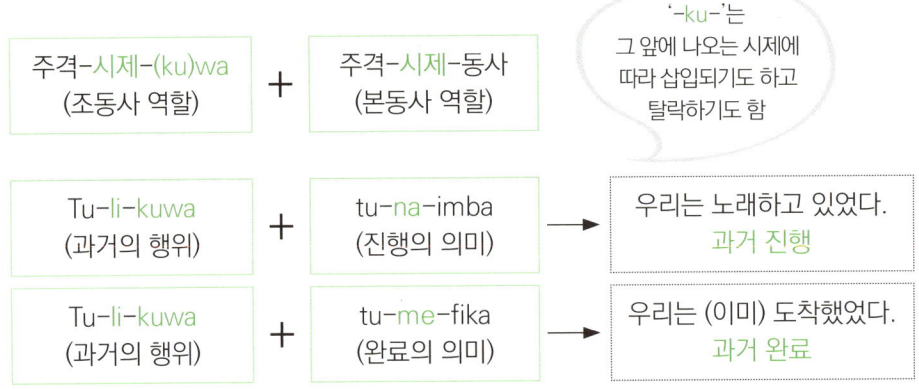

-likuwa -na- / -likuwa -ki- / -likuwa -me-

- Alikuwa anacheza. 그녀는 놀고 있었다.
- Alikuwa akicheza. 그녀는 놀고 있었다.
- Alikuwa amekula. 그녀는 (이미) 먹었었다.
- Tulikuwa tumeshamaliza kazi. (그 때) 우리는 이미 일을 끝냈었다.

-takuwa -na- / -takuwa -ki- / -takuwa -me-

- Atakuwa anapika. 그는 요리하고 있을 것이다.
- Atakuwa akipika. 그는 요리하고 있을 것이다.
- Atakuwa amemaliza. 그는 (이미) 다 끝냈을 것이다.

'-nakuwa ~'의 형태로는 거의 쓰이지 않고 거의 '-napokuwa ~'의 형태로 사용됨

-napokuwa -na- / -napokuwa -ki- / -napokuwa -me-

- Wanapokuwa wanafanya kazi 그들이 일을 하고 있을 때
- Wanapokuwa wakitengeneza gari 그들이 자동차를 수리하고 있을 때
- Wanapokuwa wamekaa 그들이 앉았을 때

Ⅱ 인칭대명사, 주격, 목적격, 시제

-kiwa -na- / -kiwa -ki- / -kiwa -me-

- Ukiwa unakula chakula 네가 밥을 먹고 있으면
- Ukiwa ukila chakula 네가 밥을 먹고 있으면
- Ukiwa umekunywa chai 네가 차를 마셨으면
- Ikiwa umechoka, ukapumzike. 너 피곤하면 가서 쉬어라.

-kawa -na- / -kawa -ki- / -kawa -me-

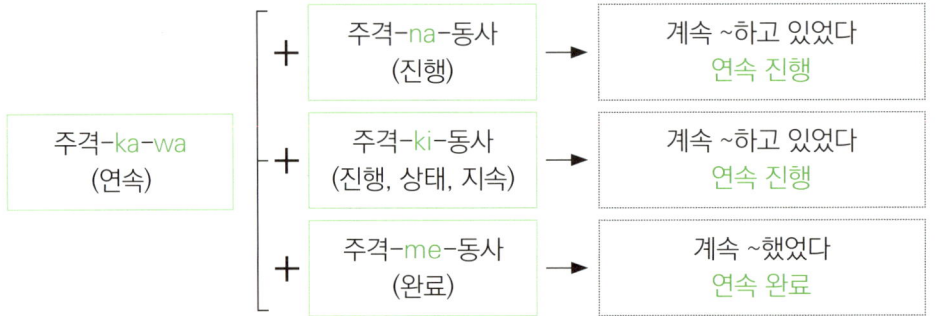

- Alikwenda Nairobi akawa anafanya kazi huko kwa miaka mingi.
  그녀는 나이로비에 가서 여러 해 동안 그곳에서 계속 일하고 있었다.

- Alimaliza kufua akawa akipumzika masaa mawili.
  그녀는 빨래를 마치고 나서 2시간 동안 휴식을 취하고 있었다.

- Alipofika Arusha akawa amesafiri kwa muda wa masaa kumi.
  그녀가 아루샤에 도착했을 때 그녀는 (이미) 열 시간 동안 여행을 한 뒤였다.

huwa -na- / huwa -ki- / huwa -me-

- Huwa tunakunywa chai saa 4 asubuhi.
  우리는 오전 10시에 늘 차를 마신다.

- Huwa akisoma kitabu kila anapokula.
  그는 먹을 때 늘 책을 읽는다.

- Huwa amesoma gazeti tunapoanza kazi.
  우리가 일을 시작할 때 그녀는 늘 (이미) 신문을 읽고 난 뒤였다.

II 인칭대명사, 주격, 목적격, 시제

-ngekuwa -na- / -ngekuwa -ki- / -ngekuwa -me-

- Angekuwa anapika nisingekaa na njaa.
  그녀가 요리하고 있다면, 내가 배고파하지 않을 텐데.

- Angekuwa akisoma gazeti wakati wa kula ningemwambia aache.
  그가 밥 먹으면서 신문을 읽고 있다면, 그에게 그러지 말라고 내가 말할 텐데.

- Ningekuwa nimemaliza kazi, tungepumzika.
  내가 일을 다 끝냈다면, 우리가 함께 쉴 텐데.

-ngalikuwa -na- / -ngalikuwa -ki- / -ngalikuwa -me-

- Angalikuwa anapika nisingalikaa na njaa.
  그녀가 요리하고 있었다면, 내가 배고파하지 않았을 텐데.

- Angalikuwa akisoma kwa bidii, angalifaulu.
  그가 열심히 공부하고 있었다면, 합격했을 텐데.

- Angalikuwa amesoma barua yangu angalijua habari yangu.
  그가 내 편지를 읽었었다면 내 소식을 알았을 텐데.

-we -na- / -we -ki- / -we -me-

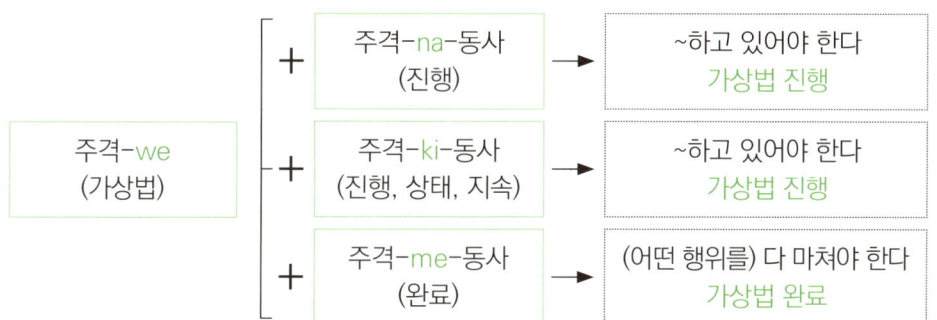

- Awe anafanya mazoezi kila asubuhi mpaka saa tatu.
  그는 매일 아침 9시까지 운동을 하고 있어야 한다.

- Awe akifanya kazi saa za kazi.
  그는 근무 시간에 일을 하고 있어야 한다.

- Awe amejitayarisha kabla sijafika.
  그는 내가 도착하기 전에 준비를 다 마쳐야 한다.

- Wawe wameshatengeneza gari.
  (그 때까지) 그들은 차를 다 고쳐놓아야 한다.

II 인칭대명사, 주격, 목적격, 시제

-mekuwa -ki-

| 주격-me-kuwa (현재 완료) | + | 주격-ki-동사 (진행, 상태, 지속) | → | (계속) ~해왔다 현재 완료 진행 |

- Amekuwa akilia usiku kucha. 그는 밤새도록 계속 울었다.
- Amekuwa akiandika makala fupi katika magazeti ya kila wiki.
  그녀는 주간 신문에 단편 기사를 계속 써왔다.
- Kwa muda mrefu amekuwa akiahirisha ndoa yake.
  오랜 기간 동안 그는 결혼을 계속 미뤄왔다.

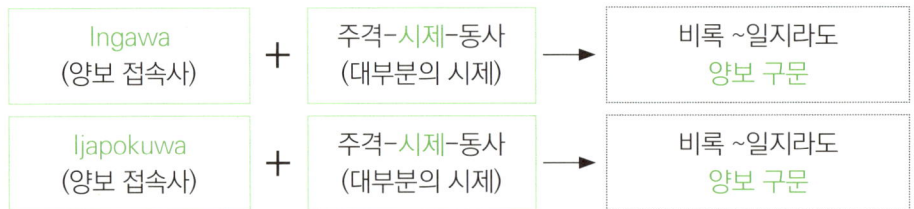

Ingawa / Ijapokuwa : 원래 -nga- 시제와 -japo- 시제이지만, 현대 스와힐리어에서는 ingawa와 ijapokuwa가 독립적인 접속사처럼 사용됨

| Ingawa (양보 접속사) | + | 주격-시제-동사 (대부분의 시제) | → | 비록 ~일지라도 양보 구문 |
| Ijapokuwa (양보 접속사) | + | 주격-시제-동사 (대부분의 시제) | → | 비록 ~일지라도 양보 구문 |

- Ingawa amehitimu darasa la saba, hajui kusoma wala kuandika.
  그는 7학년을 마쳤음에도 불구하고, 읽고 쓸 줄 모른다.
- Ingawa amechoka sana, anaendelea kufanya kazi.
  그녀는 매우 피곤함에도 불구하고, 계속해서 일하고 있다.
- Ijapokuwa hakuwa na pesa, hakutafuta kazi.
  그는 돈이 없었음에도 불구하고, 일자리를 찾지 않았다.
- Ijapokuwa mvua itanyesha sana, nitakwenda mjini.
  비가 많이 올지라도, 나는 시내에 갈 것이다.

SARUFI YA KISWAHILI

ni / -po / -ko / -mo / -na

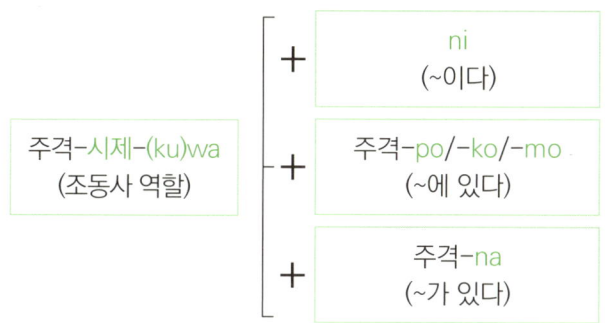

- Wakati wa mavuno alikuwa ni mgonjwa. 수확할 시기에 그녀는 환자였다.
- Simba huwa ni wakali wakiwa na watoto. 사자는 새끼들과 있으면 사납다.
- Alitumia dawa, akawa si mgonjwa tena. 그는 약을 사용하고 나서 더 이상 아프지 않았다.
- Kila tunaporudi nyumbani huwa tuna kazi nyingi. 우리가 집에 돌아오면 항상 일이 많다.
- Alipomaliza kazi alikuwa hana nguvu tena. 일을 끝마쳤을 때 그는 힘이 하나도 없었다.
- Niliporudi alikuwa hayupo. 내가 돌아왔을 때 그는 (거기에) 없었다.
- Ulipofika hapo nilikuwa nimo ndani. 네가 거기 도착했을 때 나는 안에 있었다.

복합시제와 관계사 : kuwa가 들어가는 문장에 관계사가 위치한다.

- Aliyekuwa amelala ndiye mtoto wangu. 잠자고 있던 아이가 바로 내 아이다.
- Alipokuwa amemaliza kazi yake, akapumzika. 일을 다 끝마쳤을 때 그는 쉼을 가졌다.
- Nilitengeneza gari lililokuwa limeharibika. 나는 망가졌던 자동차를 고쳤다.
- Alifanya kila jitihada za kuhakikisha usalama wa watu wake aliokuwa anawaongoza.
  그는 자신이 이끄는 사람들의 안전을 확보하기 위해 모든 노력을 다했다.

Ku- 부정사

단음절 동사에 / 동사 두 개가 연속으로 나올 때

> ku- 부정사는 형태적으로 'ku+동사원형'의 형태를 띠고, 그 의미는 문맥에 따라서 다양하게 해석될 수 있다.
> 스와힐리어 동사는 크게 세 부류로 나누어 생각해볼 수 있는데, 각각 반투어 기원의 동사, 외래어 기원의 동사, 단음절 동사가 그것이다.

1. 반투어 기원의 동사 -a

어미가 항상 '-a'로 끝나는 반투어 기원의 동사는 문장 속에서 일정한 규칙에 따라 그 모양이 다양하게 변한다.

ku- 부정사	뜻	ku- 부정사	뜻
kuamka	(잠에서) 깨다	kuandika	(글을) 쓰다
kuangalia	보다, 조심하다	kuanguka	떨어지다, 넘어지다
kubeba	업다, 들고 가다	kuchemsha	끓이다
kuchoma	찌르다, 굽다	kuchukua	가져가다
kufanya	하다, 만들다	kufika	도착하다
kufuata	따라가다, 쫓아가다	kufunga	닫다, 잠그다

SARUFI YA KISWAHILI

ku- 부정사	뜻	ku- 부정사	뜻
kufungua	열다	kugusa	만지다
kujua	알다	kukaa	머무르다, 살다, 앉다
kukamata	붙잡다	kukata	자르다
kukimbia	뛰다	kukosa	실수하다, ~하지 못하다
kukunja	접다	kulala	자다
kuleta	가져오다, 데려오다	kulima	경작하다, 농사짓다
kumaliza	마치다, 끝내다	kumenya	껍질을 벗기다
kumeza	삼키다	kungoja	기다리다
kununua	사다, 구입하다	kunyang'anya	빼앗다
kuomba	간청하다, 기도하다	kuona	보다, 느끼다
kuondoa	치우다	kuondoka	떠나다, 출발하다
kuongea	이야기하다, 대화하다	kupanda	오르다, 타다, 심다
kupenda	좋아하다, 사랑하다	kupiga	때리다
kupika	요리하다	kupita	지나가다
kupokea	받다	kuruka	날다, 뛰어오르다
kusafisha	깨끗이 하다, 청소하다	kusema	말하다
kushuka	내리다	kusikia	듣다, 느끼다
kusimama	멈추다, 일어서다	kusoma	읽다, 공부하다
kutafuta	찾다	kutaka	원하다
kutazama	(의식적으로) 보다	kutembea	걷다, 다니다, 여행하다
kutoa	꺼내다	kutuma	보내다
kuuza	팔다	kuvaa	입다
kuvua	벗다, 물고기를 잡다	kuweka	놓다, 두다
kuweza	~할 수 있다	kuzoea	익숙해지다

III Ku- 부정사

2. 외래어 기원의 동사 -e, -i, -u

어미가 '-e', '-i', '-u'로 끝나는 외래어 기원의 동사가 있다. 외래어 기원의 동사는 문장의 문법적인 변화가 일어나도 거의 그 형태가 변하지 않고 원형을 유지한다.

ku- 부정사	뜻	ku- 부정사	뜻
kuamini	믿다	kuarifu	보고하다, 통보하다
kubadili	바꾸다	kubaki	남다
kubusu	뽀뽀하다	kudai	~에게 받을 돈이 있다
kudhani	생각하다	kudhibiti	통제하다
kudumu	지속되다	kufaulu	성공하다, 합격하다
kufikiri	생각하다	kufurahi	행복하다, 기쁘다
kughairi	마음을 바꾸다	kuharibu	망가뜨리다, 부서뜨리다
kuhitaji	~을 필요로 하다	kuhusu	~에 관련되다
kujaribu	시도하다	kujibu	대답하다
kujitahidi	열심히 하다, 애쓰다, 노력하다	kuketi	앉다
kurudi	돌아오다, 돌아가다	kuruhusu	허락하다
kusafiri	여행하다	kusahau	잊다
kusamehe	용서하다	kushauri	조언하다
kushukuru	감사히 여기다	kusifu	칭찬하다
kusubiri	기다리다	kutabasamu	미소짓다
kutafakari	숙고하다	kutii	순종하다
kutafsiri	번역하다, 통역하다	kutamani	탐내다, 갈망하다
kutathmini	평가하다	kuthamini	가치를 매기다, 소중히 하다
kutibu	치료하다	kutubu	후회하다, 회개하다
kuwahi	~한 적이 있다, 제 시간에 도착하다	kuzidi	~를 능가하다, 늘어나다

3. 단음절 동사

하나의 음절로 이루어진 단음절 동사가 있다. 단음절 동사는 기본적으로 반투어 기원의 동사로서 앞서 살펴본 반투어 기원의 동사들과 마찬가지로 변화하지만, 어떤 문법 작용이 일어나느냐에 따라 접사 '-ku-'가 붙기도 하고 떨어지기도 한다.

ku- 부정사	뜻	ku- 부정사	뜻
kucha	두려워하다, 경외하다, 날이 밝다	kuchwa	해가 지다
kuja	오다	kula	먹다
kunya	똥싸다	kunywa	마시다
kufa	죽다	kupa*	주다
kuwa	~이다, 있다, ~이 되다	kupwa	(썰물 때에 물이) 빠지다, 써다

- **Amekuwa mwalimu.** 그녀는 선생님이 되었다.

'-enda'와 '-isha'는 2음절 동사이지만, 단음절 동사와 동일한 변화를 보인다. 그렇지만, 실제 구어체에서는 단음절 동사처럼 쓰이기도 하고, 일반적인 다음절 동사처럼 쓰이기도 한다. 'ku-enda'와 'ku-isha'는 음운 축약이 일어나 각각 'kwenda'와 'kwisha'로 축약된다.

ku- 부정사	뜻	ku- 부정사	뜻
kwenda	가다	kwisha	끝나다, 수명이 다하다

- **Watakwenda mjini.** 그들은 시내에 갈 것이다.
- **Mafuta yamekwisha.** 기름이 다 떨어졌다.

Maelezo Zaidi

*-pa는 단음절 동사지만 항상 간접목적어(~에게)를 취하므로, 실제 용법에서는 '-ku-'가 붙는 경우가 없다. 단음절 동사라도 목적격접사가 앞에 오면 접사 '-ku-'가 붙지 않기 때문이다.

·**Nitampa zawadi.** 나는 그에게 선물을 줄 것이다. / ·**Wamenipa chakula.** 그들은 나에게 먹을 걸 주었다.

Ku- 부정사

4. ku- 부정사의 용법

> 단음절 동사의 명령문은 ku- 부정사 형태로 쓴다.

- Kunywa juisi! 주스를 마셔라!
- Kula chakula bora! 좋은 음식을 먹어라!
- Kuwa mstaarabu! 교양 있는 사람이 되어라!
- Kuwa makini katika kazi yako! 네 일에 주의를 기울여라!
- Kuja hapa! 이리 오세요! (케냐)   ※ Njoo hapa! 이리 오세요! (탄자니아)

> 단음절 동사가 -na-, -me-, -li-, -ta-/-taka-, -nge-, -ngali-, -singe-, -singali-, -sipo-, -japo- 등의 시제와 결합할 때 ku- 부정사 형태로 쓰인다.

- Ninakula. 나는 먹고 있다.
- Kumekucha. 날이 밝았다.
- Alikuja juzi. 그는 그저께 왔다.
- Tutakuwa wapi kesho? 우리는 내일 어디에 있게 되죠?
- Watakaokula chakula hiki wako wapi sasa? 이 음식을 먹을 사람들은 지금 어디에 있어요?
- Ungekula chakula ungeshiba. 네가 음식을 먹는다면 배가 부를 텐데.
- Ungalikunywa maji, usingalisikia kiu. 네가 물을 마셨더라면, 갈증을 느끼지 않았을 텐데.
- Msingekuja leo, msingeniona. 너희들이 오늘 안 온다면, 날 보지 못할 텐데.
- Wasingalikuja jana, wasingaliniona. 그들이 어제 안 왔었더라면, 날 보지 못했을 텐데.
- Asipokuja hatapata zawadi. 그녀가 오지 않으면 선물을 받지 못할 것이다.
- Ijapokuwa amesoma Kikorea, hajui kuandika.
  비록 그가 한국어를 공부했음에도 불구하고, 쓸 줄 모른다.

> 다른 동사 뒤에 따라 나와 '~하기 위해서, ~하려고' 혹은 '~하는 것', '~하기' 등의 의미로 사용된다. 두 개의 동사가 연속으로 나오면 뒤에 나오는 동사는 대체로 ku- 부정사의 형태로 쓴다.

- Amekwenda kumwona mtoto wake. 그녀는 그녀의 아이를 보러 갔다.
- Umeamua kuacha kazi? 당신은 일을 그만두기로 결정했어요?
- Bonyeza moja kuhakiki, au bonyeza herufi yoyote kufuta.
  맞으면 1번을 누르고, 취소하려면 아무 글자나 누르세요.
- Tutakusaidia kutafuta kazi. 우리가 당신이 일자리 찾는 것을 도와줄게요.
- Walitaka kuniona. 그들은 나를 보기를 원했다.
- Naweza kutengeneza gari. 나는 차를 고칠 수 있다.
- Siwezi kutengeneza gari. 나는 차를 고칠 수 없다.

> 연결사 '-a' 뒤에 쓰여 '~하는', '~할' 등의 의미로 사용된다.

- mkate wa kutosha 충분한 빵
- mashirika ya kujitolea 자원 단체
- kitabu cha kusoma 읽을 책
- nguo za kuuza 팔 옷
- chumba cha kuogea 목욕하는 방(욕실)
- vifaa vya kutengenezea bajaji 바자지를 고치는 데 쓰는 공구들 ※ bajaji 삼륜차
- Msimu wa kupanda umewadia. 씨뿌릴 시기가 다가왔다.
- Gari la kubebea mizigo lilikwama kwenye matope. 화물을 나르는 차가 진흙에 빠졌다.

III. Ku- 부정사

> 명사적인 의미를 띠어 주어나 보어 역할을 할 수 있다.

- Kuuliza si ujinga. 묻는 것이 무지한 것은 아니다.
- Kusikia si kuona. 듣는 것이 보는 것은 아니다.
- Kusoma kitabu hiki kutakusaidia kutatua shida yako.
  이 책을 읽는 것이 네 문제를 해결하는데 도움을 줄 것이다.
- Utatuzi wa shida hii ni kumwondoa huyu katika kazi zenu.
  이 문제의 해결책은 당신네 일에서 이 사람을 제외시키는 것이다.
- Je, ni lazima kuoa au kuolewa ili kupata furaha?
  행복을 얻기 위해서 반드시 결혼을 해야 하나요?

> 하나의 주어가 두 가지 동작을 할 때, 접속사 'na'나 'wala'로 두 동사를 연결하고 뒤에 나오는 동사는 ku- 부정사를 쓴다. 이럴 경우, 두 동작의 시간적인 순서가 결정되진 않는다.

- Wanaingia na kutoka. 그들은 들어오고 나간다.
- Tulikula na kunywa. 우리는 먹고 마셨다.
- Nitafua na kuosha vyombo. 나는 빨래도 하고 설거지도 할 것이다.
- Ulimwagilia na kupalilia. 너는 물도 주고 잡초도 뽑았다.
- Hajui kusoma wala kuandika. 그는 읽고 쓸 줄을 모른다.
- Hajafagia wala kufuta leo. 그는 오늘 쓸지도 닦지도 않았다.
- Hawaoni wala kusikia. 그들은 보지도 듣지도 못한다.

> 주격 접사 없이 ku- 부정사를 사용해서 동작을 표현할 수 있다.

- Baada ya mizigo kufika waliipeleka hotelini.
  짐이 도착한 후에 그들은 그 짐을 호텔로 가져갔다.
- Kabla ya mkutano kuanza watasafisha ukumbi.
  회의가 시작되기 전에 그들은 회의실을 청소할 것이다.
- Afadhali kupanua barabara. 도로를 넓히는 게 낫겠다.

> 어떤 동작에 대해 주의를 집중시키기 위해 문장 앞에 ku- 부정사를 쓸 수 있다. 우리 말로는 '~하는 것에 대해 말하자면' 정도로 의미를 해석할 수 있다.

- Kurudi amerudi, lakini hayupo sasa.
  그녀가 돌아오긴 했는데, 지금은 없다.
- Kuondoka ataondoka, lakini sijui ataondoka lini.
  그가 떠나긴 떠날 텐데, 언제 떠날지 모르겠다.
- Kunyesha itanyesha, lakini labda itakuwa manyunyu tu.
  비가 내리긴 내릴 텐데, 아마 이슬비만 내릴 것이다.

> ku- 부정사 infinitive의 부정 negation은 -to-를 삽입한다.

- Kutojua sheria siyo kinga ya kosa. 법을 모르는 것이 죄에 대한 면죄부가 되진 않는다.
- Kutojali si njia ya kutatua shida hiyo. 무관심한 것이 그 문제를 해결하는 방법은 아니다.
- Kutokuwa kwake hakukuwa shida kwao. 그의 부재가 그들에게는 문제가 되지 않았다.

IV 부정

부정의 필수 요소 'si'와 'ha'

스와힐리어 문장의 부정^{negation}에는 반드시 들어가야 할 요소가 있다. 바로 'si'와 'ha'이다. 스와힐리어 부정문에는 이 둘 중의 하나가 꼭 있어야 한다. 스와힐리어 부정문을 쉽게 이해할 수 있도록 앞서 배운 시제를 중심으로 부정문을 만드는 방법을 살펴보자.

1. 현재 시제 부정

'-a-' 시제에 대한 부정과 '-na-' 시제에 대한 부정은 형태적으로 동일하고, '~하지 않다'라는 의미를 표현한다.

> ① 주격이 1인칭 단수 'ni-'이면 주격 접사 'ni-'를 'si-'로 바꾸고, 그 외의 주격이면 주격 접사 앞에 'ha-'를 붙인다.
> ② 시제 '-a-'나 '-na-'를 떼어낸다.
> ③ 동사 어미가 '-a'로 끝나면 '-a'를 '-i'로 바꿔주고, 그 외의 모음으로 끝나면 동사 어간에는 아무런 변화가 일어나지 않는다.*

- Ninaondoka. ⇒ Siondoki. 나는 떠나지 않는다.
- Ninajibu. ⇒ Sijibu. 나는 대답하지 않는다.
- Tunaondoka. ⇒ Hatuondoki. 우리는 떠나지 않는다.
- Tunajibu. ⇒ Hatujibu. 우리는 대답하지 않는다.

Maelezo Zaidi

*동사 어미가 '-a'로 끝나는 동사는 반투어 기원의 동사이고, 그 외의 모음으로 끝나는 동사는 아랍어를 비롯한 외래어 기원의 동사이다. 반투어 기원의 동사나 형용사는 많은 경우에 문법적으로 형태 변화를 하는데 반해, 아랍어를 비롯한 외래어 기원의 동사는 대체로 그 원형을 유지하며 형태가 변하지 않는다.

SARUFI YA KISWAHILI

부정접사		주격		결합		부정접사		주격		결합
si-	+	ni-	⇒	si-		ha-	+	tu-	⇒	hatu-
ha-	+	u-	⇒	hu-		ha-	+	m-	⇒	ham-
ha-	+	a-	⇒	ha-		ha-	+	wa-	⇒	hawa-

Nakupenda. 나는 너를 사랑해.

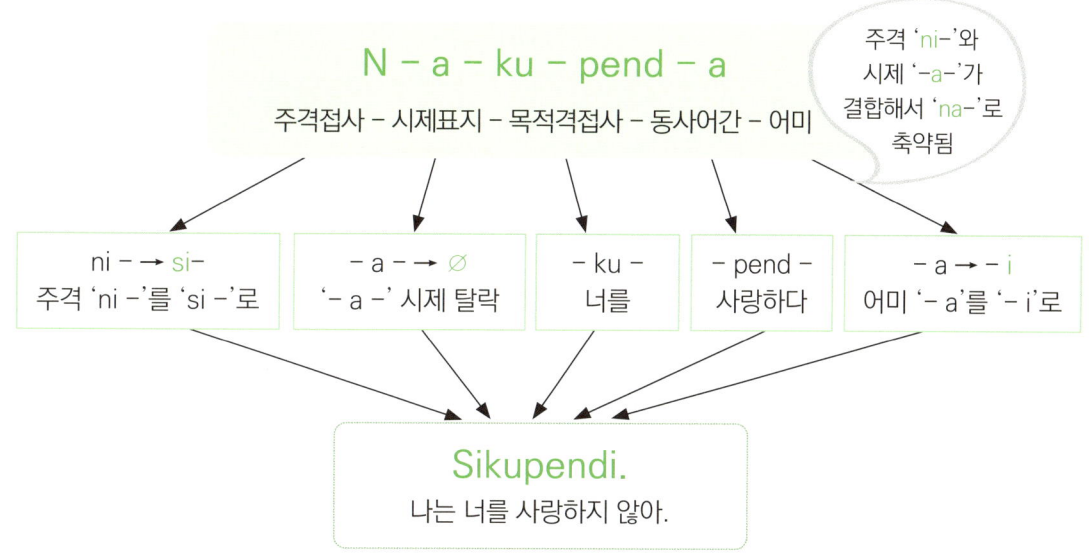

Maelezo Zaidi

*부정 접사 'ha-'와 주격 접사와의 결합 및 축약은 현재 시제 부정 뿐만 아니라, 현재 완료, 과거, 미래 시제 부정에도 동일하게 적용된다. (구어체에서는 'ha-'와 'u-'를 축약시키지 않고 그대로 'hau-'라고 말하는 사람도 많다.)

Ⅳ 부정

 Unaandika. 너는 쓰고 있다.

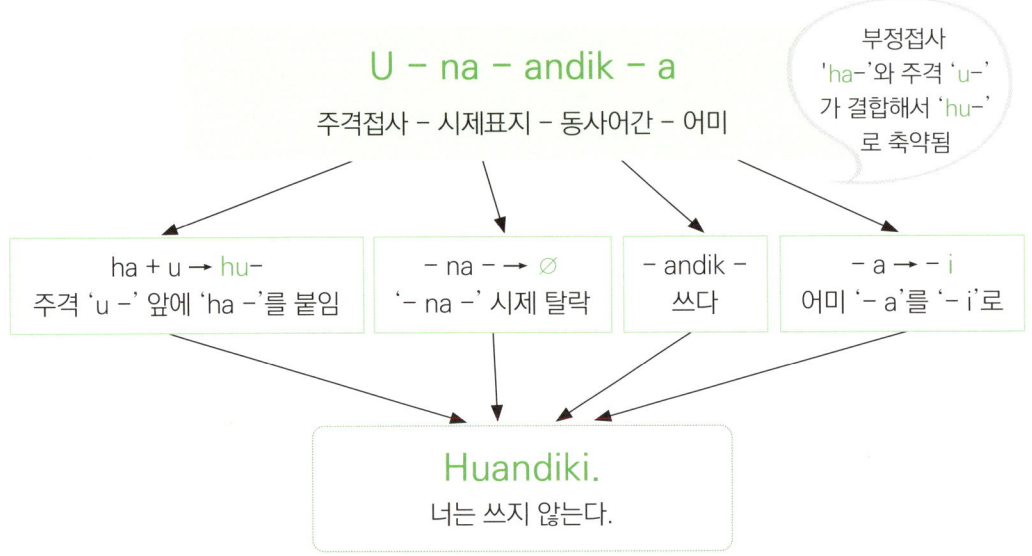

 Anafanya kazi. 그는 일을 하고 있다.

⇒ **Hafanyi kazi.** 그는 일을 하지 않는다.

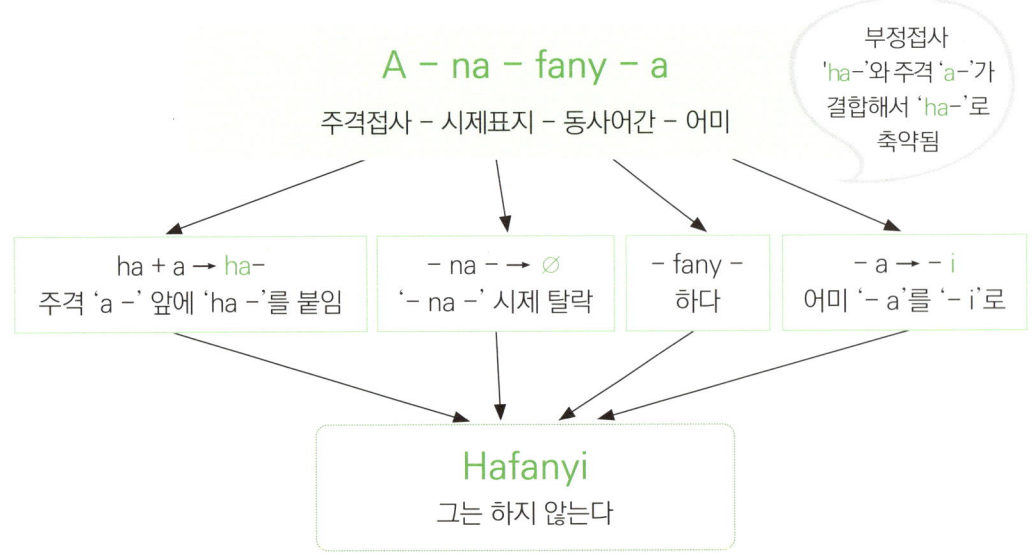

SARUFI YA KISWAHILI

- Anachemsha maji. 그는 물을 끓이고 있다. ※ a-na-chemsha
  ⇒ Hachemshi maji. 그는 물을 끓이지 않는다.

- Twasoma. 우리는 공부한다. ※ tu-a-soma
  ⇒ Hatusomi. 우리는 공부하지 않는다.

- Namjua. 나는 그녀를 안다. ※ ni-a-m-jua
  ⇒ Simjui. 나는 그녀를 모른다.

- Mnakunywa chai. 너희들은 차를 마시고 있다. ※ m-na-ku-nywa
  ⇒ Hamnywi chai. 너희들은 차를 마시지 않는다.*

- Wanajaribu. 그들은 시도하고 있다. ※ wa-na-jaribu
  ⇒ Hawajaribu. 그들은 시도하지 않는다.*

- Kitanda hiki kinauzwa. 이 침대는 판매 중이다. ※ ki-na-uzwa
  ⇒ Kitanda hiki hakiuzwi. 이 침대는 판매되지 않는다.

- Nguo hizo zinapendeza. 그 옷들은 예쁘다. ※ zi-na-pendeza
  ⇒ Nguo hizo hazipendezi. 그 옷들은 예쁘지 않다.

Maelezo Zaidi

*'-nywa(마시다)', '-la(먹다)', '-ja(오다)', '-fa(죽다)' 등의 단음절 동사는 현재 시제에 대한 부정문에서 접사 '-ku-'가 붙지 않는다.
Sinywi / Sili / Siji / Sifi / hamnywi / hamli / hamji / hunywi / hali / hawaji

*어미가 '-e, -i, -u'로 끝나는 동사는 어미가 '-i'로 바뀌지 않고 원형이 유지된다.
Namsamehe. → Simsamehe. / Anatubu. → Hatubu.

IV 부정

2. 현재 완료 부정

'-me-'와 '-mesha-'의 부정문은 형태적으로 동일하며, '(아직) ~하지 않았다'라는 의미를 갖는다. 그 동작이 아직 일어나지 않았지만 언제든 일어날 가능성이 있음을 암시한다.

> ① 주격이 1인칭 단수 'ni-'이면 주격 접사 'ni-'를 'si-'로 바꾸고, 그 외의 주격이면 주격 접사 앞에 'ha-'를 붙인다.
> ② 시제 '-me-'나 '-mesha-'를 '-ja-'로 바꿔준다.

Nimenunua viazi. 나는 감자를 샀다.

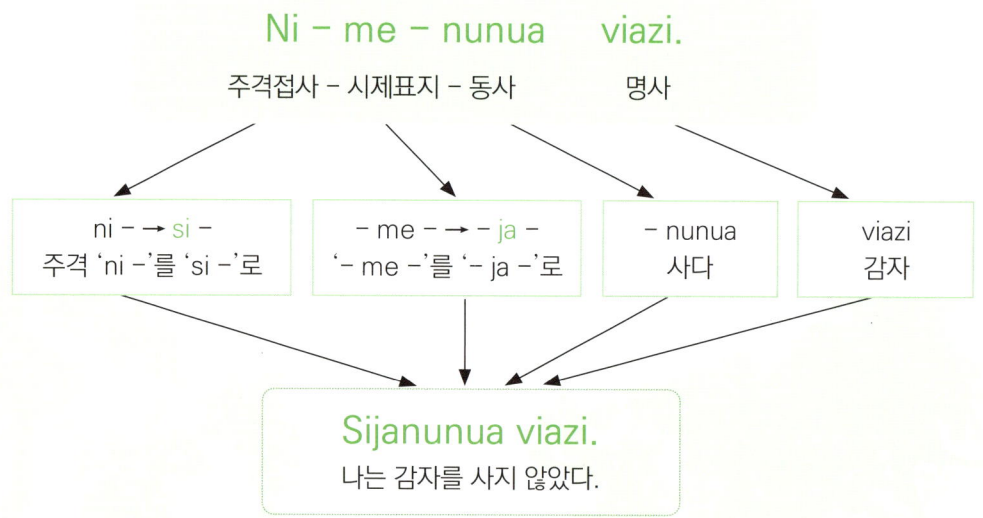

- Umeniambia. 네가 나에게 말했다. ※ u-me-ni-ambia

  ⇒ Hujaniambia. 너는 나에게 말하지 않았다.

- Amekuja. 그녀가 왔다. ※ a-me-ku-ja

  ⇒ Hajaja. 그녀는 오지 않았다. *

- Tumeshafika. 우리는 이미 도착했다. ※ tu-mesha-fika

  ⇒ Hatujafika. 우리는 아직 도착하지 않았다.

- Mmemsamehe. 너희들은 그를 용서했다. ※ m-me-m-samehe

  ⇒ Hamjamsamehe. 너희들은 그를 용서하지 않았다.

- Wamefaulu. 그들은 합격했다. ※ wa-me-faulu

  ⇒ Hawajafaulu. 그들은 합격하지 못했다.

- Miti ile imeanguka. 저 나무들이 쓰러졌다. ※ i-me-anguka

  ⇒ Miti ile haijaanguka. 저 나무들은 쓰러지지 않았다.*

- Uji umepikwa. 죽이 요리되었다. ※ u-me-pikwa

  ⇒ Uji haujapikwa. 죽이 요리되지 않았다.*

Maelezo Zaidi

*'-ja(오다)', '-la(먹다)', '-nywa(마시다)', '-fa(죽다)' 등의 단음절 동사는 현재 완료 시제에 대한 부정문에서 접사 '-ku-'가 붙지 않는다. 예) Hawajaja / Sijala / Hujanywa? / Hajafa

*일반 명사를 받는 주격인 'i-'나 'u-'도 주격 앞에 부정 접사 'ha-'를 붙이면 된다. 그런데, 2인칭 단수 주격 'u-(너는)'는 부정 접사 'ha-'와 결합해서 'hu-'로 축약이 일어나지만, uji(죽) 같은 일반 명사를 받는 주격인 'u-'는 'ha-'와 결합해도 축약이 일어나지 않고 그대로 'hau-'가 된다.

IV 부정

3. 과거 부정

과거 시제 '-li-'에 대한 부정으로, '~하지 않았다'라는 의미를 표현한다. 과거의 한 시점에 어떤 동작이 일어나지 않았다는 단순한 사실만을 전달할 뿐이다.

> ① 주격이 1인칭 단수 'ni-'이면 주격 접사 'ni-'를 'si-'로 바꾸고, 그 외의 주격이면 주격 접사 앞에 'ha-'를 붙인다.
> ② 시제 '-li-'를 '-ku-'로 바꿔준다.

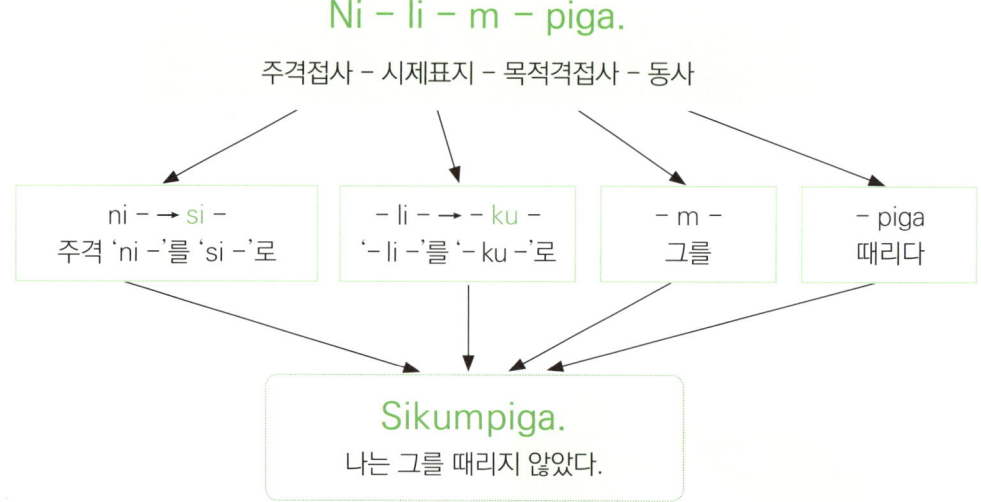

Nilimpiga. 나는 그를 때렸다.

- Uliiweka chumbani. 너는 그것을 방에 놓았다. ※ u-li-i-weka

  ⇒ Hukuiweka chumbani. 너는 그것을 방에 놓지 않았다.

- Alikufa. 그는 죽었다. ※ a-li-ku-fa

  ⇒ Hakufa. 그는 죽지 않았다. *

- Mlikwenda. 너희들은 갔다. ※ m-li-ku-enda

  ⇒ Hamkuenda. 너희들은 가지 않았다.

- Tulirudi. 우리들은 돌아갔다. ※ tu-li-rudi

  ⇒ Hatukurudi. 우리들은 돌아가지 않았다.

- Walighairi. 그들은 마음을 바꿨다. ※ wa-li-ghairi

  ⇒ Hawakughairi. 그들은 마음을 바꾸지 않았다.

- Kitabu kilichanika. 책이 찢어졌다. ※ ki-li-chanika

  ⇒ Kitabu hakikuchanika. 책이 찢어지지 않았다.

- Mkono wake ulivunjika. 그녀의 팔이 부러졌다. ※ u-li-vunjika

  ⇒ Mkono wake haukuvunjika. 그녀의 팔이 부러지지 않았다.

Maelezo Zaidi

*'-fa(죽다)', '-ja(오다)', '-la(먹다)', '-nywa(마시다)' 등의 단음절 동사는 과거 시제에 대한 부정문에서 접사 '-ku-'가 붙지 않는다.
Nilikufa → Sikufa / Nilikuja → Sikuja / Nilikula → Sikula / Nilikunywa → Sikunywa
Ulikuja → Hukuja / Alikula → Hakula / Tulikunywa → Hatukunywa / Mlikuja → Hamkuja

IV 부정

4. 미래 부정

미래 시제 '-ta-'에 대한 부정으로, '~하지 않을 것이다'라는 의미를 표현한다.

> ① 주격이 1인칭 단수 'ni-'이면 주격 접사 'ni-'를 'si-'로 바꾸고, 그 외의 주격이면 주격 접사 앞에 'ha-'를 붙인다.
> ② 시제 '-ta-'를 그대로 둔다.
> ※ 구어체에서는 '-ta-'를 '-to-'로 바꿔서 말하는 사람들도 많다.

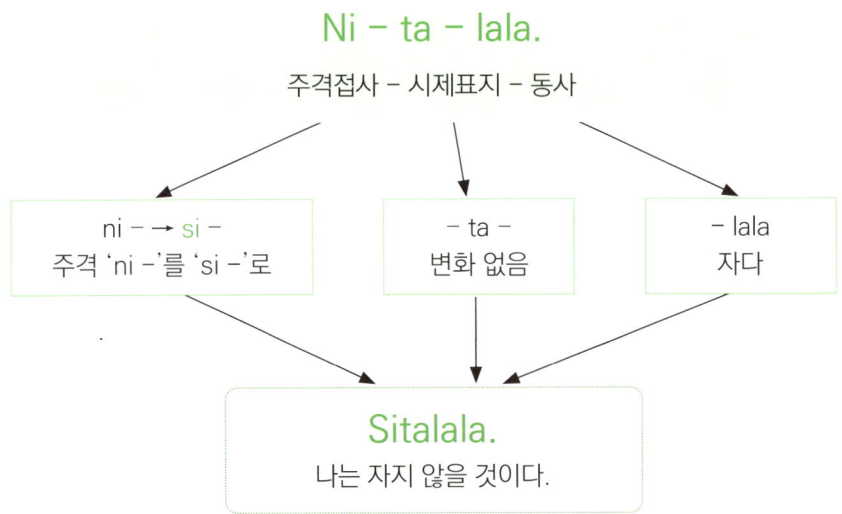

Nitalala. 나는 잘 것이다.

Ni – ta – lala.
주격접사 – 시제표지 – 동사

ni – → si –
주격 'ni -'를 'si -'로

– ta –
변화 없음

– lala
자다

Sitalala.
나는 자지 않을 것이다.

- Utamngoja. 너는 그녀를 기다릴 것이다. ※ u-ta-m-ngoja
  ⇒ Hutamngoja. 너는 그녀를 기다리지 않을 것이다.

- Atakuja. 그녀는 올 것이다. ※ a-ta-ku-ja
  ⇒ Hatakuja. 그녀는 오지 않을 것이다.*

- Tutakusamehe. 우리는 너를 용서할 것이다. ※ tu-ta-ku-samehe
  ⇒ Hatutakusamehe. 우리는 너를 용서하지 않을 것이다.

- Mtasafiri kesho? 너희들은 내일 여행을 떠날 거니? ※ m-ta-safiri
  ⇒ Hamtasafiri kesho? 너희들은 내일 여행을 안 떠날 거니?

- Maembe yataiva mwezi ujao. 망고들은 다음 달에 익을 것이다. ※ ya-ta-iva
  ⇒ Maembe hayataiva mwezi ujao. 망고들은 다음 달에 익지 않을 것이다.

- Nywele zitaota. 머리카락이 날 것이다. ※ zi-ta-ota
  ⇒ Nywele hazitaota. 머리카락이 나지 않을 것이다.

> 구어체에서 '-ta-' 시제의 부정을 -to-로 쓰는 경우도 있다.

- Leo sitokuja kwenu. 오늘 나는 당신네 집에 가지 않을 것이다.
- Leo sitolala huku. 나는 오늘 여기서 자지 않을 것이다.

Maelezo Zaidi

*'-ja(오다)', '-la(먹다)', '-nywa(마시다)', '-fa(죽다)' 등의 단음절 동사는 미래 시제에 대한 부정문에서도 접사 '-ku-'가 붙는다.

Ⅳ 부정

🔹 **Wameniambia kuwa hawatokuja kwenye kikao.**
그들은 회의에 오지 않겠다고 나에게 말했다.

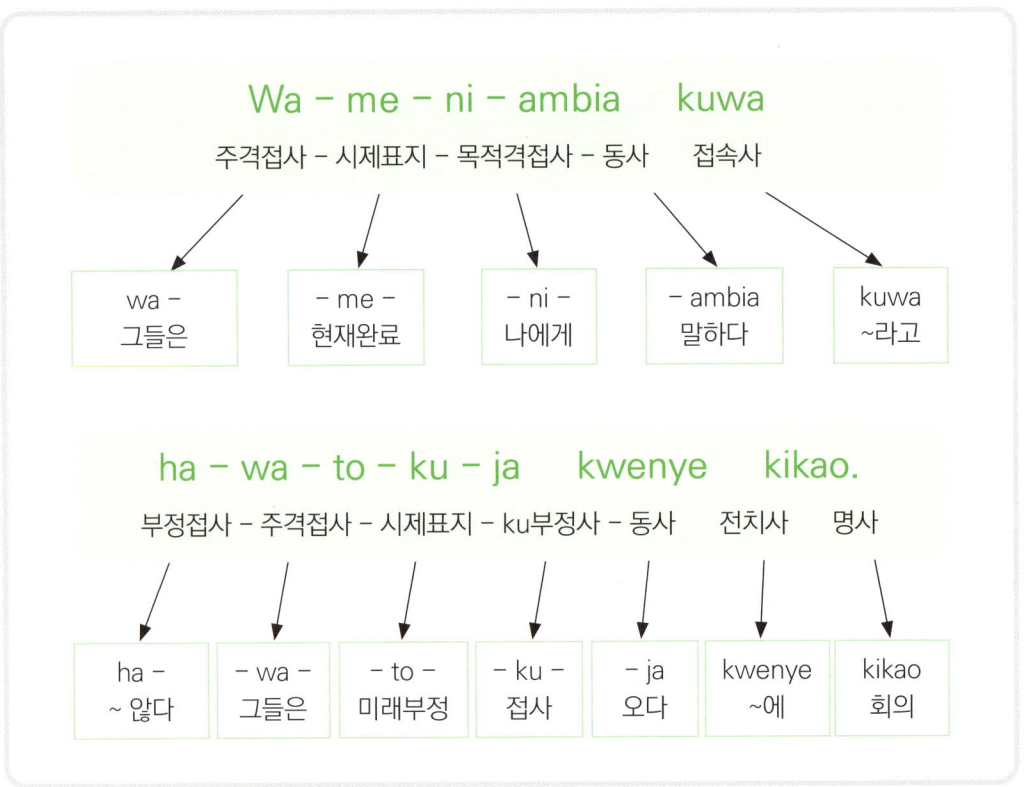

5. 조건 부정: '-ki-'에 대한 부정

'-ki-'는 동시 동작을 표현하거나 조건을 나타내는데, 동시 동작에 대한 부정 표현은 없다. 조건 부정은 조건을 나타내는 '-ki-'에 대한 부정으로, '~하지 않으면'이라는 의미를 표현한다.

① 주격은 아무런 변화 없이 그대로 둔다.
② '-ki-'를 '-sipo-'로 바꾼다.

Nikinunua mananasi nitarudi nyumbani.
파인애플을 사면 난 집으로 돌아갈 것이다.

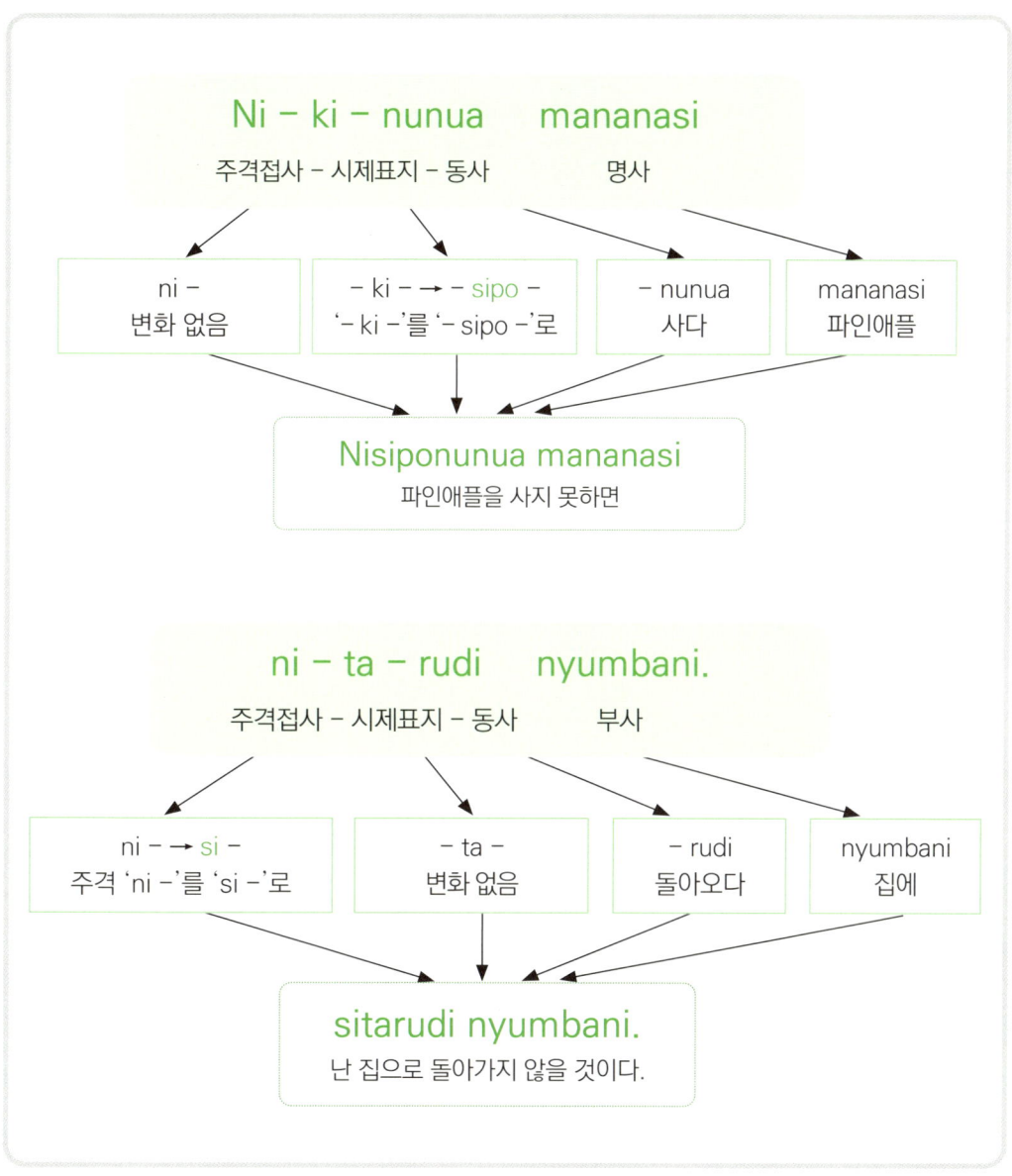

Ⅳ 부정

- Ukifika hapo, mpigie simu Mohamedi.
  네가 거기에 도착하면 모하메디에게 전화해라.
  ⇒ Usipofika hapo, mpigie simu Mohamedi.
  　네가 거기에 도착하지 못하면 모하메디에게 전화해라.

- Akija aje kwetu. 그가 오면 우리 집에 오라고 해라.
  ⇒ Asipokuja nipigie simu. 그가 오지 않으면 나에게 전화를 해라.*

- Mkibaki hapa msifanye kelele. 너희들이 여기에 남을거라면 시끄럽게 하지 마라.
  ⇒ Msipobaki hapa nitabaki hapa. 너희들이 여기에 남지 않는다면 내가 여기에 남을 것이다.

- Chai ikichemka, punguza moto. 차가 끓으면 불을 줄여라. ※ -chemka 끓다
  ⇒ Chai isipochemka, usizime moto. 차가 끓지 않으면 불을 끄지 마라. ※ -zima 끄다

- Kama wameondoka, basi. 만약 그들이 떠났다면, 됐다. ※ -ondoka 떠나다, 출발하다
  ⇒ Kama hawajaondoka, waende ofisini. 만약 그들이 떠나지 않았다면 사무실로 가라고 해라.*

6. 연속 동작 부정: '-ka-'에 대한 부정

연속 동작을 나타내는 '-ka-'에 대한 부정 표현은 없다.

Maelezo Zaidi

*'-ja(오다)', '-la(먹다)', '-nywa(마시다)', '-fa(죽다)' 등의 단음절 동사로 만든 조건문(-ki-)에서는 접사 '-ku-'가 붙지 않지만, 조건에 대한 부정문(-sipo-)에서는 접사 '-ku-'가 붙는다.
　ukija → usipokuja / nikila → nisipokula / akinywa → asipokunywa

*'kama'를 사용해서 조건문을 만들 수도 있다. 이 경우, 훨씬 더 다양하게 시제를 표현할 수 있다.
　ukinipenda → kama unanipenda → kama hunipendi (-na- 시제 부정)
　kama mmeshamaliza kazi → kama hamjamaliza kazi (-me- 시제 부정)

7. 습관적 행위 부정: 'hu-'에 대한 부정

습관적 행위를 나타내는 'hu-'에 대한 부정 표현은 없다. 직접적인 부정 표현은 없지만, 굳이 그에 대한 부정 표현을 찾자면 현재 부정과 동일하게 표현하면 된다.

8. 현재 가정 부정: '-nge-'에 대한 부정

현재 가정을 표현하는 '-nge-'에 대한 부정문으로서, 그 의미는 '~하지 않는다면' 혹은 '~하지 않을 텐데'이다.

> ① 주격은 아무런 변화 없이 그대로 둔다.
> ② '-nge-'를 '-singe-'로 바꾼다.

Ungesoma gazeti hili, ungejua habari zote.
네가 이 신문을 읽는다면, 모든 소식을 알게 될 텐데.

⇒ **Usingesoma gazeti hili, usingejua habari zote.**
네가 이 신문을 읽지 않는다면, 모든 소식을 알 수 없을 텐데.

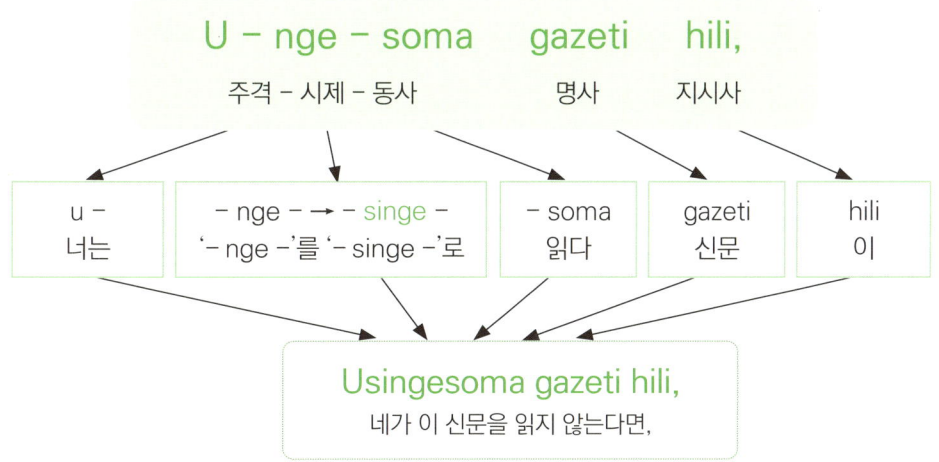

IV 부정

- Ungekuja kazini leo, ungepata mshahara. 네가 오늘 일터에 온다면, 월급을 받을 텐데.
    - ⇒ Usingekuja kazini leo, usingepata mshahara.
        네가 오늘 일터에 나오지 않는다면, 월급을 받을 수 없을 텐데.

- Tungewahi mkutanoni, watu wasingetusubiri.
    우리가 모임에 제시간에 도착한다면, 사람들이 우리를 기다리지 않을 텐데.
    - ⇒ Tusingewahi mkutanoni, watu wangetusubiri.
        우리가 모임에 제시간에 도착하지 못한다면, 사람들이 우리를 기다릴 텐데.

'-nge-'에 대한 부정을 표현하는 또 다른 방법이 있다. 그 방식은 '-ta-'를 부정하는 방식과 비슷하다.*

> ① 주격이 1인칭 단수 'ni-'이면 주격 접사 'ni-'를 'si-'로 바꾸고, 그 외의 주격이면 주격 접사 앞에 'ha-'를 붙인다.
> ② 시제 '-nge-'를 그대로 둔다.

- Ungesoma gazeti hili, ungejua habari zote. 네가 이 신문을 읽는다면, 모든 소식을 알텐데.
    - ⇒ Hungesoma gazeti hili, hungejua habari zote.
        네가 이 신문을 읽지 않는다면, 모든 소식을 알 수 없을텐데.

- Ungekuja kazini leo, ungepata mshahara. 네가 오늘 일하러 온다면, 월급을 받을텐데.
    - ⇒ Hungekuja kazini leo, hungepata mshahara. 네가 오늘 일하러 오지 않는다면, 월급을 받지 못할텐데.

- Ningekuwa daktari 내가 의사라면
    - ⇒ Singekuwa daktari 내가 의사가 아니라면

- Tungemwona Hamisi 우리가 하미시를 볼 텐데
    - ⇒ Hatungemwona Hamisi 우리가 하미시를 못 볼 텐데

Maelezo Zaidi

*실제 구어체에서는 부정 접사 'si-'나 'ha-'로 문장을 시작하는 방법보다 주격 접사는 그대로 두고 시제를 나타내는 접사 '-nge-'를 '-singe-'로 바꾸는 방법을 더 많이 사용한다.

9. 과거 가정 부정: '-ngali-'에 대한 부정

과거 가정을 표현하는 '-ngali-'에 대한 부정문으로서, 그 의미는 '~하지 않았더라면' 혹은 '~하지 않았을 텐데'이다.

> ① 주격은 아무런 변화 없이 그대로 둔다.
> ② '-ngali-'를 '-singali-'로 바꾼다.

Angalijitahidi sana, angaliweza kumaliza upesi. ※ upesi 빨리

그가 열심히 노력했었더라면, 빨리 끝낼 수 있었을 텐데.

⇒ **Asingalijitahidi sana, asingaliweza kumaliza upesi.**

그가 열심히 노력하지 않았었다면, 빨리 끝낼 수 없었을 텐데.

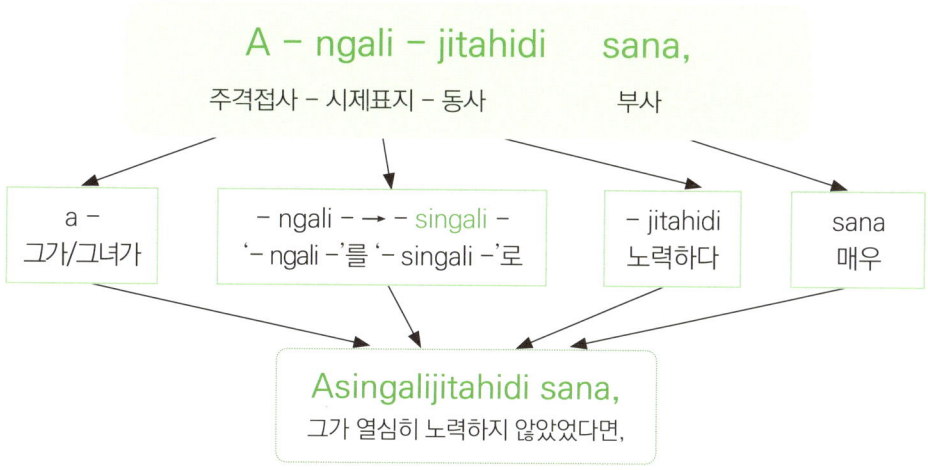

- Ungalimwambia habari, asingekuwa hapa sasa.
  네가 그에게 소식을 말해주었더라면, 그는 지금 여기에 있지 않을 텐데.

  ⇒ Usingalimwambia habari, angekuwa hapa sasa.
  네가 그에게 소식을 말해주지 않았더라면, 그는 지금 여기에 있을 텐데.

Ⅳ 부정

- Ningalikuwa makini, ningalitimiza ahadi niliyoitoa kwake.
  내가 주의를 기울였더라면, 내가 그녀에게 한 약속을 지켰을 텐데.
  ⇒ Nisingalikuwa makini, nisingalitimiza ahadi niliyoitoa kwake.
  내가 주의를 기울이지 않았더라면, 내가 그녀에게 한 약속을 지키지 못했을 텐데.

'-ngali-'에 대한 부정을 표현하는 또 다른 방법이 있다. 그 방식은 '-ta-'를 부정하는 방식과 비슷하다.*

> ① 주격이 1인칭 단수 'ni-'이면 주격 접사 'ni-'를 'si-'로 바꾸고, 그 외의 주격이면 주격 접사 앞에 'ha-'를 붙인다.
> ② 시제 '-ngali-'를 그대로 둔다.

- Angalijitahidi sana, angaliweza kumaliza upesi.
  그녀가 아주 열심히 했었더라면, 빨리 끝낼 수 있었을텐데.
  ⇒ Hangalijitahidi sana, hangaliweza kumaliza upesi.
  그녀가 아주 열심히 하지 않았더라면, 빨리 끝낼 수 없었을텐데.

- Ungalimwambia habari, asingekuwa hapa sasa.
  네가 그에게 소식을 전했더라면, 그는 지금 여기에 없을텐데.
  ⇒ Hungalimwambia habari, angekuwa hapa sasa.
  네가 그에게 소식을 전하지 않았더라면, 그는 지금 여기에 있을텐데.

- Ningalikuwa daktari 내가 의사였더라면
  ⇒ Singalikuwa daktari 내가 의사가 아니었더라면

- Tungalimsaidia 우리가 그를 도와주었을 텐데
  ⇒ Hatungalimsaidia 우리가 그를 도와주지 못했을 텐데

Maelezo Zaidi

*실제 구어체에서는 부정 접사 'si-'나 'ha-'로 문장을 시작하는 방법보다 주격 접사는 그대로 두고 시제를 나타내는 접사 '-ngali-'를 '-singali-'로 바꾸는 방법을 더 많이 사용한다.

10. 'ni ~이다'에 대한 부정

계사 'ni'는 동사에 결합하지 않고 단독으로 쓰여 '~이다'라는 의미를 갖는다. 계사 'ni' 뒤에는 명사나 형용사가 보어로 온다. 'ni'의 부정은 'si'이고, '~이 아니다' 혹은 '~하지 않다'의 의미를 지닌다.

⚙ Mohamedi ni mwanafunzi. 모하메디는 학생이다.

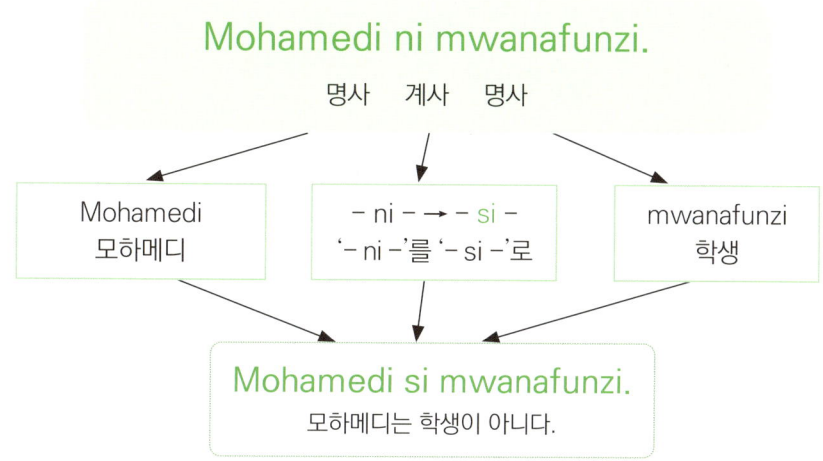

- Neema ni mrefu. 네에마는 크다.
  ⇒ Neema si mrefu. 네에마는 크지 않다.

- Mimi ni Mkorea. 나는 한국인이다.
  ⇒ Mimi si Mkorea. 나는 한국인이 아니다.

- Ni lazima kuongea kwa Kiswahili. 반드시 스와힐리어로 이야기해야 한다.
  ⇒ Si lazima kuongea kwa Kiswahili. 반드시 스와힐리어로 이야기해야 하는 것은 아니다.

IV 부정

11. ku- 부정사의 부정

ku- 부정사는 접두사 'ku-'와 동사 사이에 접사 '-to-'를 넣으면 된다.

- kusoma 읽는 것 ⇒ kutosoma 읽지 않는 것
- kula 먹는 것 ⇒ kutokula 먹지 않는 것*

Kumtii mwalimu kumenisaidia.

선생님 말씀을 잘 듣는 것이 내게 도움이 되었다.

⇒ Kutomtii mwalimu hakutakusaidia.

선생님에게 순종하지 않으면 네게 도움이 되지 않을 것이다.

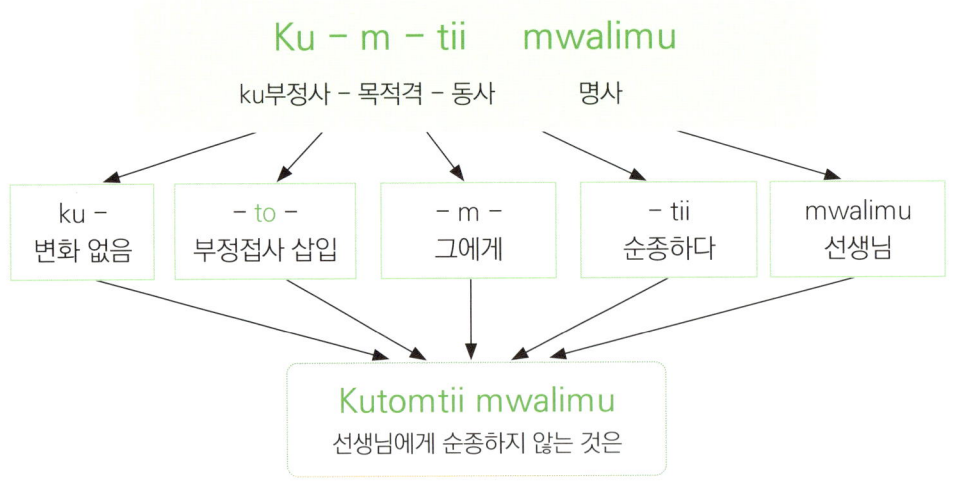

Maelezo Zaidi

*단음절 동사로 된 ku- 부정사(infinitive)를 부정(negation)하면, 접두사 'ku-' 다음에 부정(negation) 접사 '-to-'를 삽입하고, '-to-'와 동사 어간 사이에 접사 '-ku-'를 넣어준다. 결과적으로 단음절 동사로 된 ku- 부정사(infinitive)에 대한 부정(negation)은 'kutoku-'의 형태가 된다.
단음절 동사로 이루어진 ku- 부정사 (infinitive)의 부정(negation)이라도 목적격 접사가 붙으면 '-ku-'가 붙지 않는다. kumcha Mungu 신을 경외하는 것 → kutomcha Mungu (O) / kutokumcha Mungu (X)

12. 관계사에 대한 부정

🔧 Watu waliokuja kazini jana waende kwa mkurugenzi.

어제 일하러 왔던 사람들은 국장님에게 가보라고 해라.

⇒ Watu wasiokuja kazini jana waende kwa mkurugenzi.*

어제 일하러 오지 않은 사람들은 국장님에게 가보라고 해라.

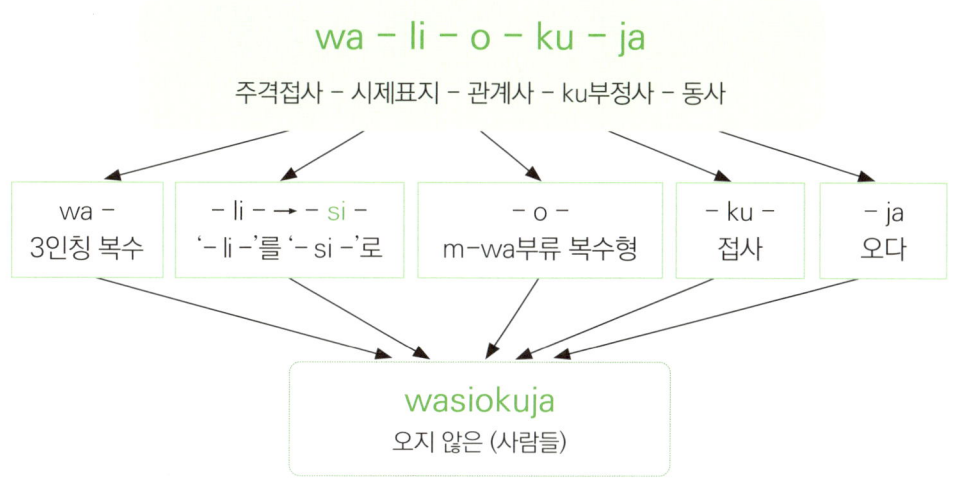

- Watu wanaofanya kazi leo wapate fedha yao kesho. ※ fedha 돈, 은
  오늘 일하고 있는 사람들은 내일 돈을 받게 해라.

  ⇒ Watu wasiofanya kazi leo wasipate fedha yao kesho.
  오늘 일하지 않는 사람들은 내일 돈을 받지 못하게 해라.

- Watu watakaokuja kazini kesho hawatapata shida. ※ shida 어려움, 곤란
  내일 일을 하러 오는 사람들은 아무 문제가 없을 것이다.

  ⇒ Watu wasiokuja kazini kesho watapata shida.
  내일 일을 하러 오지 않는 사람들은 곤란을 겪을 것이다.

Maelezo Zaidi

*관계사 구문은 '주격-시제-관계사-(목적격)-동사' 순으로 이루어지는데, 이를 부정문으로 만들 때는 다른 요소들은 그대로 두고 시제표지(-na-현재, -li-과거, -taka-미래)만 부정 접사 '-si-'로 바꾸어주면 된다.
anayekuja → asiyekuja / aliyekuja → asiyekuja / atakayekuja → asiyekuja

IV 부정

13. '주격 + na'에 대한 부정

> '주격 접사'와 '-na^와/과'가 결합되면 소유의 의미를 갖게 되어 '~이 있다, ~을 가지고 있다'라는 뜻이 된다.

긍정	뜻	부정	뜻
Nina kitabu.	나는 책이 있다.	Sina kitabu.*	나는 책이 없다.
Una kitabu.	너는 책이 있다.	Huna kitabu.	너는 책이 없다.
Ana kitabu.	그는 책이 있다.	Hana kitabu.	그는 책이 없다.
Tuna kitabu.	우리는 책이 있다.	Hatuna kitabu.	우리는 책이 없다.
Mna kitabu.	너희들은 책이 있다.	Hamna kitabu.	너희들은 책이 없다.
Wana kitabu.	그들은 책이 있다.	Hawana kitabu.	그들은 책이 없다.

- Miti hii ina matunda mengi. 이 나무들은 과일이 많다.
  ⇒ Miti hii haina matunda mengi. 이 나무들은 과일이 많지 않다.

- Machungwa haya yana mbegu nyingi. 이 오렌지들은 씨가 많다.
  ⇒ Machungwa haya hayana mbegu nyingi. 이 오렌지들은 씨가 많지 않다.

- Pana watu hapa. ⇒ Hapana watu hapa.
  이곳에 사람들이 있다 ⇒ 이곳에 사람들이 없다.

- Kuna watu huku. ⇒ Hakuna watu huku.
  이 주변에 사람들이 있다 ⇒ 이 주변에 사람들이 없다.

- Mna watu humu. ⇒ Hamna watu humu.
  이 안에 사람들이 있다 ⇒ 이 안에 사람이 없다.

Maelezo Zaidi

*1인칭 단수 주격 'ni-'가 오면 'si-'로 바꾸고, 그 외의 주격은 주격 앞에 'ha-'를 붙인다.

14. '주격 + po/ko/mo'에 대한 부정

> 주격 접사와 '-po', '-ko', '-mo'가 결합되어 '~에 있다'라는 의미로 사용될 때

긍정	뜻	부정	뜻
Nipo nyumbani.	나는 집에 있다.	Sipo nyumbani.	나는 집에 없다.
Upo nyumbani.	너는 집에 있다.	Hupo nyumbani.	너는 집에 없다.
Yupo nyumbani.	그는 집에 있다.	Hayupo nyumbani.	그는 집에 없다.
Tupo nyumbani.	우리는 집에 있다.	Hatupo nyumbani.	우리는 집에 없다.
Mpo nyumbani.	너희들은 집에 있다.	Hampo nyumbani.	너희들은 집에 없다.
Wapo nyumbani.	그들은 집에 있다.	Hawapo nyumbani.	그들은 집에 없다.

긍정	뜻	부정	뜻
Niko njiani.	나는 가는 길이다.	Siko njiani.	나는 가는 길이 아니다.
Uko njiani.	너는 가는 길이다.	Huko njiani.	너는 가는 길이 아니다.
Yuko njiani.	그는 가는 길이다.	Hayuko njiani.	그는 가는 길이 아니다.
Tuko njiani.	우리는 가는 길이다.	Hatuko njiani.	우리는 가는 길이 아니다.
Nimo chumbani.	나는 방 안에 있다.	Simo chumbani.	나는 방 안에 없다.
Umo chumbani.	너는 방 안에 있다.	Humo chumbani.	너는 방 안에 없다.
Yumo chumbani.	그는 방 안에 있다.	Hayumo chumbani.	그는 방 안에 없다.
Mmo chumbani.	너희들은 방 안에 있다.	Hammo chumbani.	너희들은 방 안에 없다.

Maelezo Zaidi

*3인칭 단수 주격(그는/그녀는)은 기본적으로 'a-'이지만, 3인칭 단수 주격이 시제 없이 '-po/-ko/-mo'와 결합하면 'a-' 대신 옛 주격 형태인 'yu-'를 사용한다. 그렇지만, 케냐에서는 이 경우에도 'yu-' 대신 'a-'를 그대로 사용하는 경우가 많다. 예) Yuko wapi? (탄자니아) / Ako wapi? (케냐)

IV 부정

- Viatu vyangu vipo pale. ⇒ Viatu vyangu havipo pale. 내 신발이 저기에 있다/없다.
- Yai limo kikapuni. ⇒ Yai halimo kikapuni. 계란이 바구니 안에 있다/없다.
  ※ kikapu 바구니

15. 복합 시제에 대한 부정

복합 시제 구문은 기본적으로 2개의 문장이 결합되어 있으므로, 부정을 할 때 두 문장 중 어느 하나를 부정하면 된다. 즉, kuwa가 들어간 조동사 부분을 부정하든지, '-na-'나 '-me-'가 들어간 본동사 부분을 부정하면 된다. 복합 시제에 따라 두 문장 중 어느 한 쪽만 부정이 가능한 경우도 있는데, 그럴 경우에는 당연히 부정이 가능한 문장을 부정하면 된다. 실제 구어체에서는 kuwa가 들어간 문장보다 '-na-'나 '-me-'가 들어간 본동사 문장을 부정하는 경우가 훨씬 많다.

> "-likuwa -ki-" / "-likuwa -na-"에 대한 부정 (과거진행)

- Nilikuwa nikipiga simu. 나는 전화를 걸고 있었다. ※ -piga simu 전화를 걸다
  ⇒ Sikuwa nikipiga simu. 나는 전화를 걸고 있지 않았다.

- Nilikuwa ninapiga simu. 나는 전화를 걸고 있었다.
  ⇒ Sikuwa ninapiga simu.
  ⇒ Nilikuwa sipigi simu. } 나는 전화를 걸고 있지 않았다.

- Miti ile ilikuwa ikianguka. 저 나무들이 쓰러지고 있었다.
  ⇒ Miti ile haikuwa ikianguka. 저 나무들은 쓰러지고 있지 않았다.

- Miti ile ilikuwa inaanguka. 저 나무들이 쓰러지고 있었다.
  ⇒ Miti ile ilikuwa haianguki. 저 나무들은 쓰러지고 있지 않았다.

"-likuwa -me-"에 대한 부정 (과거완료)

- Nilikuwa nimeondoka. 나는 (이미) 떠났었다.

    ⇒ Sikuwa nimeondoka.
    ⇒ Nilikuwa sikuondoka. ⎫ 나는 (아직) 떠나지 않았었다.
    ⇒ Nilikuwa sijaondoka. (구어체에서 많이 씀)

- Mlikuwa mmerudi? 너희들은 (이미) 돌아왔었니?

    ⇒ Hamkuwa mmerudi?
    ⇒ Mlikuwa hamkurudi? ⎫ 너희들은 (아직) 돌아오지 않았었니?
    ⇒ Mlikuwa hamjarudi? (구어체에서 많이 씀)

- Nguo zilikuwa zimeuzwa. 그 옷들은 (이미) 팔렸었다.

    ⇒ Nguo hazikuwa zimeuzwa.
    ⇒ Nguo zilikuwa hazikuuzwa. ⎫ 그 옷들은 (아직) 팔리지 않았었다.
    ⇒ Nguo zilikuwa hazijauzwa. (구어체에서 많이 씀)

"-takuwa -ki-" / "-takuwa -na-"에 대한 부정 (미래진행)

- Atakuwa akiongea na mumewe. 그녀는 그녀의 남편과 이야기하고 있을 것이다.

    ⇒ Hatakuwa akiongea na mumewe. 그녀는 그녀의 남편과 이야기하고 있지 않을 것이다.

- Tutakuwa tunajenga nyumba. 우리는 집을 짓고 있을 것이다.

    ⇒ Hatutakuwa tunajenga nyumba. ⎫ 우리는 집을 짓고 있지 않을 것이다.
    ⇒ Tutakuwa hatujengi nyumba.

IV 부정

- Chakula kitakuwa kinaandaliwa. 음식이 준비되어지고 있을 것이다.

  ⇒ Chakula hakitakuwa kinaandaliwa.
  ⇒ Chakula kitakuwa hakiandaliwi. } 음식이 준비되어지고 있지 않을 것이다.

> "-takuwa -me-"에 대한 부정 (미래완료)

- Atakuwa amemaliza kazi hiyo saa nne. 그녀가 10시에는 그 일을 끝마칠 것이다.

  ⇒ Hatakuwa amemaliza kazi hiyo saa nne.
  ⇒ Atakuwa hajamaliza kazi hiyo saa nne. } 그녀가 그 일을 10시에 끝마치지 못할 것이다.

- Watakuwa wamechoka sana. 그들은 매우 피곤해질 것이다.

  ⇒ Hawatakuwa wamechoka.
  ⇒ Watakuwa hawajachoka. } 그들은 피곤해지지 않을 것이다.

- Upepo utakuwa umeangusha mti ule. (그 때쯤이면) 바람이 저 나무를 쓰러뜨렸을 것이다.

  ⇒ Upepo hautakuwa umeangusha mti ule.
  ⇒ Upepo utakuwa haujaangusha mti ule. } 바람이 저 나무를 쓰러뜨리지 못했을 것이다.

> "-kiwa -na-/-ki-/-me-" 에 대한 부정

- Akiwa anasoma, ~ 그녀가 공부하고 있으면

  ⇒ Akiwa hasomi, ~ 그녀가 공부하고 있지 않으면

- Wakiwa wameondoka, ~ 그들이 (이미) 떠났으면

  ⇒ Wakiwa hawajaondoka, ~ 그들이 (아직) 안 떠났으면

> "huwa -na-/-ki-/-me-"에 대한 부정

- Huwa anapenda kucheza mpira. 그는 축구를 즐겨 한다.
  ⇒ Huwa hapendi kucheza mpira. 그는 축구를 별로 좋아하지 않는다.

> "-ngekuwa -na-/-ki-/-me-"에 대한 부정

- Ningekuwa nimekata tiketi, ningeondoka tu. 표를 끊었더라면, 난 그냥 떠날 텐데.
  ⇒ Ningekuwa sijakata tiketi, nisingeondoka. 아직 표를 끊지 못했다면, 난 떠나지 못할 텐데.

- Ningekuwa ninafanya kazi, ningekuwa na pesa. 내가 일을 하고 있다면, 돈이 있을 텐데.
  ⇒ Ningekuwa sifanyi kazi, nisingekuwa na pesa. 내가 일을 하고 있지 않다면, 돈이 없을 텐데.

> 문장의 맨 앞에 부정어 'si'를 넣으면, 겉으로는 문장 전체에 대한 부정 같지만, 실제로는 부정의 의미가 아니다. 오히려 상대방에게 그렇다는 사실을 확인하고 강조하기 위해서 사용한다.

- Sunafahamu kwetu? (← Si unafahamu kwetu?)
  너 우리 집 알지 않아? → 너 우리 집 알잖아!
- Sinimekuambia? (← Si nimekuambia?)
  내가 너한테 말하지 않았어? → 내가 너한테 말했잖아!
- Siameondoka jana? (← Si ameondoka jana?)
  그녀는 어제 떠나지 않았어? → 그녀 어제 떠났잖아!

IV 부정

※ 시제의 긍정과 부정 (1)

시제	기능	부정	예문
-a-	단순 현재	"si-/ha-" + "-i"	Nakupenda. ⇒ Sikupendi. Wajaribu. ⇒ Hujaribu. Mwala ugali? ⇒ Hamli ugali?
-na-	현재 진행	"si-/ha-" + "-i"	Ninaondoka. ⇒ Siondoki. Unanisamehe? ⇒ Hunisamehe? Wanakula ugali. ⇒ Hawali ugali.
-me- (-mesha-)	현재 완료	"si-/ha-" + "-ja-"	Nimefika. ⇒ Sijafika. Umerudi? ⇒ Hujarudi? Amekunywa? ⇒ Hajanywa?
-li- (-lisha-)	과거	"si-/ha-" + "-ku-"	Niliiweka. ⇒ Sikuiweka. Ulifaulu? ⇒ Hukufaulu? Tulikwenda. ⇒ Hatukuenda.
-ta-	미래	"si-/ha-" + "-ta-" ("si-/ha-" + "-to-")	Nitakungoja. ⇒ Sitakungoja. Utabaki hapa. ⇒ Hutabaki hapa. Mtakuja? ⇒ Hamtakuja?
-ki-	동시 동작	∅	Nilimwona akinywa chai. ⇒ ∅
	조건	① -sipo- ② "kama"를 사용	Nikija utafanyaje? ⇒ Nisipokuja utafanyaje? Wakifaulu watafurahi. ⇒ Wasipofaulu hawatafurahi.

SARUFI YA KISWAHILI

시제	기능	부 정	예 문
-ka-	연속 동작	∅	Alikuja saa ile, akala chakula, akaenda kulala. ⇒ ∅
hu-	습관적 행위	∅ (현재시제 부정으로 대체)	Mimi hunywa chai. ⇒ Mimi sinywi chai. * Wao huuza nguo. ⇒ Wao hawauzi nguo. *
-nge-	현재 가정	① -singe- (더 일반적으로 쓰임) ② "si-/ha-" + "-nge-"	Ningejua, … ⇒ Nisingejua, … Ungebaki, … ⇒ Usingebaki, … Angekuja, … ⇒ Asingekuja, …
-ngali-	과거 가정	① -singali- (더 일반적으로 쓰임) ② "si-/ha-" + "-ngali-"	Ningalikaa … ⇒ Nisingalikaa … Ungalirudi … ⇒ Usingalirudi … Mngalikula … ⇒ Msingalikula …
-likuwa -ki- (-likuwa -na-)	과거 진행	① 앞부분의 "-li-" 시제 부정 ② 뒷부분의 "-na-" 시제 부정	Nilikuwa nikikutafuta saa ile. ⇒ Sikuwa nikikutafuta saa ile. Walikuwa wanakula chakula. ⇒ Walikuwa hawali chakula.
-likuwa- -me-	과거 완료 (대과거)	① 앞부분의 "-li-" 시제 부정 ② 뒷부분의 "-me-"를 "-ku-" 부정(negative)의 형태로 부정 (구어체에서 "-ja-"로도 부정함)	Tulikuwa tumemaliza kazi. ⇒ Hatukuwa tumemaliza kazi. Walikuwa wameiharibu. ⇒ Walikuwa hawakuiharibu.

부정

※ 시제의 긍정과 부정 (2)

시제	기능	부정	단음절동사일 때 "-ku-"의 결합 여부	
			긍정	부정
-a-	단순 현재	"si-/ha-" + "-i"	X 결합 안함	X 결합 안함
-na-	현재 진행	"si-/ha-" + "-i"	○ 결합함	X 결합 안함
-me- (-mesha-)	현재 완료	"si-/ha-" + "-ja-"	○ 결합함	X 결합 안함
-li- (-lisha-)	과거	"si-/ha-" + "-ku-"	○ 결합함	X 결합 안함
-ta-	미래	"si-/ha-" + "-ta-" ("si-/ha-" + "-to-")	○ 결합함	○ 결합함
-ki-	동시 동작	∅	X 결합 안함	부정 없음
	조건	① -sipo- ② "kama"를 사용	X 결합 안함	○ 결합함
-ka-	연속 동작	∅	X 결합 안함	부정 없음
hu-	습관적 행위	∅	X 결합 안함	부정 없음

시제	기능	부정	단음절동사일 때 "-ku-"의 결합 여부	
			긍정	부정
-nge-	현재 가정	① -singe- (더 일반적으로 쓰임) ② "si-/ha-" + "-nge-"	○ 결합함	○ 결합함
-ngali-	과거 가정	① -singali- (더 일반적으로 쓰임) ② "si-/ha-" + "-ngali-"	○ 결합함	○ 결합함
-likuwa -ki- (-likuwa -na-)	과거 진행	① 앞부분의 "-li-" 시제 부정 ② 뒷부분의 "-na-" 시제 부정	"-li-", "-ki-", "-na-" 시제 참조	"-li-", "-ki-", "-na-" 시제 참조
-likuwa -me-	과거 완료 (대과거)	① 앞부분의 "-li-" 시제 부정 ② 뒷부분의 "-me-"를 "-ku-" 부정(negative)의 형태로 부정 (구어체에서 "-ja-"로도 부정함)	"-li-", "-me-" 시제 참조	"-li-", "-me-" 시제 참조

kuwa

-wa, ni, -li-, -po, -ko, -mo

'~이다', '~되다', '~에 있다'라는 의미를 표현하는 단어로 '-wa'가 있다. '-wa'는 단음절 동사이므로 다른 단음절 동사와 비슷한 문법 변화를 하며, ku- 부정사 형태인 kuwa로 사용될 때가 많다. 과거나 미래를 포함한 대부분의 시제에서 '-wa'가 사용되지만, 현재 시제일 경우에는 'ni', '-li-', '-po', '-ko', '-mo' 같은 관용적인 표현이 많이 사용된다.

현재 시제를 제외한 모든 시제에 사용 가능하다. 흔하진 않지만, 현재 시제에서도 사용할 수 있다.

현재 시제에서 쓴다. 'ni'는 주어 뒤에 따로 떨어져 독립적인 단어로 문장 속에 들어가고, '-li-'는 시제 표지 없이 주격과 바로 결합한 형태로 관계사 구문에서 사용된다.

'-po', '-ko', '-mo'는 모두 주어가 어떤 장소에 위치한다는 것을 나타내는 표현이지만, 내포하는 의미가 조금씩 다르다. 어떤 장소가 언급되었을 때 거기에 '-po'를 쓸 것인지, '-ko'를 쓸 것인지, '-mo'를 쓸 것인지에 대한 판단은 전적으로 화자의 주관적인 느낌에 의존한다.

· -po (특정한 장소)에 있다
· -ko (불특정한 장소)에 있다
· -mo (어떤 장소의 내부)에 있다

SARUFI YA KISWAHILI

~이다 : -wa / ni / -li-

- Yusufu alikuwa mwanafunzi mwaka jana. 유수푸는 작년에 학생이었다. (과거)
- Yusufu atakuwa mwanafunzi mwakani. 유수푸는 내년에 학생이 될 것이다. (미래)
- Yusufu ni mwanafunzi. 유수푸는 학생이다. (현재)
- Omari ni mwalimu mzuri. 오마리는 좋은 선생님이다.

- Yuni ni Mkorea. 유니는 한국인이다. *
- Yuni si Mchina. 유니는 중국인이 아니다.

- Saidi ni mrefu. 싸이디는 키가 크다.
- Heri si mrefu. 헤리는 키가 크지 않다.

- Mimi niliye mgonjwa nitabaki hapa. 환자인 나는 여기에 남겠다. *
- Abiria walio wanafunzi wanapunguziwa nauli. 학생 승객들은 요금이 할인된다.
- Kisima kilicho kirefu kina maji mengi. 깊은 우물은 물이 많다.

Maelezo Zaidi

*국민명, 국가명, 언어명, 고유명사, 요일 등은 항상 첫 글자를 대문자로 쓴다.
*예문에서 '-li-'는 과거시제 표지가 아니라 '~이다'라는 의미를 지닌 동사이다.

V kuwa

> ~되다 : -wa (주로 -me-, -ka-, -ta- 시제와 함께)

- Shabani amekuwa fundi bomba. 샤바니는 배관공이 되었다.
- Idi akawa mwalimu wa shule hiyo. 이디는 그 학교의 선생님이 되었다.
- Amekuwa mtu mkubwa. 그는 높은 사람이 되었다.
- Nitakuwa mbunge mwakani. 나는 내년에 국회의원이 될 것이다.
- Magari yamekuwa machafu. 차들이 더러워졌다.

> ~에 있다 : -wa / -po / -ko / -mo

- Nilikuwa nyumbani. 나는 집에 있었다. *

    = Nilikuwapo nyumbani.

    = Nilikuwepo nyumbani.

- Atakuwapo. (O) 그는 (앞서 언급된 장소에) 있을 것이다. *
- Atakuwepo. (O) 그는 (앞서 언급된 장소에) 있을 것이다.
- Atakuwa. (×)

Maelezo Zaidi

*-wa만 단독으로 쓸 수도 있고 -po/-ko/-mo가 함께 결합된 형태로 쓸 수도 있다. -wa에 -po/-ko/-mo가 결합될 경우, -wa의 '-a-'를 '-e-'로 바꿔 쓰는 경우도 많다. 예) Ulikuwepo?

*뒤에 장소를 나타내는 표현이 없으면 -wa만 단독으로 쓸 수 없다. 반드시 -po/-ko/-mo를 붙여 써야 한다.

SARUFI YA KISWAHILI

- Yupo kazini. 그녀는 일터(직장)에 있다. *
- Uko wapi? 너 어디 있니?
- Niko njiani. 나 가는 길이야.
- Wamo ofisini. 그들은 사무실 안에 있어요.

- Mko tayari? 너희들 준비됐니? *
- Yuko uchi. 그는 벌거벗은 채로 있다.

- Akiwepo ukumbini, aje hapa sasa. 그녀가 강당에 있으면, 지금 여기로 오라고 해라.
- Ungekuwepo mjini, tungekutana. 네가 시내에 있다면 우리 서로 만나면 될 텐데.
- Anakuwa nyumbani Jumapili. 그는 일요일에는 (보통) 집에 있다.

- Mtoto huyo hajakuwapo nyumbani. 그 아이는 (지금까지) 집에 없었다. *
  = Mtoto huyo hajakuwepo nyumbani.
- Daudi hajakuwepo huko. 다우디는 (지금까지) 거기에 없었다.

- Kitabu kilikuwepo? 책이 있었나요?
- Hakikuwepo. (책이) 없었어요.

Maelezo Zaidi

*현재 시제에서는 -wa 대신 -po/-ko/-mo를 바로 주격과 결합해서 쓰고, 시제표지가 따로 없다. 3인칭 단수 주격이 -po/-ko/-mo와 결합하면 'a-' 대신 'yu-'를 사용한다. 나이로비를 중심으로 한 케냐 내륙 구어체 스와힐리어에서는 이 경우에도 'a-'를 사용한다.
예) Yuko nyumbani. (탄자니아) / Ako nyumbani. (케냐)

*-ko는 '~한 상태에 있다'는 의미를 표현하기도 한다.

*-ja- 시제가 단음절 동사와 만나면 접사 -ku-가 탈락하지만, -kuwapo와 만나면 예외적으로 -ku-가 그대로 유지된다.

kuwa

> kuwa na ~ : ~가 있다 (소유)

- Nilikuwa na pikipiki. 나는 오토바이가 있었다.
- Sikuwa na pikipiki. 나는 오토바이가 없었다.
- Utakuwa na nyumba. 너는 집을 갖게 될 것이다.
- Amekuwa na homa. 그는 (지금까지) 열이 있었다.
- Akiwa na homa, ameze dawa. 그가 열이 있으면 약을 먹어야 한다.
- Wangekuwa na gari, wangekuja nalo. 그들이 차가 있으면, 차로 올 텐데.

- Nina baisikeli. 나는 자전거가 있다. *
- Sina gari. 나는 차가 없다.
- Una simu? 너 전화기 있어?
- Ana watoto watatu. 그는 아이 셋이 있다.

- Kompyuta uliyo nayo iko wapi? 네가 (지금) 갖고 있는 컴퓨터는 어디에 있니?
- Kompyuta uliyokuwa nayo iko wapi? 네가 갖고 있었던 컴퓨터는 어디에 있니?
- Kompyuta utakayokuwa nayo iko wapi? 네가 갖게 될 컴퓨터는 어디에 있니?

Maelezo Zaidi

*현재 시제에서는 'kuwa na'를 축약해서 'na'와 '주격'을 바로 붙여서 쓴다. 그러므로 시제표지가 따로 없다.

SARUFI YA KISWAHILI

> ndi- : 바로 ~이다 (강조)

- Huyu ndiye aliyenisaidia. 이 사람이 바로 나를 도와준 사람이다. *
- Hiki ndicho nilichokinunua. 이것이 바로 내가 산 것이다.
- Haya ndiyo maisha. 이것이 바로 인생이다.
- Hapa ndipo tunapokaa. 여기가 바로 우리가 사는 곳이다.
- Hivyo ndivyo Afrika ilivyo. 그게 바로 아프리카야.

> 주격 접사 : 주어가 ~이다

- U hali gani? 당신 상태가 어때요?
- U mzima? 당신 건강하세요?
- Mungu yu mwema. 하나님은 좋으십니다.

Maelezo Zaidi

*명사부류 호응에 따라 각각, ndiye, ndio, ndiyo, ndilo, ndicho, ndivyo, ndizo, ndiko, ndipo, ndimo 등으로 그 모양이 바뀌게 되지만, 실제 구어체에서는 많은 경우 'ndio'가 대부분의 부류를 대신해서 사용되고 때로는 'ndo'로 축약이 되기도 한다.

명령법

긍정은 '동사 원형' / 부정은 'Usi-e'

> 동사 원형을 그대로 말하면 명령문이 된다. 이를 단순 명령문이라고 한다. 명령문을 부정하려면 'usi+동사(-e)'의 형태로 만들면 된다. 즉, 동사 앞에 주격 'u-'와 부정접사 '-si-'를 붙이고 동사 어미 '-a'를 '-e'로 바꿔주면 된다.

⚙ **Kumbuka!** 기억하라! ⇒ **Usikumbuke!** 기억하지 마라!

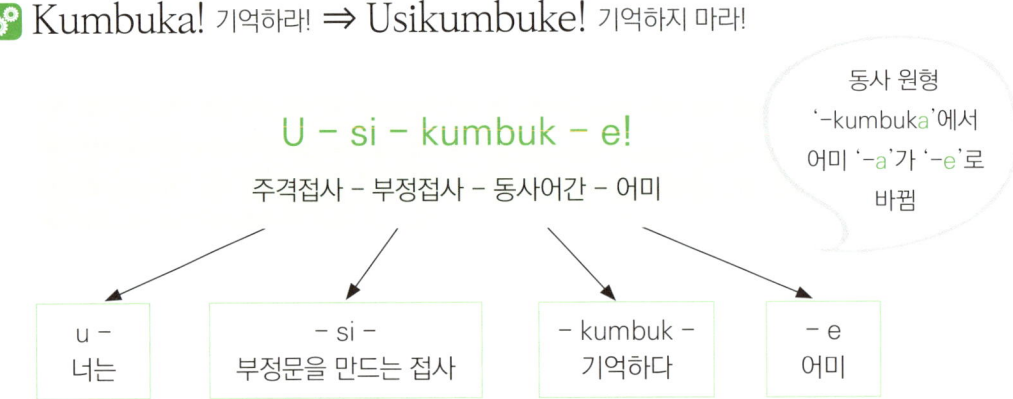

⚙ **Chemsha maji!** 물을 끓여라!
⇒ **Usichemshe maji!** 물을 끓이지 마라!

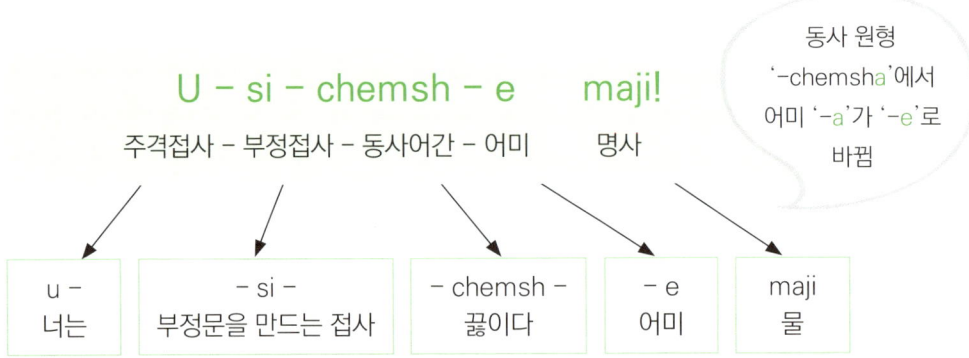

SARUFI YA KISWAHILI

부정 명령문을 만들 때 어미가 '-a'로 끝나는 동사 - 반투어 기원의 동사 - 만 어미 '-a'를 '-e'로 바꿔주고, '-a'로 끝나지 않는 동사 - 외래어 기원의 동사 - 는 어미를 '-e'로 바꾸지 말고 그대로 둔다.

🔧 Jibu! 대답해라! ⇒ Usijibu! 대답하지 마라!

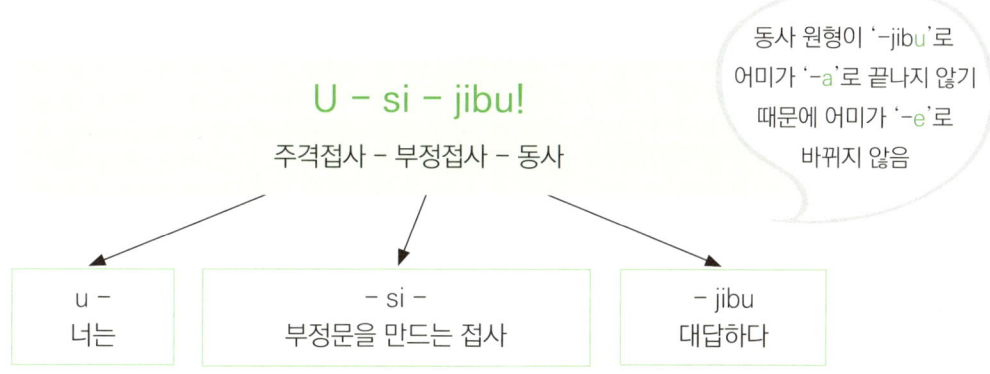

🔧 Rudi! 돌아와라! ⇒ Usirudi! 돌아오지 마라!

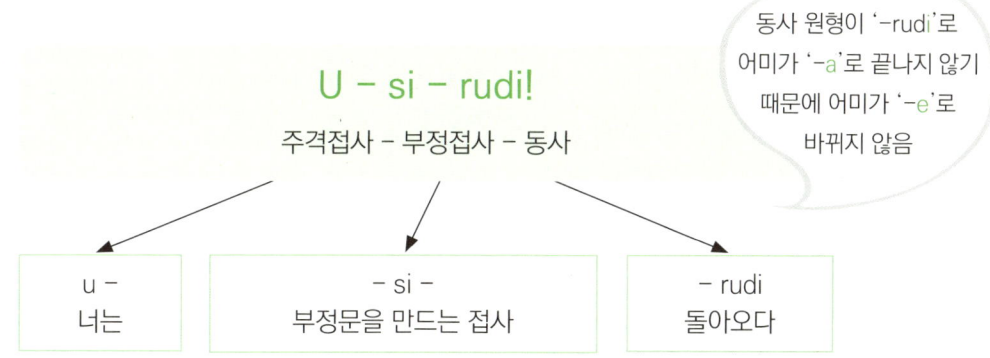

VI 명령법

> 단순 명령문에서 동사 앞에 목적격 접사가 붙으면 동사 어미 '-a'를 '-e'로 바꿔준다. '-a'로 끝나지 않는 동사는 어미 변화없이 그대로 둔다. 부정문을 만드는 방법은 'usi+동사(-e)'로 동일하다.

Niambie! 나에게 말해라! ⇒ **Usiniambie!** 나에게 말하지 마라!

Visome! 그것들을 읽어라! ⇒ **Usivisome!** 그것들을 읽지 마라!

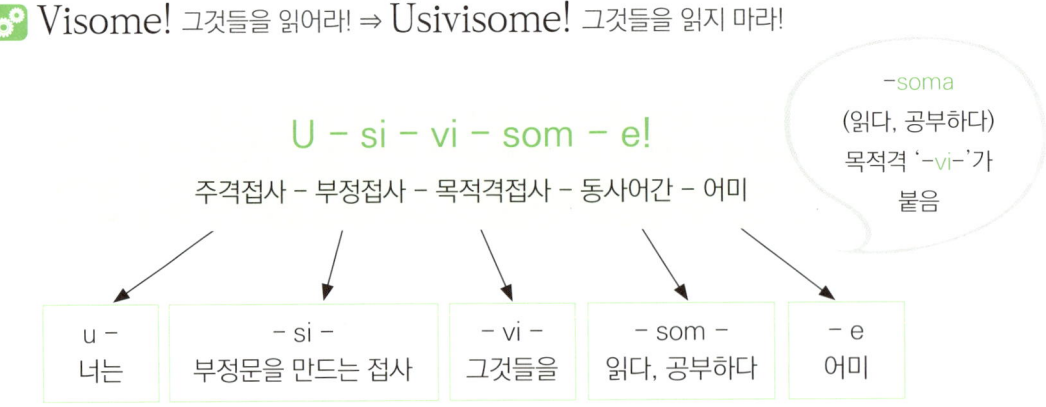

- Msubiri! 그녀를 기다려라! ※ -subiri 기다리다 (목적격 '-m-'이 붙음)
  ⇒ Usimsubiri! 그녀를 기다리지 마라!

단음절 동사로 명령문을 만들 때는 동사 어간 앞에 'ku-'를 넣어준다. 부정문을 만드는 방법은 'usi+동사(-e)'로 동일하나 긍정 명령문에서 붙는 'ku-'가 부정 명령문에서는 떨어진다.

⚙️ Kula! 먹어라! ⇒ Usile! 먹지 마라!

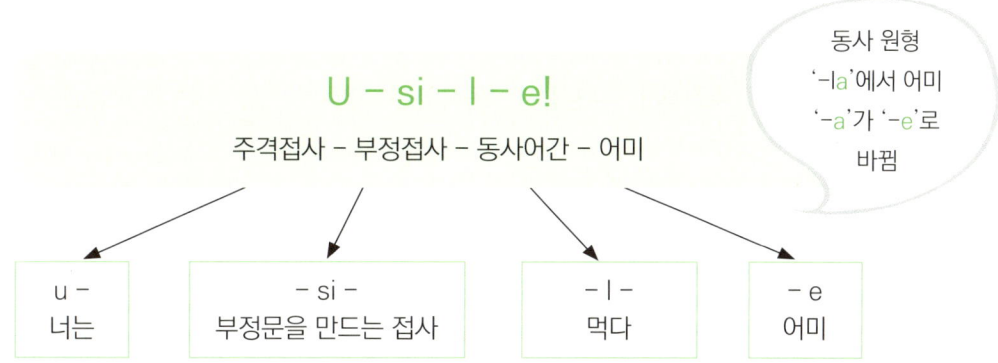

⚙️ Kunywa! 마셔라! ⇒ Usinywe! 마시지 마라!

VI 명령법

다음의 명령문은 관용적으로 쓰이는 것이므로 외워둬야 한다. 이들 관용적인 명령문에 대한 부정 표현은 'usi+동사(-e)'로 동일하다.

⚙️ **Njoo!** 와라! ⇒ **Usije!** 오지 마라!

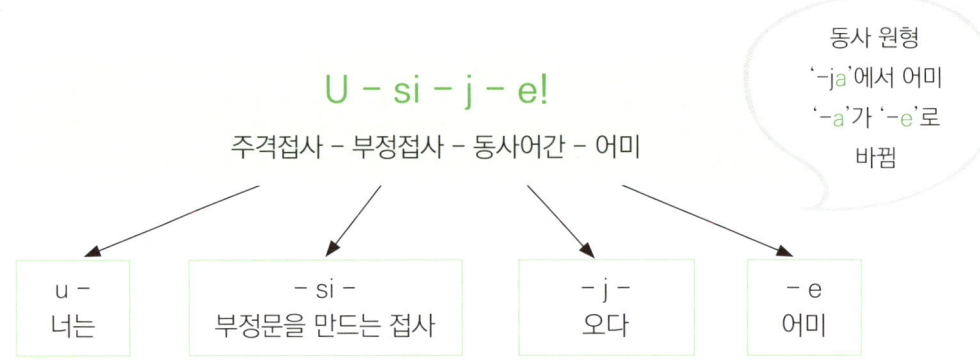

⚙️ **Lete!** 가져와라! ⇒ **Usilete!** 가져오지 마라!

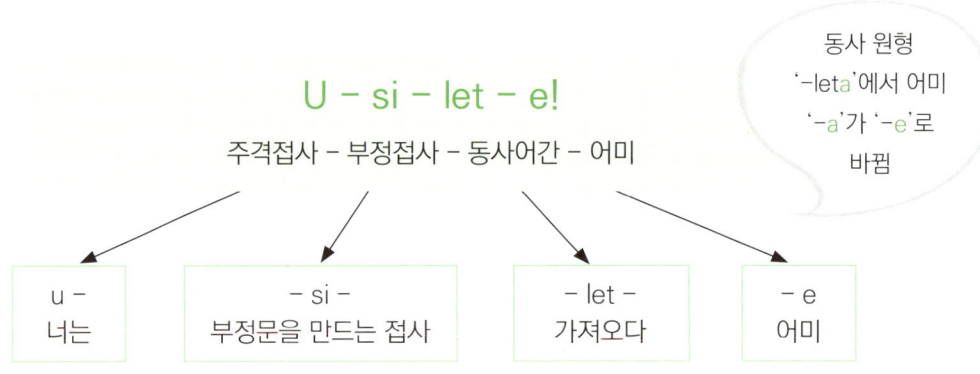

- Nenda! 가라! ⇒ Usiende! 가지 마라!

Maelezo Zaidi

*케냐에서는 -ja^{오다}, -leta^{가져오다}, -enda^{가다}를 명령문으로 만들 때 탄자니아와 조금 다르게 표현한다.
Njoo! → Usije! / Lete! → Usilete! / Nenda! → Usiende! (탄자니아)
Kuja! → Usikuje! / Leta! → Usilete! / Enda! → Usiende! (케냐)

SARUFI YA KISWAHILI

> 2명 이상의 사람들에게 하는 명령에는 복수를 나타내는 접미사 '-ni'를 동사 뒤에 붙여주고 동사 어미 '-a'를 '-e'로 바꿔준다. 2명 이상에 대한 부정 명령문은 'msi+동사 (-e)'의 형태로 만들면 된다.

⚙ Chezeni! 놀아라! ⇒ Msicheze! 놀지들 마라!

⚙ Safisheni chumba! 너희들은 방을 청소해라!
⇒ Msisafishe chumba! 너희들은 방을 청소하지 마라!

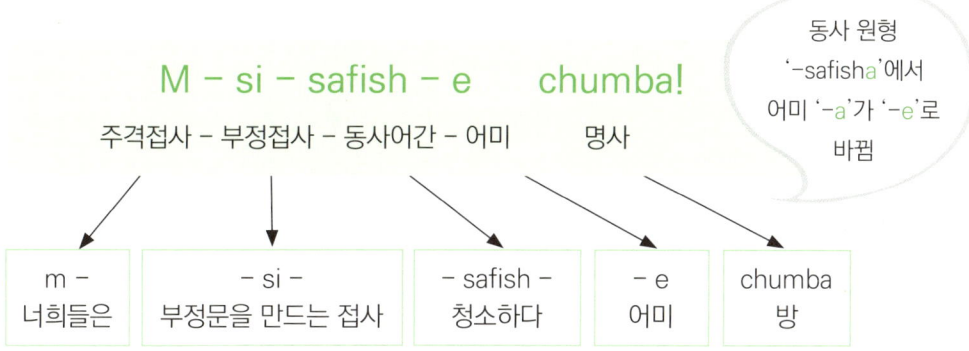

명령법

1. 단순 명령문

단수 명령	복수 명령	동사 원형
Lala! ⇒ Usilale! 자라 ⇒ 자지 마라	Laleni! ⇒ Msilale! 너희들 자라 ⇒ 너희들 자지 마라	-lala 자다
Ngoja! ⇒ Usingoje! 기다려라 ⇒ 기다리지 마라	Ngojeni! ⇒ Msingoje! 너희들 기다려라 ⇒ 너희들 기다리지 마라	-ngoja 기다리다
Kaa! ⇒ Usikae! 앉아라 ⇒ 앉지 마라	Kaeni! ⇒ Msikae! 너희들 앉아라 ⇒ 너희들 앉지 마라	-kaa 앉다
Jaribu! ⇒ Usijaribu! 시도해라 ⇒ 시도하지 마라	Jaribuni! ⇒ Msijaribu! 너희들 시도해라 ⇒ 너희들 시도하지 마라	-jaribu 시도하다
Rudi! ⇒ Usirudi! 돌아와라 ⇒ 돌아오지 마라	Rudini! ⇒ Msirudi! 너희들 돌아와라 ⇒ 너희들 돌아오지 마라	-rudi 돌아가다/돌아오다
Kula! ⇒ Usile! 먹어라 ⇒ 먹지 마라	Kuleni! (= Leni!) ⇒ Msile! 너희들 먹어라 ⇒ 너희들 먹지 마라	-la 먹다
Kunywa! ⇒ Usinywe! 마셔라 ⇒ 마시지 마라	Kunyweni! ⇒ Msinywe! 너희들 마셔라 ⇒ 너희들 마시지 마라	-nywa 마시다
Mpe! ⇒ Usimpe! 그에게 줘라 ⇒ 그에게 주지 마라	Mpeni! ⇒ Msimpe! 너희들 그에게 줘라 ⇒ 너희들 그에게 주지 마라	-pa 주다
Visome! ⇒ Usivisome! 그것들을 읽어라 ⇒ 그것들을 읽지 마라	Visomeni! ⇒ Msivisome! 너희들 그것들을 읽어라 ⇒ 너희들 그것들을 읽지 마라	-soma 읽다
Ziandike! ⇒ Usiziandike! 그것들을 써라 ⇒ 그것들을 쓰지 마라	Ziandikeni! ⇒ Msiziandike! 너희들 그것들을 써라 ⇒ 너희들 그것들을 쓰지 마라	-andika 쓰다
Njoo! ⇒ Usije! 와라 ⇒ 오지 마라	Njooni! (= Njoni!) ⇒ Msije! 너희들 와라 ⇒ 너희들 오지 마라	-ja 오다
Nenda! ⇒ Usiende! 가라 ⇒ 가지 마라	Nendeni! ⇒ Msiende! 너희들 가라 ⇒ 너희들 가지 마라	-enda 가다
Lete! ⇒ Usilete! 가져와라 ⇒ 가져오지 마라	Leteni! ⇒ Msilete! 너희들 가져와라 ⇒ 너희들 가져오지 마라	-leta 가져오다

SARUFI YA KISWAHILI

2. 공손 명령문

> 실제로는 거의 '단순 명령문'을 사용함 ('공손함'은 '말투'에 의해 좌우됨)

공손 명령문은 '주격+동사(-e)'의 형태를 갖는다. 여기에서 주격은 2인칭 'u-'나 'm-'이 들어간다. 부정문을 만드는 방법은 'usi+동사(-e)' 혹은 'msi+동사(-e)'로 단순 명령문의 부정문과 동일하다.

🔧 Ulale. 주무세요. ⇒ Usilale. 주무시지 마세요.

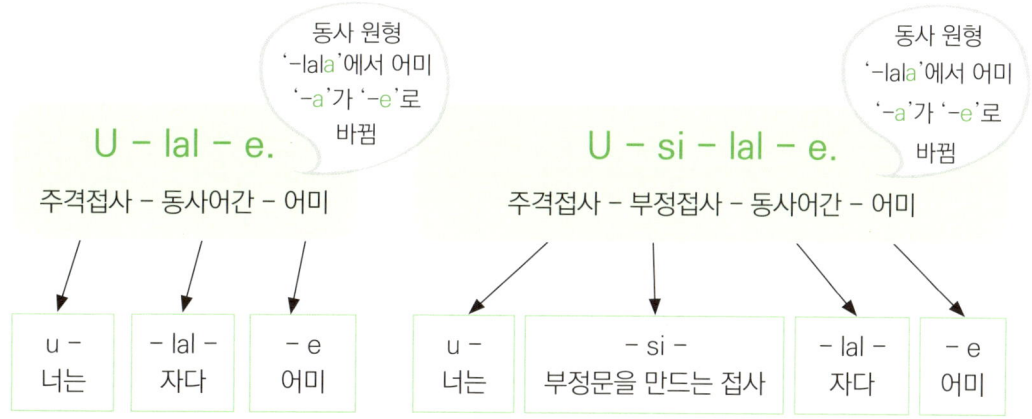

🔧 Ukichukue. 그것을 가져가세요. ⇒ Usikichukue. 그것을 가져가지 마세요.

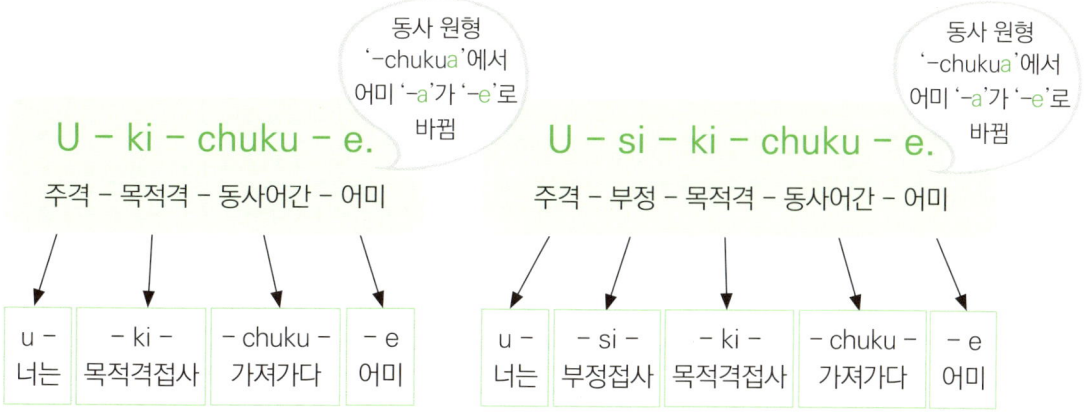

VI 명령법

> 공손 명령문에서는 단음절 동사라도 동사 어간 앞에 'ku-'를 넣지 않는다. 부정문에서도 마찬가지로 'ku-'는 붙지 않는다.

Ule. 드세요. ⇒ **Usile.** 드시지 마세요.

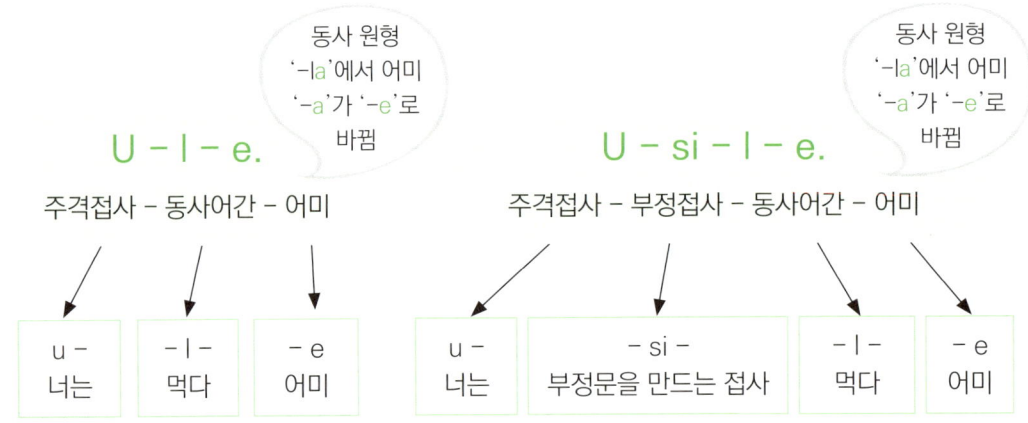

Unywe. 마셔요. ⇒ **Usinywe.** 마시지 마세요.

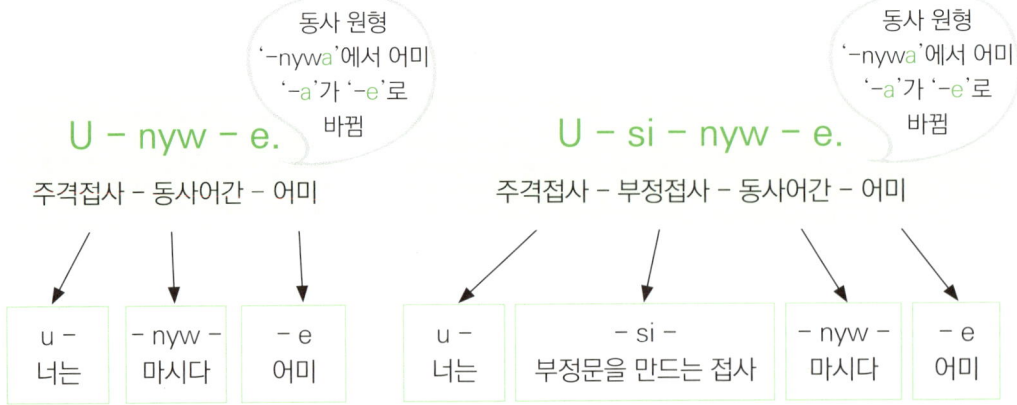

SARUFI YA KISWAHILI

현대 스와힐리어에서는 상대방의 나이에 상관없이 대부분 단순 명령문을 사용하고, 공손 명령문은 관용적인 용법에서 주로 사용된다. 실제로 공손함은 단순 명령문이냐, 공손 명령문이냐의 문제라기보다는, 말하는 사람의 말투에 의해 크게 좌우된다.

단수 명령	복수 명령	동사 원형
Ulale. ⇒ Usilale. 주무세요 ⇒ 자지 마세요	Mlale. ⇒ Msilale. 여러분 주무세요 ⇒ 여러분 자지 마세요	-lala 자다
Ungoje. ⇒ Usingoje. 기다리세요 ⇒ 기다리지 마세요	Mngoje. ⇒ Msingoje. 여러분 기다리세요 ⇒ 여러분 기다리지 마세요	-ngoja 기다리다
Ukae. ⇒ Usikae. 앉으세요 ⇒ 앉지 마세요	Mkae. ⇒ Msikae. 여러분 앉으세요 ⇒ 여러분 앉지 마세요	-kaa 앉다
Ujaribu. ⇒ Usijaribu. 시도하세요 ⇒ 시도하지 마세요	Mjaribu. ⇒ Msijaribu. 여러분 시도하세요 ⇒ 여러분 시도하지 마세요	-jaribu 시도하다
Urudi. ⇒ Usirudi. 돌아오세요 ⇒ 돌아오지 마세요	Mrudi. ⇒ Msirudi. 여러분 돌아오세요 ⇒ 여러분 돌아오지 마세요	-rudi 돌아가다/돌아오다
Ule. ⇒ Usile. 드세요 ⇒ 먹지 마세요	Mle. ⇒ Msile. 여러분 드세요 ⇒ 여러분 먹지 마세요	-la 먹다
Unywe. ⇒ Usinywe. 마시세요 ⇒ 마시지 마세요	Mnywe. ⇒ Msinywe. 여러분 마시세요 ⇒ 여러분 마시지 마세요	-nywa 마시다
Umpe! ⇒ Usimpe. 그에게 주세요 ⇒ 그에게 주지 마세요	Mmpe. ⇒ Msimpe. 여러분 그에게 주세요 ⇒ 여러분 그에게 주지 마세요	-pa 주다
Uvisome. ⇒ Usivisome. 그것들을 읽으세요 ⇒ 그것들을 읽지 마세요	Mvisome. ⇒ Msivisome. 여러분 그것들을 읽으세요 ⇒ 여러분 그것들을 읽지 마세요	-soma 읽다
Uziandike. ⇒ Usiziandike. 그것들을 쓰세요 ⇒ 그것들을 쓰지 마세요	Mziandike. ⇒ Msiziandike. 여러분 그것들을 쓰세요 ⇒ 여러분 그것들을 쓰지 마세요	-andika 쓰다
Uje. ⇒ Usije. 오세요 ⇒ 오지 마세요	Mje. ⇒ Msije. 여러분 오세요 ⇒ 여러분 오지 마세요	-ja 오다
Uende. ⇒ Usiende. 가세요 ⇒ 가지 마세요	Mwende. ⇒ Msiende. 여러분 가세요 ⇒ 여러분 가지 마세요	-enda 가다
Ulete. ⇒ Usilete. 가져오세요 ⇒ 가져오지 마세요	Mlete. ⇒ Msilete. 여러분 가져오세요 ⇒ 여러분 가져오지 마세요	-leta 가져오다

VII. 가상법

주격 + (목적격접사) + 동사(a→e)

- 가상법 subjunctive 은 '주격+(목적격)+동사(-e)'의 형태로 표현되고, 가상법 문장에는 말하는 사람의 의지가 담겨져 있다. 형태적으로 공손 명령문과 비슷하지만, 주격이 2인칭뿐만 아니라, 1인칭과 3인칭까지 포함하여 모든 주격이 다 올 수 있다.
- 가상법은 "요구, 요청, 청유, 간청, 명령, 바람, 희망, 의무, 목적" 등의 의미를 나타낼 때 사용하며 가상법 문장에는 "화자의 의지"가 담겨 있다.
- 반투어원 동사("-a"로 끝나는 동사)는 동사 어미 "-a" → "-e"로 바꾸어 준다.

Nimsaidie. 내가 그를 도와줄게.

Anielekeze. 그로 하여금 나에게 길을 안내하도록 하여라.

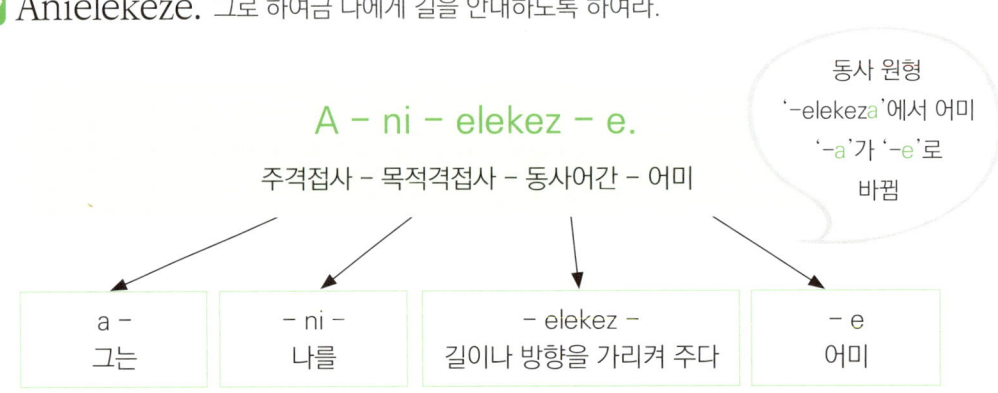

SARUFI YA KISWAHILI

가상법이 문장 속에서 어떻게 쓰이는지 살펴보자.

> 공손한 명령 (2인칭 주격접사 "u-"나 "m-"하고만 사용됨)

⚙️ Ungoje. 기다리세요. (단수 명령)

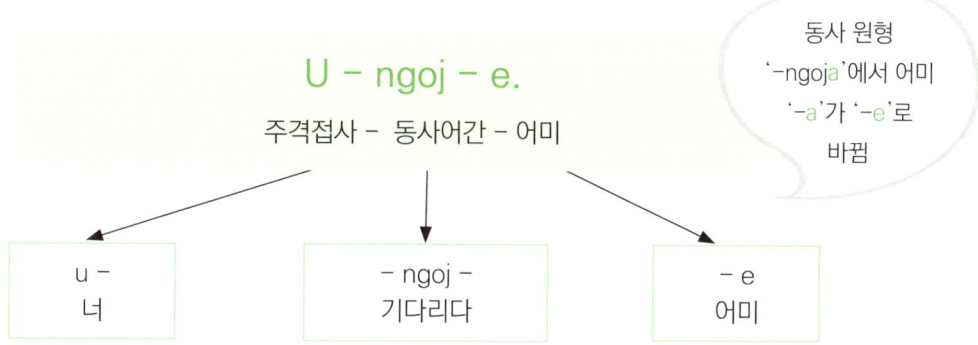

⚙️ Mniambie shida gani imetokea. 어떤 문제가 생겼는지 저에게 말해주세요. (복수 명령)

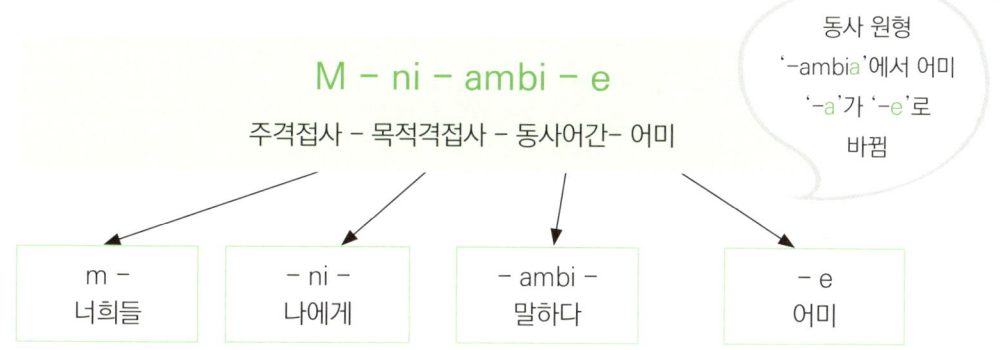

- Umwache peke yake. 그/그녀를 혼자 내버려 두세요. (단수 명령)
- Mngoje. 기다리세요. (복수 명령)
  ※ 'm-'을 주격이 아닌 목적격으로 볼 경우, "그/그녀를 기다려라"로 해석할 수도 있다.

VII 가상법

> 1인칭 단수 주격접사 "ni-"와 결합하여 "~하겠다 / ~해야겠다"의 뜻으로 사용

Niondoke sasa. (나) 이제 떠나야겠다.

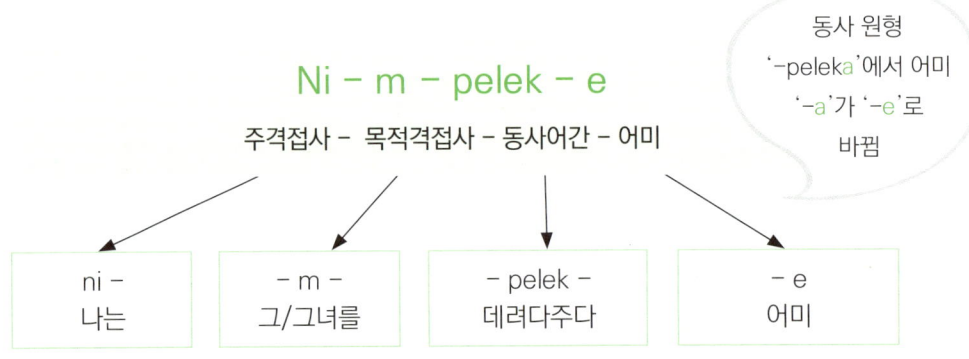

Nimpeleke nyumbani. (나) 그/그녀를 집에 데려다주겠다.

- Nikungoje hapa. (나) 여기서 너를 기다리겠다.
- Nikusaidie? (제가) 당신을 도와드릴까요?
- Nije huko? (내가 당신이 있는) 거기로 갈까? *

Maelezo Zaidi

*가상법 문장에서는 -ja, -la, -nywa, -fa 같은 단음절 동사가 와도 접사 -ku-가 붙지 않는다.
nije / uje / aje / tule / mnywe / wafe / nisije / usije / asije / tusile / msinywe / wasife

SARUFI YA KISWAHILI

> 1인칭 복수 주격접사 "tu-"와 결합하여 "~하자(청유)"의 뜻으로 사용

⚙️ **Tuanze?** (우리) 시작할까요?

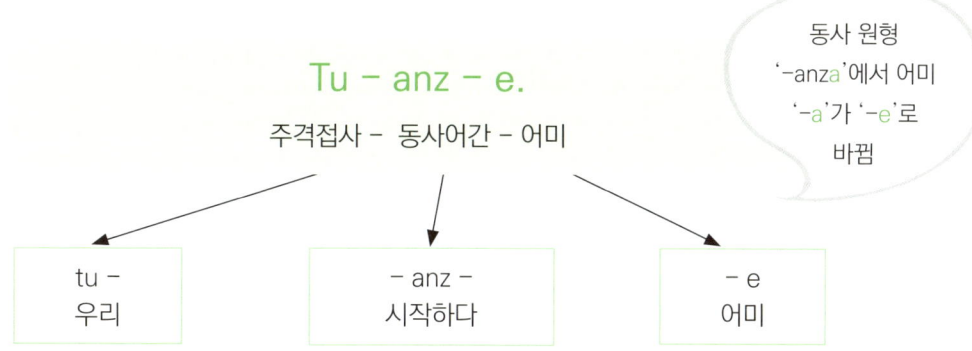

⚙️ **Tukutane** saa ngapi? (우리) 몇 시에 만날까요?

- Twende. (← Tuende). (우리) 갑시다. ※ 두 사람일 때
- Tumpigie simu. (우리) 그/그녀에게 전화하자.
- Tule. (우리) 먹읍시다.

Maelezo Zaidi

*'우리 ~하자'라는 청유형 표현을 할 때, '우리(tu-)'가 두 명일 때와 세 명 이상일 때 그 표현이 다르다.
Twende / Tule / Tuondoke / Tujaribu 주어인 '우리(tu-)'가 나를 포함해서 두 명일 때
Twendeni / Tuleni / Tuondokeni / Tujaribuni 주어인 '우리'가 나를 포함해서 세 명 이상일 때

139

VII 가상법

> 3인칭 주격접사와 결합하여 "주어로 하여금 ~하게 해라 / 주어가 ~해야 한다"의 뜻으로 사용

⚙️ **Aende** nyumbani. 그/그녀를 집에 가게 해라.

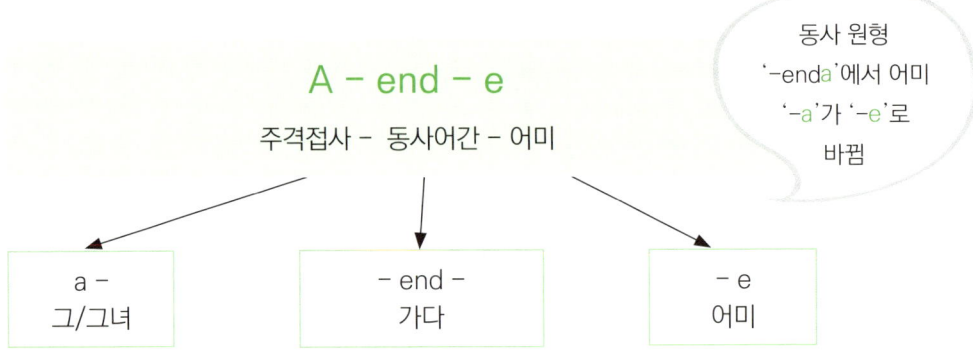

⚙️ **Chakula kipate moto.** 음식을 따뜻하게 해라. / 음식이 데워져야 한다.

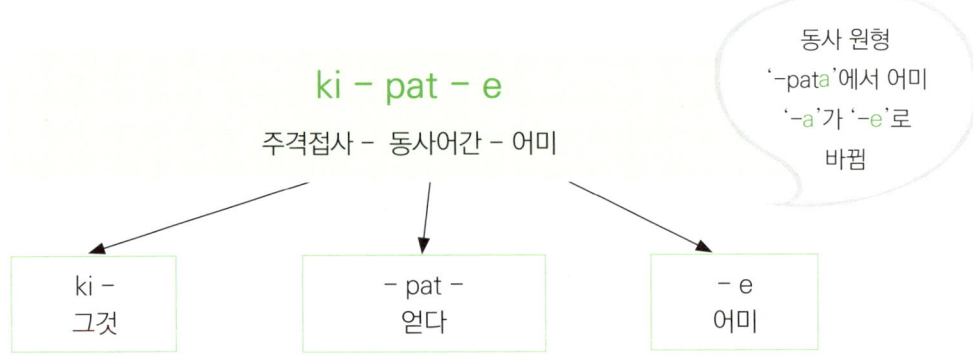

- Wangoje. 그들에게 기다리라고 해라.
  ※ 'wa-'를 주격이 아닌 목적격으로 볼 경우, "그들을 기다려라"로 해석할 수도 있다.
- Mbegu zisipate maji. 씨에 물이 들어가지 않게 해라. / 씨에 물이 들어가서는 안된다.

SARUFI YA KISWAHILI

> 의문문에서 "주어로 하여금 ~하게 할까요? / 주어가 ~해야 하나요?"의 뜻으로 사용

Akungoje? 그가 당신을 기다리게 할까요? / 그가 당신을 기다려야 하나요?

- Waje kesho? 그들이 내일 오게 할까요? / 그들이 내일 와야 하나요?
- Barabara itengenezwe tena? 도로를 다시 보수할까요? / 도로가 다시 보수되어야 하나요?
- Vitu hivi visafishwe? 이것들을 깨끗하게 할까요? / 이것들을 깨끗하게 해야 하나요?

> 기원이나 바람

- Mungu akubariki! 하나님이 당신을 축복하시기를!
- Bwana (Yesu) asifiwe! 주님이 찬양받으시기를!
- Ubarikiwe! 당신이 축복받으시기를! / 축복 받으세요!

VII 가상법

> 2개의 명령문이 연속해서 나올 때 두 번째 명령문은 가상법 문장으로 쓴다.

⚙️ **Njoo ule.** 와서 먹어라.

⚙️ **Nenda ulale.** (= Nenda ukalale. = Nenda kalale. = Kalale.) 가서 자라.

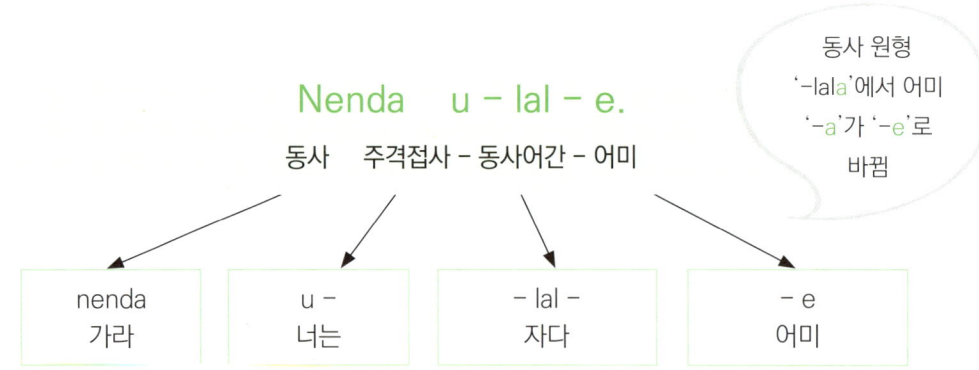

- Njoo uone. 와서 봐라.
- Njoo ukae. (= Njoo ukakae. = Njoo kakae. = Kakae.) 와서 앉아라.
- Nenda umwite. 가서 그녀를 불러와라.
- Nenda usome. 가서 공부해라.
- Lete kitabu ukiweke hapa. 책을 가져와서 여기에 놓아라.

> 간접 명령, 요청 ('말하다', '요청하다'의 뜻을 가진 동사 다음에)

⚙️ **Aliwaambia waje.** 그는 그들에게 오라고 말했다.

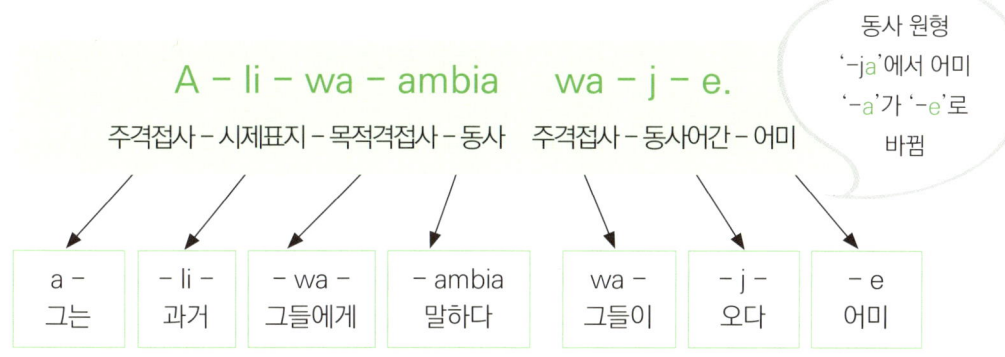

⚙️ **Naomba unisaidie.** 저를 좀 도와주세요.

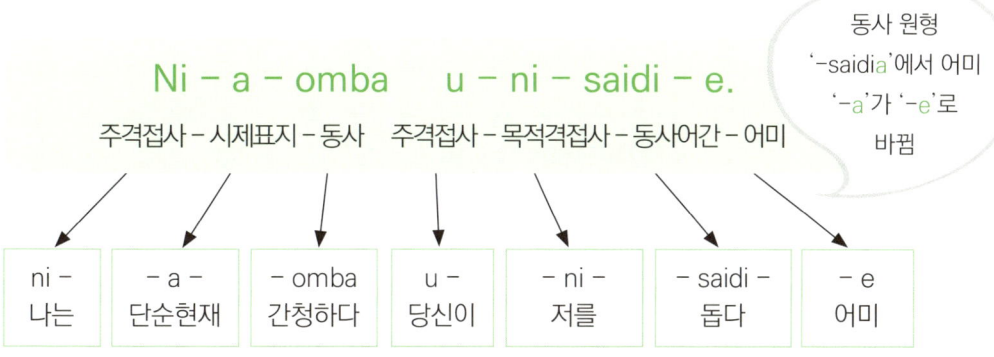

- Mwambie apike chakula. 그에게 음식을 요리하라고 말해라.
- Niliwaambia warudi nyumbani mapema.
  나는 그들에게 집으로 일찍 돌아오라고 말했다.
- Mwombe atupe jibu. 우리에게 답변을 해달라고 그에게 요청해라.

VII 가상법

목적이나 의도

- Ninasoma kitabu hiki nijifunze Kiswahili.
  나는 스와힐리어를 배우기 위해 이 책을 읽는다.
- Mwite niseme naye. 그녀와 이야기하게 그녀를 좀 불러와라.
- Ninamtafuta mpishi nimpe pesa. 나는 요리사에게 돈을 주려고 그를 찾고 있다.
- Ninafanya kazi (ili) mtoto wangu apate nguo.*
  나는 내 아이가 옷을 얻을 수 있도록 하기 위해서 일을 한다.
- Ninafanya kazi ili nipate hela. (= Ninafanya kazi ili kupata hela.)
  나는 돈을 벌기 위해서 일을 한다.
- Nimekuja (ili) kumtazama mtoto. 나는 아이를 보러 왔다.
- Wamekwenda shambani (ili) kulima. 그들은 경작하러 들에 갔다.
- Nimemshawishi afanye mazoezi ili apunguze kitambi.
  나는 그가 뱃살을 빼도록 운동을 하라고 설득했다.

정도, 범위, 기간 등을 나타내는 단어와 함께 사용된다. (mpaka, karibu, tangu 등) *

- Alifanya mazoezi mpaka atoke jasho. 그는 땀이 날 때까지 운동을 했다.
- Tumsubiri mpaka amalize kazi yake. 그가 일을 끝마칠 때까지 기다리자.
- Nimechoka sana. Karibu nife. 나 너무 피곤해. 거의 죽을 지경이야.
- Ni siku tatu tangu atoweke. 그가 실종된 지 3일째다.

Maelezo Zaidi

*ili ~하기 위해서

*mpaka ~까지, karibu 거의, tangu ~이래로

SARUFI YA KISWAHILI

> 의무, 책임 (Lazima, Sharti, Afadhali, Bora, Heri, Yafaa, -bidi 등과 함께 사용됨) *

- (Ni) Lazima uende sasa. 너 지금 가야 한다.
- (Ni) Lazima mwondoke leo. 너희들 오늘 떠나야 한다.
- (Ni) Lazima arudi nyumbani sasa. 그는 지금 집에 돌아가야/돌아와야 한다.
- (Ni) Sharti uende sasa. 너 지금 가야 한다.
- (Ni) Afadhali uende sasa. 너 지금 가는 게 낫겠다.
- (Ni) Bora uende sasa. 너 지금 가는 게 좋겠다.
- (Ni) Heri uende sasa. 너 지금 가는 것이 좋을 것이다.
- Yafaa uende sasa. 너 지금 가는 게 좋다.
- Inabidi niende. (= Inanibidi kwenda.) 나 가야할 것 같아요.
- Inabidi nifanye kazi hii. (= Inanibidi kufanya kazi hii.) 난 이 일을 해야 한다.
- Inabidi urudi nyumbani sasa. (= Inakubidi kurudi nyumbani sasa.)
  너 지금 집에 돌아가야겠다.
- Inabidi waje hapa. (= Inawabidi kuja hapa.) 그들이 여기에 와야겠다.
- Ilimbidi Hamisi aondoke mapema. 하미시는 일찍 떠나야 했다.

Maelezo Zaidi

*(Ni) lazima 반드시 ~해야 한다 (강한 의무)

*Sharti ~해야 한다

*Afadhali ~하는 게 낫다

*Bora ~하는 게 최선이다

*Heri ~하는 게 좋다

*Yafaa ~하는 게 도움이 된다

*-bidi (외부 요인에 의해 어쩔 수 없이) ~해야 한다

VII 가상법

'원하다, 바라다'의 뜻을 가진 동사 뒤에 또 다른 동사가 따라 나올 때, 두 동사의 행위자가 일치하면 두 번째 동사를 'ku-' 부정사 형태로 쓰고 두 동사의 행위자가 일치하지 않으면 두 번째 동사를 가상법 형태로 쓴다. 그런데, 실제 구어체에서는 두 경우 모두 가상법 형태로 쓰기도 한다.

Ninataka kwenda sasa. 나는 지금 가고 싶다.

ku부정사가 모음으로 시작되는 동사와 결합할 때 'ku-'가 'kw-'로 바뀜

Ninataka uende sasa. 나는 네가 지금 가기를 원한다.

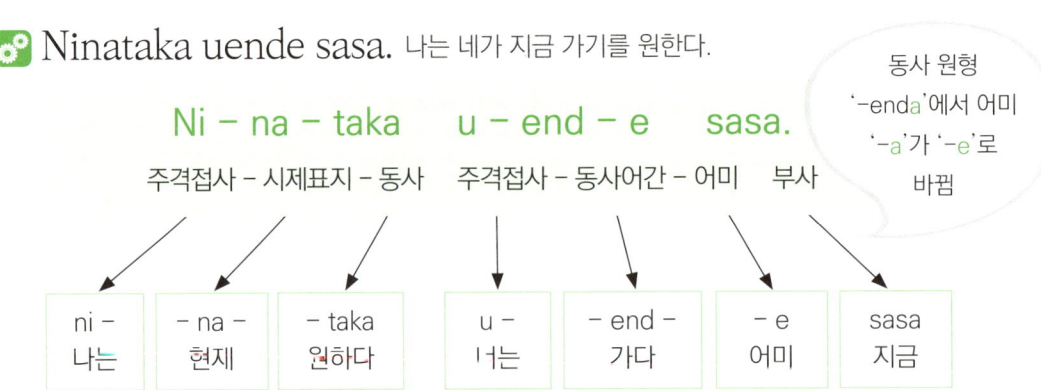

동사 원형 '-enda'에서 어미 '-a'가 '-e'로 바뀜

- Unataka kulala? 너 자고 싶니?
- Unataka nilale? 당신은 내가 잤으면 좋겠어요?
- Alitaka kurudi nyumbani moja kwa moja. 그는 곧장 집으로 돌아가기를 원했다.
- Alitaka nirudi nyumbani moja kwa moja. 그는 내가 곧장 집으로 돌아가기를 원했다.
- Nataka nikuambie kitu. 나는 너에게 뭔가 말하고 싶은 게 있다. ※ 구어체에서 가능

SARUFI YA KISWAHILI

> 가상법의 부정 ⇒ 주격접사 뒤에 부정 접사 "-si-"를 삽입

- Ningoje. 나 기다릴게. ⇒ Nisingoje. 나 기다리지 않을게.
- Ungoje. 기다리세요. ⇒ Usingoje. 기다리지 마세요.
- Angoje. 그녀더러 기다리라고 해라. ⇒ Asingoje. 그녀더러 기다리지 말라고 해라.
- Aje hapa. 그녀가 여기 오게 해라. ⇒ Asije hapa. 그녀가 여기 오지 말게 해라.
- Wajibu. 그들이 대답하게 해라. ⇒ Wasijibu. 그들이 대답하지 말게 해라.

- Nimevaa nguo nyingi (ili) nisisikie baridi. 나는 추위를 느끼지 않기 위해 많은 옷을 입었다.
- Vitu hivi visisafishwe? 이것들을 깨끗하게 하지 말까요?
- Lazima usiende sasa. 너 지금 가서는 안된다.
- Si lazima uende sasa. 너 지금 가지 않아도 된다.
- Bora usiende sasa. 너 지금 가지 않는 게 좋겠다.
- Ninataka kwenda. ⇒ Sitaki kwenda. 나는 가고 싶지 않다.
- Ninataka uende. ⇒ Ninataka usiende. 나는 네가 가지 않기를 바란다.
- Tulikwenda mjini kununua viazi tusipate. ※ 부정적인 결과에 대한 표현
  우리는 시내에 감자를 사러 갔는데, 사지 못했다.
- Alijaribu kila dawa isifae. 그는 모든 약을 시도했지만, 하나도 소용이 없었다.
- Wazazi wamewakataza watoto wao wasifanye hivi. 부모는 아이들이 이렇게 하지 못하도록 막았다.
- Mwambie asipike chakula. 그에게 음식을 하지 말라고 말해라.
- Mzuie mtoto asiende kule. 아이가 저기에 가지 못하게 막아라.
- Mama amekataa nisiende. 어머니는 내게 가지 말라고 거절했다.
- Likiwika lisiwike kutakucha. 수탉이 울든 안 울든 새벽은 온다.
- Akija asije, ni mamoja kwangu. 그가 오든 안 오든 나에게는 매한가지다.

Jambo bwana

Jambo, Jambo bwana	안녕, 안녕하세요
Habari gani	어떻게 지내요?
Nzuri sana	아주 잘 지내요
Wageni, Mwakaribishwa	손님 여러분, 환영합니다
Kenya yetu Hakuna Matata	우리 케냐에선 아무 문제 없어요
Kenya nchi nzuri	케냐는 멋진 나라
Hakuna Matata	아무 문제 없어요
Nchi ya maajabu	놀라움이 가득한 나라
Hakuna Matata	아무 문제 없어요
Nchi yenye amani	평화가 있는 나라
Hakuna Matata	아무 문제 없어요
Hakuna Matata	아무 문제 없어요
Hakuna Matata	아무 문제 없어요
Watu wote	모든 사람
Hakuna Matata	아무 문제 없어요
Wakaribishwa	환영합니다
Hakuna Matata	아무 문제 없어요
Hakuna Matata	아무 문제 없어요
Hakuna Matata.	아무 문제 없어요

호응(일치)

Sura ya 03

I. 명사 부류
II. 형용사
III. 비교급
IV. 소유격
V. 연결사 -a
VI. 지시사
VII. 의문사
VIII. 부사/전치사/접속사
IX. 관계사

I 명사 부류

스와힐리어 명사를 분류해보면 크게 9가지 부류로 나눌 수 있다

스와힐리어에서 동사가 들어가는 문장을 제대로 이해했다면, 이미 스와힐리어 문장 구조를 절반 이상 파악한 것이다. 동사 다음으로 중요한 것이 문장에서 명사의 변화를 이해하는 것이다. 먼저 명사의 단수와 복수 형태에 어떤 규칙이 있는지 알아보자. 그 명사가 단수인지 복수인지에 따라 문장 속에서 그 모습이 달라진다. 스와힐리어 명사는 단수·복수가 어떤 형태를 띠느냐에 따라 몇 개의 그룹으로 나뉜다. 이 그룹을 부류라고 한다.

예를 들어, 'kitu물건-vitu물건들'처럼 단수는 'ki-'로 시작하고 복수는 'vi-'로 시작하는 명사들을 묶어서 'ki-vi' 부류라고 한다. 'mtu사람-watu사람들'처럼 단수는 'm-'으로 시작하고 복수는 'wa-'로 시작하는 명사들은 'm-wa' 부류라고 한다. 'mti나무-miti나무들'처럼 단수는 'm-'으로 시작하고 복수는 'mi-'로 시작하는 명사들은 'm-mi' 부류라고 한다. 이런 식으로 스와힐리어 명사를 분류해보면 크게 9가지 부류로 나눌 수 있다. 이제 각각의 부류에 대해서 하나씩 살펴보도록 하자.

1. m-wa 부류*

명사 형태	형용사 호응	주격 호응	목적격 호응	의미
m- / wa-	m- / wa-	a- / wa-	-m- / -wa-	사람, 동물

m-wa 부류는 단수형이 'm-'으로 시작하고 복수형은 'wa-'로 시작한다. 명사의 어근이 모음으로 시작하면 접두사 'm-'과 모음 사이에 -w-가 삽입된다.* 국민이나 어느 지역 사람임을 나타내는 명사는 첫 글자를 항상 대문자로 쓴다. m-wa 부류에 속하는 명사들은 의미적으로 살아 움직이는 것들을* 나타내는데, 극히 일부 단어들을 제외하고는 거의 모두 사람을 표현하는 명사들이다.

SARUFI YA KISWAHILI

단수	뜻	복수
mchawi	주술사, 마법사	wachawi
mfalme	왕	wafalme
mganga	의사, 전통의사	waganga
mgeni	손님, 외국인	wageni
mgonjwa	환자	wagonjwa
mkazi	주민, 거주자	wakazi
mke	아내	wake
mkulima	농부	wakulima
mpishi	요리사	wapishi
msichana	소녀	wasichana
mtoto	아이	watoto
mtu	사람	watu
mtumishi	하인, 공무원	watumishi
mume	남편	waume
mvulana	소년	wavulana
mzee	노인, 나이든 사람	wazee

Maelezo Zaidi

* 언어학적으로는 명사 부류에 번호를 붙여 구분하는데, 1에서 18까지 총 18개의 명사 부류가 있다. m-wa 부류의 단수 명사는 1부류(Class 1)에 속하고, 복수는 2부류(Class 2)에 속한다.

* 스와힐리어에서 ⟨m⟩이라는 형태소 뒤에 모음이 따라 나오면, 거의 대부분의 경우에 '-w-'가 삽입되어 'mw-'의 형태가 된다. 이는 스와힐리어 문법 전체를 통틀어서 적용되는 일반 규칙이라고 생각하면 된다.

* 스와힐리어에서는 의미적으로 '살아서 움직이는 것(animate)', 즉 동물이나 사람을 나타내는 명사는 문법적인 변화에 있어서 다른 명사(inanimate)와는 구별된다.

I 명사 부류

단 수	뜻	복 수
mzalendo	애국자	wazalendo
mzazi	부모 중 한 사람	wazazi (부모)
Mchina	중국인	Wachina
Mhindi	인도인	Wahindi
Mjapani	일본인	Wajapani
Mkorea	한국인	Wakorea
Mwafrika	아프리카 사람	Waafrika
Mwarabu	아랍 사람	Waarabu
Mwingereza	영국인	Waingereza
Mzungu	유럽인, 백인	Wazungu
mdudu	벌레, 곤충	wadudu
mnyama	동물	wanyama
mwalimu	선생님	walimu
mwana	자식	wana
mwanafunzi	학생	wanafunzi
mwanamke	여자	wanawake
mwanamume	남자	wanaume
mwenyeji	원주민, 토착민	wenyeji
mwenyekiti	의장, 회장	wenyeviti
mwizi	도둑	wezi
mwoga	겁쟁이	waoga
mwokozi	구세주, 구조자	waokozi

SARUFI YA KISWAHILI

명사의 단수·복수에 따라 그 명사를 수식하는 형용사의 형태도 달라진다. 기본적으로 명사를 수식하는 형용사는 그 명사 뒤에 위치한다. 단수 명사를 수식하는 형용사는 그 원형에 'm-'이 붙고 복수 명사를 수식하는 형용사는 그 원형에 'wa-'가 붙는다.*

표현	뜻
mtu mzuri	좋은 사람
mwalimu mkali sana	아주 엄격한 선생님
mnyama mdogo	작은 동물
watoto watatu	세 명의 아이들
wanaume wafupi	키가 작은 남자들
wadudu wabaya	해로운 곤충들

명사의 부류에 따라, 그 명사의 단수·복수에 따라 그 명사를 받는 주격 접사와 목적격 접사의 형태도 달라진다.* m-wa 부류의 단수형 주격은 'a-'이고 복수형 주격은 'wa-'이다.* 그리고 단수형 목적격은 '-m-'이고 복수형 목적격은 '-wa-'이다.

- Wageni wangapi wamekuja leo? 오늘 손님이 몇 명이나 왔어요?

Maelezo Zaidi

*뒤에 형용사 부분에서 다시 한번 이야기하겠지만, 반투어 기원의 형용사는 앞에 나오는 명사의 부류에 따라 호응 변화를 일으키지만, 아랍어 등에서 차용된 형용사는 앞서 나오는 명사의 부류에 상관없이 항상 동일한 형태를 유지한다.

*이처럼 명사 부류에 따라, 단수·복수에 따라 그 명사를 수식하는 형용사나 주격, 목적격, 관계사 등의 형태가 달라지는 것을 '호응' 또는 '일치'라고 한다.

*스와힐리어 문장에서는 주어나 목적어로 독립적인 명사가 따로 나왔다고 하더라도, 이 명사를 받는 주격 접사나 목적격 접사를 동사 앞에 붙여 쓴다. 이를 그냥 외형적으로만 보면 주어나 목적어가 두 번 나오는 것처럼 보인다. 이 중에서 주격 접사는 모든 경우에 반드시 써야 하고, 목적격 접사는 경우에 따라 쓸 수도 있고, 안 쓸 수도 있다. 그렇지만, m-wa 부류에서는 목적격 접사도 항상 쓴다고 생각하는 것이 좋다.

I 명사 부류

- Mwingereza anawafuata Watanzania wawili pale.
  영국인이 저기 두 명의 탄자니아 사람을 뒤따라가고 있다.
- Wazee watano wanatembea pamoja na vijana wawili.
  노인 5명이 청년 2명과 함께 걸어가고 있다.
- Mwalimu alimwambia mwanafunzi huyo asicheke.
  선생님은 그 학생에게 웃지 말라고 말했다.

2. m-mi 부류*

형용사 호응	주격 호응	목적격 호응	의미
m- / mi-	u- / i-	-u- / -i-	주로 사물, 나무

m-mi 부류는 단수형이 'm-'으로 시작하고 복수형은 'mi-'로 시작한다. 명사의 어근이 모음으로 시작하면 접두사 'm-'과 모음 사이에 -w-가 삽입된다. m-mi 부류에는 일반적인 사물을 나타내는 명사들이 많고, 대부분의 나무 이름이 m-mi 부류에 속한다. 표에서 단어 앞에 * 표시가 있는 명사는 '살아서 움직이는' 성질을 가진 명사-사람이나 동물-로서 문법적인 호응 변화가 m-mi 부류를 따르지 않고, m-wa 부류의 호응을 따른다.

단 수	뜻	복 수
mche	묘목, 모종	miche
mchezo	경기, 놀이	michezo
mchungwa	오렌지 나무	michungwa
mfuko	가방, 봉지, 호주머니	mifuko

Maelezo Zaidi

*언어학적인 명사 부류 체계에서, m-mi 부류의 단수 명사는 3부류(Class 3)에 속하고, 복수는 4부류(Class 4)에 속한다.

단 수	뜻	복 수
mgomba	바나나 나무	migomba
mguu	발	miguu
mji	도시, 시내	miji
*mjusi	도마뱀	mijusi
mkate	빵	mikate
mkono	손	mikono
mlango	문	milango
mlima	산	milima
mnazi	코코넛 나무	minazi
moshi	연기	mioshi (복수형은 거의 사용하지 않음)
moto	불	mioto (복수형은 거의 사용하지 않음)
moyo	마음, 가슴	mioyo
mshahara	월급, 봉급	mishahara
mti	나무	miti
mtihani	시험	mitihani
mto	강, 베개	mito
*mtume	예언자, 사도	mitume
*Mungu	하나님, 신	miungu
mwaka	해, 년	miaka
mwembe	망고 나무	miembe
mwezi	월, 달	miezi
mwili	몸, 신체	miili
mwisho	끝, 마지막	miisho

I 명사 부류

단수 명사를 수식하는 형용사는 그 원형에 'm-'이 붙고 복수 명사를 수식하는 형용사는 그 원형에 'mi-'가 붙는다. 그리고 모음으로 시작하는 형용사가 단수 명사를 수식할 경우, 접두사 'm-'과 모음 사이에 -w-가 삽입된다.

표 현	뜻	표 현	뜻
mlango mmoja	한 개의 문	michungwa minne	네 개의 오렌지 나무
moyo mzuri	착한 마음	miembe mirefu	높이 솟은 망고 나무들
mkate mtamu	맛있는 빵	miguu michafu	더러운 다리들
mwaka mpya	새해, 신년	miezi mitatu	석 달, 3개월
mshahara mdogo	적은 봉급	mitihani migumu	어려운 시험들
mti mfupi	작은 나무	miji mikubwa	큰 도시들
mfuko mweusi	까만 봉지	minazi mingi	많은 코코넛 나무

> m-mi 부류의 단수형 주격은 'u-'이고 복수형 주격은 'i-'이다. 목적격 역시 단수형은 '-u-'이고 복수형은 '-i-'이다.

- Mti umeanguka. 나무가 쓰러졌다.
- Aliwapa wafanyakazi mishahara yao, wakaichukua.
  그는 일꾼들에게 그들의 월급을 주었고, 그들은 그것을 받아갔다.
- Miguu yangu imechafuka. 내 발이 더러워졌다.
- Ana moyo mzuri. 그는 마음이 착하다.
- Walikata mti huo, wakaupeleka nyumbani. 그들은 그 나무를 잘라서 집에 가져갔다.
- Kupunguza mwili ni kiu ya watu wengi wenye miili mikubwa.
  살을 빼는 것은 많은 살찐 사람들의 갈망이다.
- Mtihani wa taifa umeahirishwa kwa sababu ya virusi vya Korona.
  전국 시험이 코로나 바이러스로 인해 연기되었다.

3. (ji)-ma 부류*

형용사 호응	주격 호응	목적격 호응	의미
(ji)- / ma-	li- / ya-	-li- / -ya-	주로 사물, 과일 이름, 대형화

(ji)-ma 부류는 단수형이 '(ji)-'로 시작하고 복수형은 'ma-'로 시작한다. 단수형 '(ji)-'에 괄호 표시가 있는 것은 '(ji)-'로 시작하는 명사도 있지만, 아무런 접두사가 붙지 않는 명사도 있다는 뜻이다. 실제로 (ji)-ma 부류에는 단수형에 'ji-'가 붙는 명사보다는 붙지 않는 명사가 훨씬 많다. (ji)-ma 부류의 명사는 일반적인 사물을 나타내고, 대부분의 과일 이름이 (ji)-ma 부류에 속한다. 명사 어근에 (ji)-ma 부류 접두사를 붙이면 일부 단어들은 그 의미가 대형화된다.* 표에서 단어 앞에 * 표시가 있는 명사는 '살아서 움직이는' 성질을 가진 명사-사람이나 동물-로서 문법적인 호응 변화가 (ji)-ma 부류를 따르지 않고, m-wa 부류의 호응을 따른다.

단 수	뜻	복 수
bati	양철판, 함석판	mabati
chungwa	오렌지	machungwa
*dereva	운전사	madereva
dirisha	창문	madirisha
duka	상점, 가게	maduka
embe	망고	maembe
*fundi	기술자, 숙련공	mafundi

Maelezo Zaidi

*언어학적인 명사 부류 체계에서, (ji)-ma 부류의 단수 명사는 5부류(Class 5)에 속하고, 복수는 6부류(Class 6)에 속한다.

*예를 들면, m-wa 부류에 속하는 단어 'mtu(사람)-watu'의 어근 '-tu'에 'm-wa' 대신 'ji-ma' 접두사를 붙여서 'jitu(거인)-majitu'처럼 (ji)-ma 부류의 명사로 만들면 그 의미가 대형화되는 것이다. m-mi 부류에 속하는 단어 'mji(도시)-miji'도 같은 원리로 'jiji(대도시)-majiji'가 될 수 있다.

I 명사 부류

단수	뜻	복수
gari	자동차	magari
gazeti	신문	magazeti
hindi	옥수수 낟알	mahindi (주로 복수형으로 쓰임)
jambo	일, 사건	mambo
jani	잎	majani
jibu	대답	majibu
jicho	눈eye	macho
jiji	대도시	majiji
jike	암컷	majike
jiko	부엌, 화덕, 취사장	meko
jina	이름	majina
jino	이tooth	meno
jipu	부스럼, 종기	majipu
jiwe	돌	mawe
jua	태양	복수형은 쓰이지 않음
jumba	큰 집, 궁전	majumba
kanisa	교회	makanisa
maarifa	지식, 정보	복수형으로만 쓰임
mafuta	석유, 식용유, 기름fat	복수형으로만 쓰임
maji	물	복수형으로만 쓰임
maziwa	젖, 우유	복수형으로만 쓰임
mazungumzo	대화, 회화	복수형으로만 쓰임
nanasi	파인애플	mananasi

단 수	뜻	복 수
papai	파파야	mapapai
shamba	들판, 밭, 논	mashamba
soko	시장	masoko
taifa	국가, 나라	mataifa
*tajiri	부자, 고용주	matajiri
tope	진흙, 진창	matope (많은 양의 진흙)
tunda	과일	matunda
*wakala	대리인, 대리점	mawakala
*waziri	장관	mawaziri
wazo	생각, 의견	mawazo
wingu	구름	mawingu
yai	달걀	mayai
ziwa	호수, 가슴, 유방	maziwa

단수 명사를 수식하는 형용사는 아무런 접두사 없이 그 원형이 붙고 복수 명사를 수식하는 형용사는 그 원형에 'ma-'가 붙는다. 단음절 형용사 '-pya^{새로운}'는 단수 명사를 수식하더라도 형용사 앞에 접두사 'ji-'가 붙는다. 그리고 모음으로 시작하는 형용사 역시 'ji-'나 'j-'가 접두사로 붙는다.

표 현	뜻	표 현	뜻
duka kubwa	큰 상점	gari jipya	새 차
madirisha machafu	더러운 창문들	magari mapya	새 차들
jua kali	뜨거운 태양	jiwe jeusi	검은 돌
mambo mawili	두 가지 일	makanisa mengi	많은 교회들

I 명사 부류

> (ji)-ma 부류의 단수형 주격은 'li-'이고 복수형 주격은 'ya-'이다. 목적격 역시 단수형은 '-li-'이고 복수형은 '-ya-'이다.

- Mambo yote yamekwisha. 모든 일들이 다 끝났다.
- Rais amesema kwamba atalisaidia taifa hili. 대통령은 이 나라를 도울 것이라고 말했다.
- Jua kali limekausha majani katika shamba langu. 뜨거운 태양이 내 농장의 풀을 말려버렸다.
- Mahindi mazuri haya yametoka shamba lile. 이 좋은 옥수수들은 저 밭에서 나왔다.

4. ki-vi 부류*

형용사 호응	주격 호응	목적격 호응	의미
ki- / vi-	ki- / vi-	-ki- / -vi-	주로 무생물, 사물, 소형화, 언어

ki-vi 부류는 단수형이 'ki-'로 시작하고 복수형은 'vi-'로 시작한다. 명사의 어근이 모음으로 시작하면 'ki-'는 'ch-'로, 'vi-'는 'vy-'로 바뀐다.* ki-vi 부류에는 무생물이나 일반적인 사물을 나타내는 명사들이 많고, 모든 언어는 ki-vi 부류에 속한다. 그리고 같은 어근을 가지고 ki-vi 부류 접두사를 붙이면 일부 단어들은 그 의미가 소형화된다.* 표에서 단어 앞

Maelezo Zaidi

*언어학적인 명사 부류 체계에서, ki-vi 부류의 단수 명사는 7부류(Class 7)에 속하고, 복수는 8부류(Class 8)에 속한다.

*모음 'a, e, o, u'로 시작하는 어근으로 이루어진 명사는 접두사 'ki-vi'가 'ch-vy'로 바뀌지만, 모음 'i'로 시작하는 어근 앞에서는 접두사 'ki-vi'의 형태가 그대로 유지된다.

*m-mi 부류에 속하는 단어 'mji(도시)-miji'의 어근 '-ji'에 'm-mi' 대신 'ji-ma' 접두사를 붙여 'jiji(대도시)-majiji'처럼 (ji)-ma 부류의 명사로 만들면 그 의미가 대형화되고, 'ki-vi' 접두사를 붙여 'kijiji(마을)-vijiji'처럼 ki-vi 부류의 명사로 만들면 그 의미가 소형화된다.

SARUFI YA KISWAHILI

에 '*' 표시가 있는 명사는 '살아서 움직이는' 성질을 가진 명사-사람이나 동물-로서 문법적인 호응 변화가 ki-vi 부류를 따르지 않고, m-wa 부류의 호응 변화를 따른다.

단 수	뜻	복 수
chakula	음식	vyakula
chandarua	모기장	vyandarua
chombo	도구, 장비, 그릇, 배	vyombo
choo	화장실	vyoo
chuma	철, 금속	vyuma
chumba	방	vyumba
chuo	전문학교, 학원, 대학	vyuo
*chura	개구리	vyura
kiatu	신발	viatu
kiazi	감자	viazi
*kiboko	하마	viboko
kichwa	머리	vichwa
*kifaru	코뿔소	vifaru
*kijana	청년, 젊은이	vijana
kijiji	마을	vijiji
kijiko	수저	vijiko
kikombe	컵, 잔	vikombe
*kilema	장애인	vilema
kilimo	농사, 농업	복수형 없음
kioo	거울, 유리	vioo
kipande	조각, 부분	vipande

I 명사 부류

단수	뜻	복수
*kipofu	시각 장애인, 장님	vipofu
kisima	우물	visima
kisu	칼	visu
kitabu	책	vitabu
kitanda	침대	vitanda
kiti	의자	viti
kitu	물건, 것, 일	vitu
*kiziwi	청각 장애인, 귀머거리	viziwi
vita	전쟁	단수형 없음

단수 명사를 수식하는 형용사는 그 원형에 'ki-'가 붙고 복수 명사를 수식하는 형용사는 그 원형에 'vi-'가 붙는다. 그리고 모음으로 시작하는 형용사는 'ki-vi' 대신 'ch-vy' 접두사가 붙는다.*

표현	뜻	표현	뜻
kijiji kidogo	작은 마을	vikombe vichafu	더러운 컵들
kisu kikali sana	매우 날카로운 칼	viazi vidogo viwili	두 개의 작은 감자들
chumba kikubwa	큰 방	vyakula vizuri	좋은 음식들

Maelezo Zaidi

*Kiswahili 스와힐리어 / Kikorea 한국어 / Kichina 중국어 / Kijapani 일본어 / Kiingereza 영어 / Kifaransa 불어 / Kiarabu 아랍어 / Kireno 포르투갈어 / Kihispania 스페인어 / Kirusi 러시아어 / Kiajemi 페르시아어 / Kidachi 독일어 / Kilatini 라틴어 등의 언어 이름은 복수형이 없다.

*모음 'a, e, o, u'로 시작하는 어근으로 이루어진 형용사에서는 접두사 'ki-vi'가 'ch-vy'로 바뀌지만, 모음 'i'로 시작하는 어근 앞에서는 접두사 'ki-vi'의 형태가 그대로 유지되면서 축약이 일어난다.
kitabu chembamba / vitabu vyembamba ※ -embamba 얇은, 날씬한
kitabu kingine / vitabu vingi ※ -ingine 또 하나의, 다른 / -ingi 많은

> ki-vi 부류의 단수형 주격은 'ki-'이고 복수형 주격은 'vi-'이다. 목적격 역시 단수형은 '-ki-'이고 복수형은 '-vi-'이다.

- Ninasoma kitabu kizuri kabisa. 나는 아주 좋은 책을 읽고 있다.
- Chakula kinanuka. 음식에서 냄새가 난다.
- Kiswahili kinasemwa Afrika mashariki. 스와힐리어는 동아프리카에서 사용된다.
- Kiti hiki kimevunjika. 이 의자는 부서졌다.
- Unajua Kiswahili? Ndiyo, nakijua. 스와힐리어 알아요? 네, 알아요.
- Alinunua vitabu? Ndiyo, alivinunua. 그가 책들을 샀나요? 네, 샀어요.

5. n 부류*

형용사 호응	주격 호응	목적격 호응	의미
n- / m- / ny- / ∅	i- / zi-	-i- / -zi-	주로 일반적인 사물, 가족 관련 어휘

n 부류는 단수형과 복수형의 형태가 똑같다. n 부류에는 접두사 'n-'이나 'm-', 'ny-' 등이 붙는 명사들도 있지만, 대부분의 명사는 아무런 접두사도 붙지 않는다. n 부류의 명사는 일반적인 사물을 나타내거나, 가족 관련 어휘가 많다. 단어 앞에 * 표시가 있는 명사는 '살아서 움직이는' 성질을 가진 명사-사람이나 동물-로서 문법적인 호응 변화가 n 부류를 따르지 않고, m-wa 부류의 호응을 따른다. 명사 중에서 부류 접두사를 포함하지 않는 명사는 (ji)-ma 부류의 단수형이거나 n 부류에 속한다. 그도 복잡하면, 명확히 구분되는 접두사가 없는 명사는 대부분 n 부류라고 생각하면 된다.

Maelezo Zaidi

*언어학적인 명사 부류 체계에서, n 부류의 단수 명사는 9부류(Class 9)에 속하고, 복수는 10부류(Class 10)에 속한다.

I 명사 부류

단 수	뜻	복 수
*baba	아버지	baba
bahati	운luck	bahati
barabara	도로	barabara
barafu	얼음	barafu
barua	편지	barua
bei	가격	bei
chai	차tea, 아침식사	chai
chumvi	소금	chumvi
chupa	병bottle	chupa
*dada	언니, 누나	dada
dakika	분minute	dakika
habari	소식, 뉴스	habari
homa	열	homa
kahawa	커피	kahawa
*kaka	형, 오빠	kaka
kalamu	볼펜, 펜	kalamu
karatasi	종이	karatasi
kazi	일work	kazi
*kuku	암탉, 치킨	kuku
*mama	어머니	mama
mboga	야채, 반찬	mboga
*mbu	모기	mbu
*mbwa	개	mbwa

단 수	뜻	복 수
meza	탁자, 책상	meza
mvi	흰 머리, 백발	mvi
mvua	비 rain	mvua
nguo	옷	nguo
nyama	고기	nyama
*nyoka	뱀	nyoka
nyumba	집	nyumba
*paka	고양이	paka
pesa	돈	pesa
pilipili	고추, 후추	pilipili
pombe	술	pombe
*rafiki	친구	rafiki
saa	…시, 시간, 시계	saa
sababu	이유	sababu
sabuni	비누	sabuni
sahani	접시	sahani
*samaki	물고기, 생선	samaki
sehemu	부분, 일부	sehemu
shida	어려움, 곤란	shida
sigara	담배	sigara
*simba	사자	simba
siku	날, 하루	siku
taa	등불, 전등	taa

I. 명사 부류

단 수	뜻	복 수
tarehe	날, 날짜	tarehe
wiki	주 week	wiki
wilaya	탄자니아 행정구역 단위의 하나로 우리나라의 '군'이나 '구'에 해당함	wilaya
wizara	(정부의) 부, 내각 부서	wizara

n 부류 명사를 수식하는 형용사 호응은 그 명사의 단수·복수에 상관없이 동일하다. n 부류 명사를 수식하는 형용사에는 그 형용사의 첫 음소가 무엇이냐에 따라 'n-', 'm-', 'ny-'와 같은 접두사가 붙는다. 형용사의 어간이 'd-, g-, z-'로 시작하면 접두사 'n-'이 붙고, 'b-'로 시작하면 접두사 'm-'이 붙으며, 그 외의 자음 앞에는 아무런 접두사도 붙지 않는다. 그리고 형용사의 어간이 모음으로 시작하면 접두사 'ny-'가 붙는다. 단음절 형용사 '-pya' 앞에는 접두사 'm-'이 붙어서 mpya가 된다. 형용사 '-ema 좋은'는 njema로, '-refu'는 ndefu로, '-wili'는 mbili로 변화하는데, 이 세 형용사는 n 부류에서 약간 특이하게 변화하는 형용사로 그냥 외우는 게 좋다.

표 현	뜻	표 현	뜻
sahani ndogo	작은 접시	nyumba ndogo	작은 집
kazi ngumu	힘든 일	nguo nzuri	좋은 옷
bahati mbaya	운이 좋지 않음	njia mbovu	상태가 좋지 않은 길
barua chache	편지 몇 통	chai tamu	맛있는 차
safari fupi	짧은 여행	dakika ngapi?	몇 분?
kahawa nyeusi	블랙 커피	sehemu nyingine	다른 부분, 다른 지역
kalamu mpya	새 펜 ※ -pya 새로운	habari njema	좋은 소식 ※ -ema 좋은
meza ndefu	긴 탁자 ※ -refu 긴, 높은	chupa mbili	병 두 개 ※ -wili 둘의
kaka wawili	두 명의 형/오빠	nyoka warefu watatu	세 마리의 긴 뱀

SARUFI YA KISWAHILI

> n 부류의 단수형 주격은 'i-'이고 복수형 주격은 'zi-'이다. 목적격 역시 단수형은 '-i-'이고 복수형은 '-zi-'이다. n 부류에서는 명사의 단수·복수 형태나 형용사 호응이 단수·복수에 관계없이 동일하므로 문장에 쓰인 단어가 단수형인지 복수형인지 구분하기가 어려운데, 주격이나 목적격의 형태는 단수형과 복수형이 다르기 때문에, 주격이나 목적격을 보고 단수·복수를 구분할 수 있다.

- Barua moja imefika. 편지 한 통이 도착했다.
- Kilo mbili za nyama zitatosha? 고기 2kg이면 충분할까요?
- Rafiki yangu alileta sahani mpya, akaziweka mezani.
  내 친구가 새 접시들을 가져와서 탁자 위에 놓았다.
- Mbu wengi wananisumbua sana. 많은 모기들이 나를 괴롭힌다.
- Mbwa alimrukia kuku, akamla. 개가 닭을 덮쳐 잡아먹었다.
- Samaki anateleza. 물고기가 미끄럽다.
- Samaki inanuka. 생선에서 냄새가 난다. *

Maelezo Zaidi

*samaki^{물고기}나 kuku^닭 같은 동물이 살아서 움직이는 상태이면 m-wa 부류의 호응을 따르고 이미 죽은 상태이면 n 부류의 호응을 따른다. 그렇지만, 실제 구어체에서는 죽은 상태라 할지라도 m-wa 부류의 호응을 따르는 경우가 많다. 아래 대화에서 kuku는 이미 죽은 상태이지만, kuku를 받는 주격(wa-), 연결사(wa), 지시사/관계사(-o), 형용사 호응(m-) 등이 m-wa 부류의 호응을 따르고 있다.

Mhudumu^{종업원} : Mnataka chakula gani? 무슨 음식을 드시겠어요?
Mteja^{손님} : Kuku wapo? 치킨 있어요?
Mhudumu : Wapo. 있습니다.
Mteja : Naomba kuku. 치킨 주세요.
Mhudumu : Wa kukaanga au wa kuchoma? 튀긴 걸로 드릴까요, (숯불에) 구운 걸로 드릴까요?
Mteja : Wa kuchoma. Ni wa kienyeji? (숯불에) 구운 걸로 주세요. 토종닭이죠?
Mhudumu : Hapana. Tunao wa kisasa. 아니요. 저희는 양계닭만 있습니다.
Mteja : Sawa tu. Nusu itatosha kwa sisi wawili? 그렇군요. 저희 둘이 먹기에 반 마리면 충분하겠죠?
Mhudumu : Haitatosha. Chukua mzima. 충분치 않을 겁니다. 한 마리 시키시죠.
Mteja : Haya, naomba mzima. 네, 그럼 한 마리 주세요.

I 명사 부류

6. u 부류*

형용사 호응	주격 호응	목적격 호응	의미
m- / n-	u- / zi-	-u- / -zi-	주로 추상명사, 국가 이름

u 부류의 단수형은 접두사 'u-'나 'w-'로 시작한다. 그런데 u 부류의 복수형은 한눈에 파악하기가 쉽지 않다. 얼핏 보면 복수형이 불규칙적인 것처럼 보이지만, 자세히 살펴보면 n 부류와 동일한 규칙이 적용되어, u 부류 복수형에는 접두사 'n-'이나 'm-', 'ny-' 등이 붙거나, 단수형에서 접두사 'u-'가 탈락된 형태를 띤다. u 부류에는 추상적인 의미를 나타내는 명사나 국가 이름을 나타내는 명사들이 많아, 이런 명사들은 복수형이 따로 존재하지 않는다.

단 수	뜻	복 수
ua	안뜰, 뒤뜰	nyua
ubao	널빤지, 판자	mbao
udevu	단수형은 잘 사용하지 않음	ndevu (턱수염)
ufa	금, 갈라진 틈	nyufa
ufunguo	열쇠	funguo
ukuni	단수형은 잘 사용하지 않음	kuni (땔나무, 장작)
ukurasa	쪽, 페이지	kurasa
ukuta	벽	kuta

Maelezo Zaidi

*언어학적인 명사 부류 체계에서, u 부류의 단수 명사는 11부류(Class 11) 혹은 14부류(Class 14)에 속하고, 복수는 10부류(Class 10)에 속한다. u 부류의 단수 명사 중 11부류에 속하는 명사의 복수형은 10부류(Class 10)에 속하고, 14부류에 속하는 명사는 대부분 추상적인 의미를 지닌 명사로서 복수형이 따로 존재하지 않는다.

단 수	뜻	복 수
ulimi	혀	ndimi
uma	포크 fork	nyuma
unywele	(단수형은 잘 사용하지 않음)	nywele (머리카락)
upande	한 쪽, 방향	pande
upepo	바람	pepo
uso	얼굴	nyuso
uzi	실	nyuzi
wakati	때, 시기	nyakati
waraka	편지, 서한, 서류	nyaraka
wavu	그물	nyavu
wembe	면도칼	nyembe
wimbo	노래	nyimbo
ugomvi	싸움, 다툼	magomvi
ugonjwa	병	magonjwa
uaminifu	신뢰	복수형 없음
ubaya	악, 나쁨, 단점	
uchafu	더러움	
uhuru	자유	
ujamaa	관계, 형제애, 사회주의	
ujana	젊음	
Uislamu	이슬람교	
Ukristo	기독교	
ukubwa	크기	

I 명사 부류

단 수	뜻	복 수
upana	넓이	복수형 없음
urefu	길이	
uzito	무게	
umoja	단결, 통일	
umaskini	가난	
uwezo	능력	
uzee	늙음	
utajiri	부 wealth	
uzuri	선, 좋음, 장점	
udongo	토지, 땅, 흙	
ugali	우갈리(옥수수 가루로 만든 음식)	
uji	죽	
umeme	전기, 번개	
usingizi	잠, 졸음	
wali	밥	
wasiwasi	걱정, 근심, 의심	
wino	잉크	
Ulaya	유럽	
Uingereza	영국	
Unguja	잔지바르	
Uhindi	인도	
Ufaransa	프랑스	
Usukuma	수쿠마 민족이 사는 지역	
usiku	밤 night	

u 부류의 단수 명사를 수식하는 형용사는 그 원형에 'm-'이 붙고, 복수 명사를 수식하는 형용사는 n 부류와 동일한 호응을 한다. u 부류 복수 명사를 수식하는 형용사에는 그 형용사의 첫 음소가 무엇이냐에 따라 'n-', 'm-', 'ny-'와 같은 접두사가 붙는다. 형용사의 어간이 'd-, g-, z-'로 시작하면 접두사 'n-'이 붙고, 'b-'로 시작하면 접두사 'm-'이 붙으며, 그 외의 자음 앞에는 아무런 접두사도 붙지 않는다. 그리고 형용사의 어간이 모음으로 시작하면 접두사 'ny-'가 붙는다. 단음절 형용사 '-pya' 앞에는 접두사 'm-'이 붙어서 mpya가 된다. 형용사 '-ema좋은'는 njema로, '-refu'는 ndefu로, '-wili'는 mbili로 약간 특이한 변화를 보인다.

단수	뜻	복수	뜻
ukuta mrefu	높은 벽	kuta ndefu	높은 벽들
ubao mzito	무거운 널빤지	mbao nzito	무거운 널빤지들
wembe mkali	날카로운 면도칼	nyembe kali	날카로운 면도칼들
uso mweusi	까만 얼굴	nyuso nyeusi	까만 얼굴들
upande mmoja	한 쪽	pande mbili	양쪽, 두 방향
uzi mweupe	흰 실	nyuzi nyeupe	흰 실들

> u 부류의 단수형 주격은 'u-'이고 복수형 주격은 'zi-'이다. 목적격 역시 단수형은 '-u-'이고 복수형은 '-zi-'이다. u 부류 복수형의 호응은 전체적으로 n 부류 복수형의 호응과 동일하다.

- Ukurasa umepotea. 그 페이지가 없어졌다.
- Kurasa zimepotea. 그 페이지들이 없어졌다.
- Ugali unapikwa uani. 뒤뜰에서 우갈리를 만들고 있다.
- Wakati ule ulikuwa na upepo mkali kabisa. 그 때에는 바람이 정말 세게 불었다.
- Ameuondoa uchafu ule. 그는 그 더러운 것을 없앴다.

I 명사 부류

- Tumezipasua kuni hizi. 우리는 이 장작들을 팼다.
- Umeziona funguo zangu? 내 열쇠들을 봤니?
- Uingereza imejitoa kwenye Umoja wa Ulaya. 영국은 유럽연합에서 탈퇴했다.*

7. ku 부류*

형용사 호응	주격 호응	목적격 호응	의미
ku-	ku-	-ku-	ku- 부정사 (동명사 역할)

ku 부류는 동사에 접두사 'ku-'를 결합한 형태로서, 단수·복수를 따로 구분하지 않는다. 접두사 'ku-'와 동사가 결합한 형태를 ku- 부정사라고 하는데, ku 부류에서 ku- 부정사는 동명사적 의미를 지닌다. 그래서 그 의미는 '~하기' 혹은 '~하는 것'으로 파악할 수 있다. 모든 동사는 ku 부류로 만들 수 있다고 생각하면 된다. ku 부류를 수식하는 형용사는 그 원형에 'ku-'가 붙는데, 모음으로 시작하는 형용사 앞에서는 'kw-'로 바뀐다.

표현	뜻	표현	뜻
kusoma kuzuri	좋은 읽기	kusoma kwangu	나의 읽기
kuishi kwema	잘 살기	kucheza kwake	그의 놀기
kuimba huku	이 부르기	kufikiri kwao	그들의 생각하기
kusoma kule	저 읽기	kuondoka kwako	너의 떠나기

Maelezo Zaidi

*Uingereza를 주격접사 'u-'가 아닌 'i-'로 받은 이유는 Uingereza를 하나의 '나라(nchi)'라고 생각한 화자가 n 부류에 속하는 nchi의 단수형 주격접사 'i-'를 쓴 것으로 이해하면 된다.

*언어학적인 명사 부류 체계에서, ku 부류는 15부류(Class 15)에 속한다. ku 부류는 단수·복수를 따로 구분하지 않는다.

ku 부류 또는 ku- 부정사는 동사가 결합되어 있기 때문에 부정형negative도 존재하는데, 접두사 'ku-'와 동사 사이에 접사 '-to-'를 넣으면 된다.*

- kusoma 읽는 것 ⇒ kutosoma 읽지 않는 것
- kufika 도착하는 것 ⇒ kutofika 도착하지 않는 것
- kula 먹는 것 ⇒ kutokula 먹지 않는 것
- kufa 죽는 것 ⇒ kutokufa 죽지 않는 것

> ku 부류의 주격은 'ku-'이고, 목적격 역시 '-ku-'이다.

- Kusoma ni kuzuri kwa watoto. 독서는 아이들에게 좋다.
- Kuwa au kutokuwa, hilo ndilo swali. 존재하느냐, 존재하지 않느냐, 그것이 바로 문제로다.
- Lazima kutogusa kitu hiki. 이것을 만져서는 안된다.
- Ni bora kutokwenda leo. 오늘 가지 않는 것이 좋다.
- Tunataka kutoangusha mti huu. 우리는 이 나무를 쓰러뜨리지 않기를 원한다.
- Kuishi kwingi ni kuona mengi. 오래 살면 많은 걸 보게 마련이다.
- Kusema ni kuzuri lakini kutosema ni kuzuri zaidi.
  말하는 것이 좋긴 하지만, 말하지 않는 것이 더 좋다.

Maelezo Zaidi

*ku- 부정사(infinitive)의 부정(negative)에 삽입되는 '-to-'는 역사적으로 '-toa(꺼내다, 제하다)'라는 동사에서 유래된 것이다.

단음절 동사로 된 ku 부류를 부정(negation)하면, 접두사 'ku-' 다음에 부정(negation) 접사 '-to-'를 삽입하고, '-to-'와 동사 어간 사이에 접사 '-ku-'를 넣어준다. 결과적으로 단음절 동사로 된 ku 부류에 대한 부정(negation)은 'kutoku-'의 형태가 된다.

I 명사 부류

8. pa-ku-mu 부류*

형용사 호응	주격 호응	목적격 호응	의미
pa- / ku- / m-	pa- / ku- / m-	-pa- / -ku- / -m-	장소를 나타냄

pa-ku-mu 부류는 장소적인 의미를 내포하며, 부사적인 성질을 갖는다. pa-ku-mu 부류에 직접적으로 속하는 명사는 딱 하나가 있는데, 바로 'mahali^{장소, 곳}'라는 명사이다.* 'mahali'는 단수·복수 형태가 동일하며 이를 수식하는 형용사는 그 원형에 접두사 'pa-'가 붙는다. 단, 'pa-'가 모음 'e-'나 'i-'로 시작하는 형용사와 결합하면 'pe-'가 된다.

표현	뜻	표현	뜻
mahali pamoja	한 장소, 한 곳	mahali pawili	두 장소, 두 곳
mahali peupe	밝은 장소	mahali peusi	어두운 장소
mahali padogo	작은 장소	mahali pazuri	좋은 장소
mahali pachache	몇몇 장소	mahali pengi	많은 장소
mahali patupu	비어있는 장소	mahali pengine	다른 장소

> 'mahali'의 주격은 'pa-'이고, 목적격 역시 '-pa-'이다.

- **Mahali panafaa.** 그 장소는 적당하다.

Maelezo Zaidi

*언어학적인 명사 부류 체계에서, pa 부류는 16부류(Class 16)에 속하고, ku 부류는 17부류(Class 17)에 속하며, mu 부류는 18부류(Class 18)에 속한다. pa-ku-mu 부류는 단수·복수의 구분이 따로 없고, 장소 부사적인 의미를 지닌다.

*mahali라는 단어를 어떻게 분류할 것인지에 대해 언어학자들 사이에 서로 다른 의견이 존재하지만, 여기서는 편의상 pa-ku-mu 부류로 분류하였다. 구어체에서는 mahala, pahala, pahali 등도 mahali와 같은 의미로 사용된다.

- Mahali palikuwa na miti. 그 곳에 나무들이 있었다.
- Mahali pana miti hapa. 여기에 나무들이 있다.
- Ninapapenda hapa. 난 여기를 좋아한다.
- Ningoje penye daraja. 다리 옆에서 날 기다려라.
- Penye nia pana njia. 뜻이 있는 곳에 길이 있다.

그런데 어떤 명사에 장소 접미사 '-ni~에'를 결합하면 그 명사는 pa-ku-mu 부류에 속하게 된다. 구체적인 사물을 표현하는 거의 대부분의 명사는 장소 접미사 '-ni'를 결합시켜 pa-ku-mu 부류로 만들 수 있으므로, 사실상 pa-ku-mu 부류는 가장 많은 단어를 포함한 부류라고 할 수 있다. pa-ku-mu 부류는 단수·복수를 따로 구분하지 않고, 대신에 각 부류별로 표현하는 장소의 의미나 범위가 달라지는데, 그 차이는 다음과 같다.

> pa- : 한정적이고 구체적인 장소를 나타냄
>
> ku- : 포괄적이고 정해지지 않은 장소를 나타냄
>
> mu- : 어떤 장소의 내부를 나타냄

- Mezani palikuwa na chakula. 탁자에는 음식이 있었다.
- Bondeni kulikuwa na uchafu mwingi. 골짜기에는 많은 쓰레기가 있었다.
- Chumbani mwangu mmewekwa kitanda kipya. 내 방에는 새로운 침대가 놓여졌다.

> pa 부류의 형용사 호응 접두사는 'pa-'이고, ku 부류의 형용사 호응 접두사는 'ku-'이며, mu 부류의 형용사 호응 접두사는 'm-'이다. pa 부류의 주격과 목적격은 각각 'pa-'와 '-pa-'이고, ku 부류의 주격과 목적격은 각각 'ku-'와 '-ku-'이며, mu 부류의 주격과 목적격은 각각 'm-'와 '-m-'이다.

I 명사 부류

- Sebuleni pana sofa na meza. 거실에 소파와 탁자가 있다.
- Ofisini kuna vitu vingi. 사무실에 물건들이 많다.
- Mtoni mle mna samaki wengi. 저 강에는 물고기가 많다.
- Kuna wenyeji wengi vijijini kule. 그 곳 마을들에는 주민들이 많다.
- Pana vijana kumi na watano uwanjani hapa. 여기 운동장에 열다섯 명의 청년들이 있다.
- Jikoni mwetu mmewekwa vyombo vipya. 우리 부엌에 새로운 그릇들이 놓여졌다.
- Mwituni mmelala wanyama. 동물들이 숲 속에서 자고 있다.
- Hamna maji kisimani. 우물에 물이 없다.
- Pana mgeni mlangoni. 문에 손님이 있다.
- Hapa palikufa simba. 이곳에서 사자가 죽었다.
- Pale pamejaa watu. 저곳은 사람들이 가득하다.
- Hapana miti hapo. 거기에는 나무들이 없다.
- Unapajua Ubungo? 우붕고가 어딘지 알아요?
- Kuna miti huku. 여기에 나무들이 있다.
- Kulikuwa na miti. 나무들이 있었다.
- Ningoje kwenye daraja. 다리 근처에서 날 기다려라.
- Unakupenda huku? 여기가 맘에 들어요?
- Mle mna nyoka. 저 안에 뱀이 있다.
- Hamna nyoka mle. 저 안에 뱀이 없다.
- Mna kitu humo. 그 안에 뭔가 있다.
- Aliingia humu. 그가 이 안으로 들어왔다.
- Serengeti ni kuzuri sana. Kuna wanyama wengi wa pori. 세렝게티는 아주 멋진 곳이다. 그곳에는 야생 동물들이 많다.
- Hakuna matata. 괜찮아요/아무 문제없어요.
- Hakuna shida. 괜찮아요/아무 문제없어요.
- Hamna shida. 괜찮아요/아무 문제없어요.

- Hakuna matatizo. 괜찮아요/아무 문제없어요.

- Hamna matatizo. 괜찮아요/아무 문제없어요.

- Hakuna taabu. 괜찮아요/아무 문제없어요.

- Hamna taabu. 괜찮아요/아무 문제없어요.

> 장소를 나타내는 전치사 'katika~에'를 사용해서 만든 구문을 장소접미사 '-ni~에'를 사용한 구문으로 바꿀 수 있다.

- Katika chumba kile alichoingia 그가 들어간 저 방에
  ⇒ Chumbani mle alimoingia

- Katika mfuko wangu mkubwa 내 큰 가방에
  ⇒ Mfukoni mwangu mkubwa

- Katika nyumba yangu ndogo 내 작은 집에
  ⇒ Nyumbani pangu padogo
  ⇒ Nyumbani kwangu kudogo
  ⇒ Nyumbani mwangu mdogo

> 'pa-', 'ku-', 'mu-'에서 나타나는 미묘한 차이는 말하는 사람의 주관적인 판단에 의한 것이므로 절대적인 기준이 있는 것은 아니다. 그래서 같은 장소라도 화자의 판단에 따라 'pa-' 호응을 따를 수도, 'ku-' 호응을 따를 수도, 'mu-' 호응을 따를 수도 있다.

- Nyumbani pana vitu vingi. 집에 물건들이 많다. (집을 구체적인 장소로 파악)

- Nyumbani kuna vitu vingi. 집에 물건들이 많다. (집을 포괄적인 장소로 파악)

- Nyumbani mna vitu vingi. 집 안에 물건들이 많다. (집을 어떤 내부 공간으로 파악)

I 명사 부류

※ 명사의 단수와 복수 및 호응

명사 부류	단·복수 접두사	형용사 일치	
		자음시작 형용사	모음시작 형용사
m-wa	m-/mu- (단)	m-	mw-
	wa- (복)	wa-	we- / wa-
m-mi	m-/mu- (단)	m-	mw-
	mi- (복)	mi-	my- / mi-
(ji)-ma	(ji)- (단)	(ji)-	j-
	ma- (복)	ma-	me- / ma-
ki-vi	ki-/ch- (단)	ki-	ch- / ki-
	vi-/vy- (복)	vi-	vy- / vi-
n	(n)- (단)	n- / m- / ∅	ny-
	(n)- (복)	n- / m- / ∅	ny-
u	u-/w- (단)	m-	mw-
	n-/m-/ny-/∅ (복)	n- / m- / ∅	ny-
ku	ku-	ku-	kw-
pa-ku-mu	pa-	pa-	pe- / pa-
	ku-	ku-	kw-
	m-	m-	mw-

Maelezo Zaidi

*n 부류 형용사 호응: d-, g-, z- 앞에는 n- 이, b- 앞에는 m- 이 붙고, 그 외의 자음 앞에서는 ∅(없음).

*단음절 형용사 "-pya"의 '(ji)-ma 부류 단수' 호응은 jipya // 'n 부류 단·복수' 호응은 mpya가 된다.

주격 접사	목적격 접사	주격접사 + "-a-"시제	특 징
a- / yu-	-m-	"a-" + "-a-" ⇒ a-	사람, 동물
wa-	-wa-	"wa-" + "-a-" ⇒ wa-	
u-	-u-	"u-" + "-a-" ⇒ wa-	주로 사물, 나무 이름
i-	-i-	"i-" + "-a-" ⇒ ya-	
li-	-li-	"li-" + "-a-" ⇒ la-	주로 사물, 과일 이름, 대형화
ya-	-ya-	"ya-" + "-a-" ⇒ ya-	
ki-	-ki-	"ki-" + "-a-" ⇒ cha-	주로 무생물, 사물, 소형화, 언어
vi-	-vi-	"vi-" + "-a-" ⇒ vya-	
i-	-i-	"i-" + "-a-" ⇒ ya-	주로 사물, 가족 관계 어휘
zi-	-zi-	"zi-" + "-a-" ⇒ za-	
u-	-u-	"u-" + "-a-" ⇒ wa-	주로 추상명사, 영토(국가)
zi-	-zi-	"zi-" + "-a-" ⇒ za-	
ku-	-ku-	"ku-" + "-a-" ⇒ kwa-	ku- 부정사(동명사 역할)
pa-	-pa-	"pa-" + "-a-" ⇒ pa-	구체적인 장소
ku-	-ku-	"ku-" + "-a-" ⇒ kwa-	포괄적인 장소
m-	-m-	"m-" + "-a-" ⇒ mwa-	내부를 나타냄

Maelezo Zaidi

*「ma-/wa-/pa-」+「e-/i-로 시작하는 형용사」⇒「me-/we-/pe-」
*모음으로 시작하는 형용사의 호응 중 불규칙 변화는 223페이지 표 참조

II 형용사

명사를 수식하는 역할을 하거나 주어의 성질이나 상태를 나타낸다

> 형용사는 명사를 수식하는 역할을 하거나 주어의 성질이나 상태를 표현한다. 명사를 수식하는 형용사는 명사 뒤에 위치한다.
>
> · nguo fupi 짧은 옷
> · parachichi tamu 맛있는 아보카도
> · hali duni 열악한 상태
> · elimu bora 양질의 교육
>
> · Shule ni kubwa. 학교는 크다.
> · Mchele ni ghali. 쌀은 비싸다.
> · Kazi hii itakuwa muhimu sana. 이 일은 매우 중요해질 것이다.
>
> 스와힐리어의 형용사에는 두 가지 종류가 있다. 하나는 명사부류에 따라 그 모양이 변하는 형용사이고, 다른 하나는 명사부류에 관계없이 그 형태가 항상 일정한 형용사이다.

1. 명사부류에 따라 접두사가 변하는 형용사

명사부류에 따라 모양이 변하는 형용사는 대부분 반투어 기원의 형용사로 그 앞에 접두사가 붙는다.

- Mwanafunzi mzuri mmoja yupo hapa. 한 명의 좋은 학생이 여기에 있다.
- Wakorea wazuri watatu wapo hapa. 세 명의 좋은 한국인이 여기에 있다.
- Minazi mizuri mitatu ipo hapa. 세 그루의 좋은 코코넛 나무가 여기에 있다.
- Mapapai mazuri matatu yapo hapa. 세 개의 좋은 파파야가 여기에 있다.
- Viti vizuri vitatu vipo hapa. 세 개의 좋은 의자가 여기에 있다.
- Nguo nzuri mbili zipo hapa. 두 벌의 좋은 옷이 여기에 있다. ※ -wili 둘의, 두 개의
- Ubao mzuri mmoja upo hapa. 한 개의 좋은 판자가 여기에 있다.

SARUFI YA KISWAHILI

1) 자음으로 시작하는 형용사

형용사	수	용법			
		m-wa 부류	m-mi 부류	(ji)-ma 부류	ki-vi 부류
-baya	단수	mzee mbaya	mkate mbaya	embe baya (∅)	kitabu kibaya
	복수	wazee wabaya	mikate mibaya	maembe mabaya	vitabu vibaya
-dogo	단수	mtoto mdogo	mji mdogo	yai dogo (∅)	kitanda kidogo
	복수	watoto wadogo	miji midogo	mayai madogo	vitanda vidogo
-gumu	단수	mtu mgumu	mti mgumu	jiwe gumu (∅)	kitu kigumu
	복수	watu wagumu	miti migumu	mawe magumu	vitu vigumu
-refu	단수	msichana mrefu	mguu mrefu	jibu refu (∅)	kisima kirefu
	복수	wasichana warefu	miguu mirefu	majibu marefu	visima virefu
-zuri	단수	mwalimu mzuri	mshahara mzuri	jambo zuri (∅)	kijiji kizuri
	복수	walimu wazuri	mishahara mizuri	mambo mazuri	vijiji vizuri

형용사	뜻	예	
		표현	뜻
-baya	나쁜, 사악한	chakula kibaya	나쁜 음식
-bichi	날것의, 익지 않은	samaki mbich	날 생선
-bishi	고집센, 반항적인	mtoto mbishi	고집센 아이
-bivu	(과일, 음식이) 익은	machungwa mabivu	익은 오렌지들
-bovu	나쁜, 망가진	barabara mbovu	망가진 도로
-chache	소수의, 얼마 안 되는	wageni wachache	몇 안되는 손님

II. 형용사

형용사	뜻	예 표현	예 뜻
-chafu	더러운	mto mchafu	더러운 강
-chungu	쓴	matunda machungu	쓴 과일들
-dogo	작은, 소량의	magari madogo	작은 차들
-fupi	짧은	miguu mifupi	짧은 다리들
-geni	외국의, 익숙하지 않은	mwalimu mgeni	외국인 선생님
-gumu	단단한, 어려운, 질긴, 힘든	nyama ngumu	질긴 고기
-janja	영리한, 교활한	mwanafunzi mjanja	영리한 학생
-kaidi	불복종적인, 반항적인	mtu mkaidi	반항적인 사람
-kali	날카로운, 엄격한, 사나운	walimu wakali	엄격한 선생님들
-kavu	마른, 건조한	nchi kavu	메마른 땅
-kubwa	큰, 중요한	kiti kikubwa	큰 의자
-kuu	큰, 훌륭한	mwalimu mkuu	교장 선생님
-kuukuu	낡은, 오래된, 쓸모없는	majumba makuukuu	낡은 큰 건물들
-nene	(주로 사람이) 살찐, 두터운	mpishi mnene	뚱뚱한 요리사
-nono	(동물이) 살찐	mnyama mnono	살찐 동물
-pana	넓은	ubao mpana	넓은 널빤지
-pevu	성숙한, 다 자란	mwezi mpevu	꽉찬 달
-pya	새로운	gari jipya	새 차
-refu	긴, 큰, 높은, 깊은	majengo marefu	높은 건물들
-tamu	단, 달콤한	chakula kitamu	맛있는 음식
-tupu	빈, 맨~, 의미없는, 순전한	mkono mtupu	맨 손
-vivu	게으른, 느린	mwanafunzi mvivu	게으른 학생

형용사	뜻	예	
		표현	뜻
-zima	전체의, 온~, 건강한	nchi nzima	전국
-zito	무거운, 울창한	vitanda vizito	무거운 침대들
-zuri	예쁜, 착한, 좋은, 멋진	maua mazuri	예쁜 꽃들

2) 모음으로 시작하는 형용사

모음으로 시작하는 형용사는 그 모양이 약간 다르게 변하지만, 자음으로 시작하는 형용사의 변화를 알면 대체로 예측 가능하다.

형용사	용법				
	수	m-mi 부류	(ji)-ma 부류	ki-vi 부류	n 부류
-ekundu	단수	mto mwekundu	jicho jekundu	kitabu chekundu	karatasi nyekundu
	복수	mito myekundu	macho mekundu	vitabu vyekundu	karatasi nyekundu
-eupe	단수	mkono mweupe	gari jeupe	kiatu cheupe	sahani nyeupe
	복수	mikono myeupe	magari meupe	viatu vyeupe	sahani nyeupe
-eusi	단수	mfuko mweusi	jiwe jeusi	kikombe cheusi	kalamu nyeusi
	복수	mifuko myeusi	mawe meusi	vikombe vyeusi	kalamu nyeusi
-ingi	단수	moshi mwingi	joto jingi	chakula kingi	mboga nyingi
	복수	miaka mingi	mafuta mengi	vyakula vingi	mboga nyingi
-ingine	단수	mlima mwingine	jina jingine	kijiko kingine	kazi nyingine
	복수	milima mingine	majina mengine	vijiko vingine	kazi nyingine

II 형용사

형용사	뜻	예 표현	예 뜻
-aminifu	믿을만한, 정직한	mfanyakazi mwaminifu	정직한 직원
-anana	부드러운, 온화한	upepo mwanana	부드러운 바람
-angavu	맑은, 투명한, 빛나는, 영리한	mwezi mwangavu	밝은 달
-ekundu	붉은, 빨간	gari jekundu	빨간 차
-ema	좋은, 상쾌한	safari njema	좋은 여행
-embamba	날씬한, 좁은, 얇은	barabara nyembamba	좁은 도로
-epesi	가벼운, 빠른	chakula chepesi	가벼운 음식
-erevu	영리한, 똑똑한	mtoto mwerevu	영리한 아이
-eupe	흰, 밝은, 투명한	maziwa meupe	흰 우유
-eusi	검은, 어두운	nguo nyeusi	검은 옷
-ingi	많은, 다수의	vitabu vingi	많은 책
-ingine	다른, 일부의	watu wengine	다른 사람들
-ororo	부드러운, 섬세한	sauti nyororo	부드러운 목소리
-ovu	나쁜, 사악한, 악의적인	mtu mwovu	악한 사람

모음으로 시작하는 형용사 중에는 명사의 단·복수에 붙는 접두사가 아닌 주격 접사와 결합하여 변화형을 만들어내는 것들이 있다.

- -enye (~을) 가진, (~이) 있는
  ※ kisima chenye maji mengi 물이 많은 우물

- -enyewe 그 자체가, 그 자신이, 스스로
  ※ Jambo lenyewe liko wazi kwa wote. 그 일 자체는 모두에게 공개되어 있다.

- -ote 모든, 전체의
  ※ Shule zote zimefungwa. 모든 학교가 폐쇄되었다.

- -o-ote 어떤 ~(이)라도, (~은) 무엇이든지
  ※ Mmea wowote wenye maua utasaidia. 꽃이 있는 식물은 뭐든지 도움이 될 것이다.

SARUFI YA KISWAHILI

형용사	수	용법			
		m-mi 부류	(ji)-ma 부류	n 부류	u 부류
-enye*	단수	mto wenye	gari lenye	barua yenye	ukurasa wenye
	복수	mito yenye	magari yenye	barua zenye	kurasa zenye
-enyewe	단수	mlango wenyewe	papai lenyewe	nyumba yenyewe	ubao wenyewe
	복수	milango yenyewe	mapapai yenyewe	nyumba zenyewe	mbao zenyewe
-ote*	단수	moyo wote	jambo lote	sehemu yote	upande wote
	복수	miaka yote	mambo yote	sehemu zote	pande zote
-o-ote	단수	mfuko wowote	taifa lolote	siku yoyote	wimbo wowote
	복수	mifuko yoyote	mataifa yoyote	siku zozote	nyimbo zozote
-ingine*	단수	mlima mwingine	jina jingine	habari nyingine	wakati mwingine
	복수	milima mingine	majina mengine	habari nyingine	nyakati nyingine

> -enye를 사용해서 관계사 구문과 같은 뜻을 가진 구문을 만들 수 있다.

- mwenye kuuza nguo ⇒ anayeuza nguo 옷을 판매하는 사람
- mwenye kuchimba kisima ⇒ anayechimba kisima 우물을 파는 사람
- mwenye kitabu hicho ⇒ aliye na kitabu hicho 그 책을 가진 사람
- mwenye kupenda mali ⇒ anayependa mali 재산을 좋아하는 사람

Maelezo Zaidi

*-enye와 -enyewe가 m-wa 부류의 단수 명사와 결합할 때는 예외적으로 접두사 m-과 결합하여 mwenye와 mwenyewe로 쓰고, 다른 모든 부류에서는 주격 접사와 결합해 변화형을 만든다.

*-ote는 m-wa 부류에서 sote 우리들 모두, nyote 너희들 모두, wote 그들 모두 이렇게 세 가지 형태로 쓸 수 있다.

*-ingine는 일반적으로 주격 접사가 아닌 명사의 단·복수에 붙는 접두사와 결합하는 방식으로 형용사 변화형을 만들지만, (ji)-ma 부류의 단수 명사와 결합할 때는 주격 접사와 결합하여 lingine로 쓰기도 한다.
예) jambo lingine / jambo jingine

형용사

2. 명사 부류에 관계없이 형태가 불변하는 형용사

명사 부류에 관계없이 항상 그 형태가 일정한 형용사도 있다. 대부분이 아랍어에서 차용된 형용사이다.

- Tumemchagua mwalimu bora. 우리는 최고의 선생님을 뽑았다.
- Tumewachagua walimu bora. 우리는 최고의 선생님들을 뽑았다.
- Alipanda miembe bora. 그녀는 양질의 망고나무들을 심었다.
- Wamenunua mananasi bora. 그들은 양질의 파인애플을 샀다.
- Wanatengeneza vitu bora. 그들은 양질의 물건을 만든다.
- Simba ni miongoni mwa timu bora 16 Afrika. 씸바는 아프리카 16강 팀 중의 하나이다.
  ※ Simba는 탄자니아 프로축구단 중의 하나임

형용사	용법				
	수	m-wa 부류	m-mi 부류	(ji)-ma 부류	ki-vi 부류
-bora	단수	mwanafunzi bora	mkate bora	taifa bora	chakula bora
	복수	wanafunzi bora	mikate bora	mataifa bora	vyakula bora
-dhaifu	단수	mtoto dhaifu	mchungwa dhaifu	jiko dhaifu	kitanda dhaifu
	복수	watoto dhaifu	michungwa dhaifu	meko dhaifu	vitanda dhaifu
-maalum	단수	mpishi maalum	mti maalum	jina maalum	kiti maalum
	복수	wapishi maalum	miti maalum	majina maalum	viti maalum
-muhimu	단수	mgeni muhimu	mtihani muhimu	jambo muhimu	chombo muhimu
	복수	wageni muhimu	mitihani muhimu	mambo muhimu	vyombo muhimu
-safi	단수	mwanamke safi	mto safi	gari safi	kijiji safi
	복수	wanawake safi	mito safi	magari safi	vijiji safi

SARUFI YA KISWAHILI

형용사	뜻	형용사	뜻
ajabu	놀라운, 신기한	barabara	적절한, 올바른
bora	최고의, 훌륭한, 양질의	bure	무료의, 쓸모없는
dhaifu	약한, 힘없는	duni	비참한, 열악한, 하층의
ghali	비싼, 드문	haba	약간의, 조금의, 희박한
hafifu	하찮은, 사소한, 초라한	hai	살아있는, 존재하는
halali	적법한, 정당한	haramu	불법의, 금지된
hodari	강한, 열정적인, 활동적인	huru	자유로운, 해방된
imara	힘센, 강력한, 단호한	kamili	완전한, 완벽한
kila*	각각의, 모든	laini	부드러운, 섬세한
maalum	특별한, 독특한, 특수한	maarufu	유명한, 잘 알려진
madhubuti	단단한, 견고한	makini	주의 깊은, 세심한
maridadi	맵시 있는, 매력적인	maskini	가난한, 궁핍한
muhimu	중요한	murua	우아한, 세련된
mwafaka	알맞은, 적당한	rahisi	값싼, 쉬운, 간단한
rasmi	공식적인, 정식의	safi	깨끗한, 순수한, 신선한
sahihi	올바른, 정확한	salama	평안한, 안전한
sanifu	표준의, 숙련된	sawa	같은, 유사한, 공정한, 평평한
tajiri	부유한, 부자의	tayari	준비가 된, 각오가 된
tele	많은, 풍부한	tofauti	다른, 특이한
vuguvugu	미지근한, 미온적인	wazi	열려 있는, 공개적인, 솔직한

Maelezo Zaidi

*다른 형용사들은 수식하는 명사의 뒤에 위치하지만, 'kila'는 예외적으로 수식하는 명사의 앞에 위치한다.
예) kila siku 매일 / kila mtu 모든 사람 / kila kitu 모든 것 / kila wakati 모든 때

비교급

~보다 (더)

비교급은 다음과 같이 'kuliko', 'zaidi ya', 'kushinda', 'kupita', 'kuzidi' 등의 단어를 이용해서 만들 수 있다. 이들 표현은 '~보다 (더)'라는 의미를 갖고 있다.

A ~ kuliko B (A가 B보다 ~하다)

- Mji huu ni mkubwa kuliko ule. 이 도시는 저 도시보다 크다.
  (= Mji huu ni mkubwa zaidi ya ule.)
  (= Mji huu ni mkubwa kushinda ule.)
  (= Mji huu ni mkubwa kuzidi ule.)
  (= Mji huu ni mkubwa kupita ule.)

- Mkate upi mzuri zaidi, huu au ule? 어떤 빵이 더 좋죠, 이것 아니면 저것?*
- Ali ana akili kushinda kaka yake. 알리는 그의 형보다 머리가 좋다.
- Anafanya kazi kupita kiasi. 그는 지나치게 일을 한다.*
- Gari lake ni zuri kuzidi langu. 그의 차는 내 것보다 좋다.
- Anapenda chai kuliko kahawa. 그녀는 커피보다 차를 좋아한다.
- Arusha ni mbali kupita Tanga. 아루샤는 탕가보다 멀다.

Maelezo Zaidi

*zaidi 더 많이, 더 크게
*kupita kiasi 적정 수준 이상으로, 지나치게, 과도하게

SARUFI YA KISWAHILI

> 최상급은 다음과 같이 'kuliko', 'zaidi ya', 'kushinda', 'kupita', 'kuzidi' 등의 단어와 '-ote'를 이용해서 만들 수 있다.

- Kitabu changu ni kizuri kuliko vyote. 내 책은 (다른) 모든 것(책)보다 좋다. → 내 책은 가장 좋다.
  (= Kitabu changu ni kizuri zaidi ya vyote.)
  (= Kitabu changu ni kizuri kushinda vyote.)
  (= Kitabu changu ni kizuri kuzidi vyote.)
  (= Kitabu changu ni kizuri kupita vyote.)

- Kazi hii ni ngumu kuliko zote nilizofanya katika maisha yangu yote.
  이 일은 내 삶에서 내가 한 일들 중에 가장 힘든 일이다.

- Magari yote ni mazuri lakini hili ni zuri hasa.
  모든 차가 다 좋지만, 이 차는 특히 (더) 좋다.

> 동일 비교는 'kama~처럼'나 'sawa na~와 동일하게'를 이용해서 할 수 있다.

- Kitabu changu ni kizuri kama chako. 내 책은 네 책만큼 좋다.
- Kitabu chake ni kizuri sawa na changu. 그녀의 책은 내 책만큼 좋다

> 단어의 길이를 늘리고 어조를 높임으로써 그 의미를 강조해서 표현할 수 있다.

- Hiki ni kizuri saaaaana! 이 책은 진~짜 좋아요!
- Hii ni kubwa kabisaaaaa! 이건 완~전 커요!
- Yuko mbali kuleeeee! 그는 저~기 멀리 있어요!

IV. 소유격

명사 부류의 주격 접사에 소유격을 결합시킨 형태

> 소유격은 앞에 나오는 명사가 어느 부류에 속하느냐에 따라 그 모양이 달라진다. 기본적으로 앞서 다루었던 '-enye'나 '-ote' 같은 형용사와 비슷한 형태로 변한다. 즉, 각 명사 부류의 주격 접사에 소유격을 결합시킨 형태가 되는 것이다.

단 수		복 수	
-angu	나의	-etu	우리(들)의
-ako	너의, 당신의	-enu	너희(들)의, 당신들의
-ake	그의, 그녀의, 그것(들)의	-ao	그들의

표 현	뜻	표 현	뜻
kikombe changu kikubwa	내 큰 잔	matunda yenu	당신들의 과일
mgeni wetu	우리의 손님	nguo zake tatu	그의 옷 세 벌
mikono yako	너의 손들	wimbo wao	그들의 노래

> 3인칭 복수형 "-ao"는 동물이나 사람인 경우에만 쓰고, 식물이나 사물인 경우에는 복수인 경우에도 단수형인 "-ake"를 쓴다.

- miti mingi na majani yake 많은 나무들과 그 나무들의 잎들
- maembe na mbegu zake 망고들과 그 망고들의 씨들
- mataifa matano na wananchi wake 5개국과 그 나라들의 국민들

SARUFI YA KISWAHILI

> 살아서 움직이는 것^{사람이나 동물}을 나타내는 명사는 그 명사가 어느 명사 부류에 속하는가와 상관없이 항상 "m-wa 부류"의 호응을 따른다. 그런데, 여기에 딱 한 가지 예외가 있는데, 바로 "n 부류"에 속하는 명사 중에서 "사람이나 동물"을 나타내는 명사가 소유격(-angu, -ako, -ake, -etu, -enu, -ao)과 결합할 경우이다. 그 명사가 사람일 경우에는 단수형과 복수형 모두에서 "n 부류"의 호응을 따른다. 그 명사가 동물일 경우에는 단수이면 "m-wa 부류"의 호응을 따르고, 복수이면 "n 부류"의 호응을 따른다.

- Rafiki yangu amefika. 내 친구가 도착했다.
- Rafiki zangu wamefika. 내 친구들이 도착했다.
- Mama yangu amekwenda kuwaona ndugu zake.
  나의 어머니는 그녀의 형제들을 보러 갔다.
- Ali na Juma ni ndugu zangu wakubwa, na Bakari ni ndugu yangu mdogo.
  알리와 주마는 나의 큰 형제들이고, 바카리는 나의 작은 형제이다.
- Mbwa wangu mmoja amefika. 나의 개 한 마리가 도착했다.
- Mbwa zangu wawili wamefika. 나의 개 두 마리가 도착했다.
- Mbuzi wangu mmoja na mbuzi zake wawili wapo pamoja pale.
  나의 염소 한 마리와 그의 염소 두 마리가 저기에 함께 있다.
- Ng'ombe zao wakubwa wanaingia mjini.
  그들의 큰 소들이 시내로 들어가고 있다.
- Askari zetu wanatembea na mbwa zao kila siku.
  우리의 경찰들은 매일 그들의 개들과 함께 다닌다.

IV 소유격

> 소유격은 동사 뒤에 단독으로 사용되어 방향이나 장소를 나타내기도 한다.*

- Naenda zangu. 난 내 길을 간다.
- Nenda zako! 네 갈 길이나 가라!
- Twende zetu! (= Twenzetu!) 우리 갈 길로 가자! / 우리 가자!
- Wamerudi kwao. 그들은 그들 집으로 돌아갔다.
- Karibu kwetu! 우리 집에 (한번) 오세요! / 내가 사는 곳에 (한번) 오세요! / 우리나라에 (한번) 오세요!

> 소유격이 특정 명사를 만나면 축약이 일어나기도 한다.*

원형	축약형	예
wake	-we	mwana + wake ⇒ mwanawe
yake	-ye	nyumba + yake ⇒ nyumbaye baada + yake ⇒ baadaye
zake	-ze	ndugu + zake ⇒ nduguze
zako	-zo	baba + zako ⇒ babazo
yako	-yo	baba + yako ⇒ babayo
wako	-o	mume + wako ⇒ mumeo mke + wako ⇒ mkeo mwenzi + wako ⇒ mwenzio

Maelezo Zaidi

*구어체 소유격 구문에서는 다양한 형태로 축약이 일어난다.
mwenzi + wangu ⇒ mwenzangu / wenzi + wangu ⇒ wenzangu
mwana + wangu ⇒ mwanangu / wana + wangu ⇒ wanangu
babangu / mamangu / dadangu / kakangu / babako / mamako / kakako / kakake

연결사 -a

주격 + a

연결사 '-a'는 기본적으로 '주격 + a'가 결합된 형태를 띠고, 앞에 나오는 단어가 속하는 부류에 따라 그 모양이 달라진다. 연결사 뒤에는 대체로 명사나 동사^{ku- 부정사}가 따라 나오지만, 부사나 서수^{cardinal number}가 올 수도 있다. 일반적으로 연결사 '-a' 뒤에 나오는 요소가 '-a' 앞에 나오는 요소를 꾸미는 역할을 한다.

명사 부류	단·복수 접두사	주격 접사	-a
m-wa	m-/mu- (단)	a- / yu-	wa
	wa- (복)	wa-	wa
m-mi	m-/mu- (단)	u-	wa
	mi- (복)	i-	ya
(ji)-ma	(ji)- (단)	li-	la
	ma- (복)	ya-	ya
ki-vi	ki-/ch- (단)	ki-	cha
	vi-/vy- (복)	vi-	vya
n	(n)- (단)	i-	ya
	(n)- (복)	zi-	za
u	u-/w- (단)	u-	wa
	n-/m-/ny-/∅ (복)	zi-	za
ku	ku-	ku-	kwa
pa-ku-mu	pa-	pa-	pa
	ku-	ku-	kwa
	m-	m-	mwa

연결사 -a

> 뒤에 명사가 따라 나오는 경우, 연결사 '-a'는 복합 명사를 만들거나 소유격 의미 '~의'로 해석하면 된다.

- shule ya msingi 초등 학교
- mtihani wa taifa 전국 시험 (전국적으로 모든 학생들이 보는 시험)
- chuo cha ufundi 직업 학교
- vituo vya daladala 달라달라 정류장들
- mtoto wa Rama 라마의 아이
- Baba wa Taifa 나라의 아버지 (건국의 아버지)
- gari la mwalimu mkuu 교장 선생님의 차

> 뒤에 동사가 따라 나오는 경우, 그 동사는 ku- 부정사의 형태가 되며 '~하는, ~할' 등의 의미로 해석하면 된다.

- chakula cha kula 먹을 음식
- nia ya kusoma 공부할 의지
- mtu wa kunisaidia 나를 도와줄 사람
- mkate wa kula 먹을 빵
- muda wa kutosha 충분한 기간
- duka la kuuza dawa 약을 판매하는 가게
- kisu cha kukatia nyama 고기를 자르는 칼
- vifaa vya kutengenezea gari 자동차를 고치는 공구들

> 연결사 뒤에 부사나 서수가 올 수도 있다.

- kazi ya nyumbani 숙제
- vitu vya ofisini 사무 용품
- samaki wa baharini 바다 물고기
- wanyama wa porini 야생 동물
- darasa la kwanza (초등학교) 1학년
- kidato cha pili (중등학교) 2학년
- Amechukua nafasi ya kwanza. 그녀는 1등을 했다.

> 연결사 뒤에 의미상 인칭대명사가 오면 소유격 형태로 바꿔서 쓴다.
> 그리고 'na + 인칭대명사'는 일반적으로 축약된 형태로 많이 쓴다.

연결사 + 인칭대명사	na + 인칭대명사/지시사
• nguo ya mimi ⇒ nguo yangu	• na + mimi ⇒ nami
• kitabu cha wewe ⇒ kitabu chako	• na + wewe ⇒ nawe
• mti wa yeye ⇒ mti wake	• na + yeye ⇒ naye
• gari la sisi ⇒ gari letu	• na + sisi ⇒ nasi
• matunda ya ninyi ⇒ matunda yenu	• na + ninyi ⇒ nanyi
• ufunguo wa wao ⇒ ufunguo wao	• na + wao ⇒ nao
• nyumbani kwa sisi ⇒ nyumbani kwetu	• na + hicho ⇒ nacho
• ofisini mwa wewe ⇒ ofisini mwako	• na + hivyo ⇒ navyo
• kwa ajili ya mimi ⇒ kwa ajili yangu	• na + hiyo ⇒ nayo
• badala ya yeye ⇒ badala yake	• na + hizo ⇒ nazo

V   연결사 -a

연결사가 여러 번 나올 경우, 그 연결사가 의미적으로 어느 단어와 연결되는지 파악한 다음 의미적으로 연결되는 그 단어에 맞게 연결사의 형태를 결정해야 한다.

Shirika la nyumba la taifa 국립 주택 공사

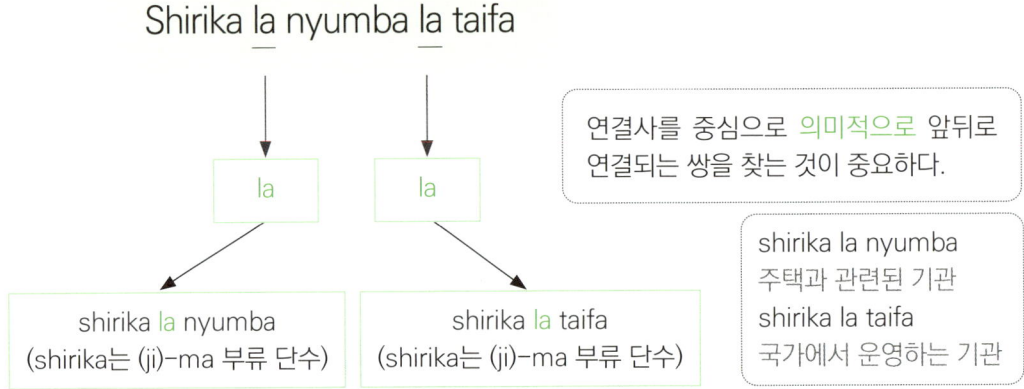

Mfuko wa taifa wa bima ya afya 국민 의료보험 기금

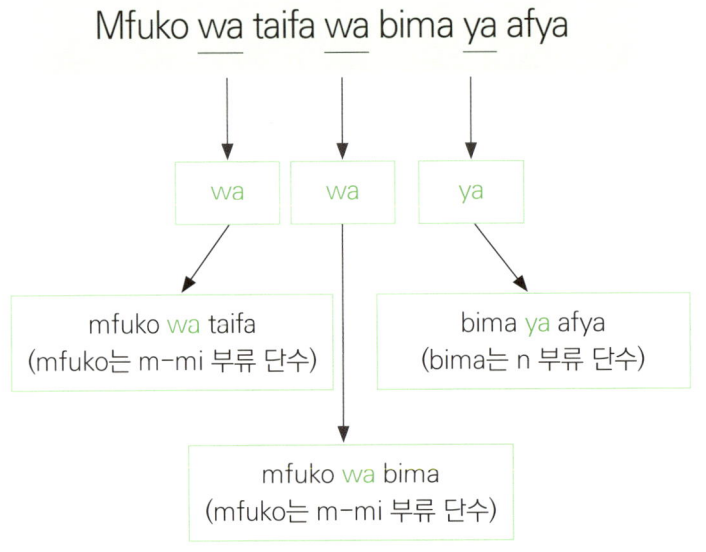

SARUFI YA KISWAHILI

Ofisi ya taifa ya ukaguzi wa hesabu za serikali 정부 회계 감사실

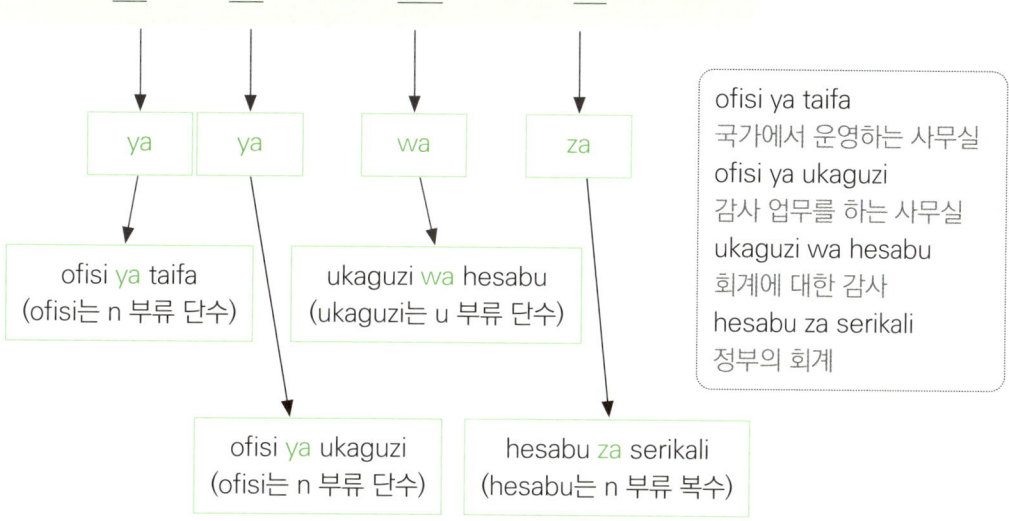

- Mpango wa ukaguzi wa awali kwa usafirishaji wa bidhaa utatekelezwa mwakani.
  제품에 대한 수출입 적합성 검사 계획은 내년에 실행될 것이다.

- Baraza la Haki za Binadamu la Umoja wa Mataifa leo limejulishwa kuhusu unyanyasaji wa watoto wa shule za msingi. 유엔인권이사회는 오늘 초등학교 학생들의 학대에 관한 보고를 받았다.

- Uboreshaji wa miundombinu ni njia mojawapo ya kufanikisha malengo ya serikali ya awamu ya tano. * 기간 시설의 개선은 5기 정부의 목표를 달성하는 방법 중 하나이다.

- Mzee huyo anakumbuka mahali pamojawapo palipoanza sanaa hii.
  그 노인은 이 예술 분야가 시작된 장소 중의 한 곳을 기억하고 있다.

Maelezo Zaidi

*-mojawapo는 '~중의 하나'라는 뜻으로 명사 부류에 따라 접두사의 모양이 달라진다.
·Juma ni mtu mmojawapo ambaye alilielewa hili. 주마는 이걸 이해했던 사람 중 한 명이다.
·Alikuwa mmojawapo wa wanafunzi 26 waliochaguliwa. 그녀는 26명의 선택된 학생 중 한 명이었다.
·Kitu kimojawapo kilichowagusa wanafunzi ni hiki. 학생들을 감동시킨 것 중의 하나는 이것이다.

지시사

이것/저것/그것

> '이(것)/저(것)/그(것)' 등의 의미를 표현하는 단어들을 지시사라 하는데, 지시사는 앞에 나오는 명사가 어느 부류에 속하느냐에 따라 그 모양이 달라진다. 문맥에 따라 지시형용사의 역할을 할 수도 있고 지시대명사의 역할을 할 수도 있다.

> 이, 이것 ("hi-/hu-/ha-" + "주격접사") : 화자 가까이 있는 사람이나 사물을 지칭할 때

이 지시사는 일정한 규칙에 따라 만들어진다. 접두사 'hi-/hu-/ha-'에 있는 모음과 '주격접사'에 들어있는 모음이 동일해야 한다. 예를 들면, m-mi 부류의 주격은 각각 'u-'와 'i-'이므로 각각 접두사 'hu-'와 'hi-'를 취하여 'huu'와 'hii'가 된다. (ji)-ma 부류의 주격은 각각 'li-'와 'ya-'이므로 각각 접두사 'hi-'와 'ha-'를 취하여 'hili'와 'haya'가 된다. m-wa 부류의 단수에서는 옛 주격 'yu-'를 취하여 'huyu'가 되고, 복수에서는 'wa-'를 취하여 'hawa'가 된다.

단수	뜻	복수	뜻
mtu huyu	이 사람	watu hawa	이 사람들
mti huu	이 나무	miti hii	이 나무들
yai hili	이 계란	mayai haya	이 계란들
kitu hiki	이 물건 / 이것	vitu hivi	이 물건들 / 이것들
nyumba hii	이 집	nyumba hizi	이 집들
ubao huu	이 판자	mbao hizi	이 판자들
kusoma huku	이 읽기		
mahali hapa		mjini huku		shimoni humu
이 장소(들)		이 도시에		이 동굴 안에

SARUFI YA KISWAHILI

> 저, 저것 ("주격접사" + "-le") : 화자와 멀리 떨어진 사람이나 사물을 지칭할 때

각 부류의 '주격'과 접미사 '-le'를 결합해서 만들 수 있다. 예를 들어, m-mi 부류의 단복수 주격이 'u-'와 'i-'이므로 각각 'ule'와 'ile'가 되고, (ji)-ma 부류의 단·복수 주격은 'li-'와 'ya-'이므로 각각 'lile'와 'yale'가 된다. m-wa 부류의 단수에서는 옛 주격 'yu-'를 취하여 'yule'가 되고, 복수에서는 'wa-'를 취하여 'wale'가 된다.

단수	뜻	복수	뜻
mtu yule	저 사람	watu wale	저 사람들
mti ule	저 나무	miti ile	저 나무들
yai lile	저 계란	mayai yale	저 계란들
kitu kile	저 물건 / 저것	vitu vile	저 물건들 / 저것들
nyumba ile	저 집	nyumba zile	저 집들
ubao ule	저 판자	mbao zile	저 판자들
kusoma kule	저 읽기		

nyumbani pale	mjini kule	shimoni mle
저 집에	저 도시에	저 동굴 안에

- Eti, ile pale ni nini? 이봐, 저기 저게 뭐지?
- Ulikula chakula kwenye gari lile kule? 너 저기 저 차에서 밥 먹었어?
- Kituo kile pale shusha! Mbona unanipitiliza! Shusha, bwana!
  저기 저 정류장에서 내려주세요! 아니 왜 지나치는 거예요! 내려달라니까요!
- Yale mle ndani yajibiwe. 저 안에 (들어) 있는 질문들은 답변이 필요하다.

VI 지시사

> 그, 그것 "hi-/hu-/ha-" + "-o" : 이전에 이미 언급된 사람이나 사물을 지칭할 때

지시사 '이(것)'과 동일한 규칙으로 지시사를 만든 다음, 그 단어에 들어간 주격을 빼내고 대신 그 자리에 관계 접사를 넣으면 된다. 예를 들면, m-mi 부류에서 지시사 '이(것)'을 만들면 각각 'huu'와 'hii'가 되는데, 여기에서 주격 'u'와 'i'를 떼어내고 그 자리에 관계 접사 'o'와 'yo'를 넣어 'huo'와 'hiyo'를 만들어내는 것이다. (ji)-ma 부류도 마찬가지로 'hili'와 'haya'에서 'li'와 'ya' 대신 'lo'와 'yo'를 넣으면 각각 'hilo'와 'hayo'가 된다. m-wa 부류 단수에서만 약간의 예외가 적용되어 'huyo'가 된다.*

단수	뜻	복수	뜻
mtu huyo	그 사람	watu hao	그 사람들
mti huo	그 나무	miti hiyo	그 나무들
yai hilo	그 계란	mayai hayo	그 계란들
kitu hicho	그 물건 / 그것	vitu hivyo	그 물건들 / 그것들
nyumba hiyo	그 집	nyumba hizo	그 집들
ubao huo	그 판자	mbao hizo	그 판자들
kusoma huko	그 읽기		

nyumbani hapo	mjini huko	shimoni humo
그 집에	그 도시에	그 동굴 안에

Maelezo Zaidi

*관계 접사의 형태에 관해서는 224페이지 표 참조.
단, m-wa 부류에서는 단수형 관계 접사가 'ye'이지만, 'ye'가 아닌 'yo'를 붙여 huyo가 된다. m-wa 부류의 복수형에서는 규칙이 그대로 적용되어 hao가 된다. 결론적으로 '그/그것'을 나타내는 지시사는 부류에 관계없이 모두 접미사 '-o'로 끝난다고 생각하면 된다.
huyu이 / yule저 / huyo그 (m-wa 부류 단수 관계 접사: ye)
hawa / wale / hao (m-wa 부류 복수 관계 접사: o)

※ 장소 관련 지시사 pa-ku-mu

구체적이고 특정한 장소		포괄적이고 불특정한 장소		어떤 장소의 내부	
hapa	여기	huku	여기	humu	이 안, 이곳 내부
pale	저기	kule	저기	mle	저 안, 저곳 내부
hapo	거기	huko	거기	humo	그 안, 그곳 내부

- Alisimama hapa. 그는 여기에 섰다.
  (분명하게 한 장소를 지정해서 일컬음)
- Watakuja huku. 그들은 여기로 올 것이다.
  (화자 주변의 장소를 뭉뚱그려서 일컬음)
- Aliingia humu. 그녀는 이 안으로 들어갔다.
  (화자 가까이 있는 장소의 내부를 일컬음)

- Simama pale. 저기에 서라.
  (분명하게 한 장소를 지정해서 일컬음)
- Ametoka kule. 그는 저기에서 나왔다.
  (화자가 지시한 장소의 주변을 뭉뚱그려서 일컬음)
- Aliingia mle. 그녀는 저 안으로 들어갔다.
  (화자가 지시한 장소의 내부를 일컬음)

- Tuliondoka hapo. 우리는 그곳에서 떠났다.
  (분명하게 한 장소를 지정해서 일컬음)
- Watakaa huko. 그들은 그곳에 머무를 것이다.
  (화자가 말하는 곳 주변을 뭉뚱그려서 일컬음)
- Umekula humo? 너는 그 안에서 먹었니?
  (화자가 말하는 장소의 내부를 일컬음)

의문사

누가/언제/어디서/무엇을/어떻게/왜?

의문문을 만들려면 문장 끝에 물음표를 붙이고 질문하듯이 끝을 올려주면 된다. 혹은 문장 속에 의문사를 넣어서 의문문을 만들 수도 있다. 의문의 뜻을 나타내는 의문사는 문맥에 따라 대명사의 역할을 하기도 하고, 형용사나 부사의 역할을 하기도 한다.

- Salama. 평안해요. → Salama? 평안해요?
- Mzima. 건강해요. → Mzima? 건강해요?
- Anaondoka kesho. 그녀는 내일 떠나요. → Anaondoka kesho? 그녀는 내일 떠나요?
- Hajaja. 그녀는 (아직) 안 왔어. → Hajaja? 그녀는 (아직) 안 왔어?
- Unafanya nini sasa? 너 지금 뭐 해?

nani : 누구

- Nani amekufundisha Kiswahili? 누가 너에게 스와힐리어를 가르쳐주었니?
- Wamekuja nani? 누가(복수) 왔어? *
- Unaitwa nani? 네 이름이 뭐니?
- Nimwone nani? 제가 누구를 만나볼까요?
- Unaongea na nani? 넌 누구랑 이야기하고 있니?
- Nani atatusaidia? 누가 우리를 도와줄거죠?

Maelezo Zaidi

*문맥상 nani는 주어지만 동사 뒤로 보낼 수 있다.

SARUFI YA KISWAHILI

> lini : 언제

lini는 보통 동사 뒤에 나온다. 오늘 일어나는 일에 대해서는 lini를 쓰지 않는다. 즉, 내일부터 시작해서 미래의 일이거나, 어제부터 시작해서 과거의 일을 표현할 때 lini를 쓴다. 동작이 일어났거나 일어날 시점이 오늘인 경우에는 lini 대신 'saa ngapi'를 쓴다.

- Utarudi lini? 넌 언제 돌아올거야?
- Alikuja lini nyumbani? 그는 집에 언제 왔지?
- Unaondoka lini? 너는 언제 떠나니?*
- Ilikuwa lini tulipokutana Kigoma? 우리가 키고마에서 만났을 때가 언제였지?
- Watamaliza kukarabati shule hii lini? 그들은 이 학교 보수 (공사)를 언제 끝마칠까?
- Lini utaweza kunisaidia? 언제 넌 나를 도와줄 수 있는데?*
- Mtakunywa chai saa ngapi? 너희들은 몇 시에 차를 마실거니?*
- Tutafika Nairobi saa ngapi? 우리는 나이로비에 몇 시에 도착하죠?*

Maelezo Zaidi

*떠나는 시점이 내일 이후임을 암시함

*lini를 강조하기 위해 앞으로 보냄

*차를 마시는 시점이 오늘일 것으로 전제하고 질문했기 때문에 lini가 아닌 'saa ngapi'를 씀

*나이로비에 도착하는 시점이 오늘일 것으로 생각하고 질문했기 때문에 lini가 아닌 'saa ngapi'를 씀

VII. 의문사

wapi : 어디 *

- Umetoka wapi? 너 어디 갔다 오는 거니?
- Tutakutana wapi? 우리는 어디서 만날까?
- Mwalimu yuko wapi? 선생님은 어디 계시니?
- Wapi ni kuzuri kwa ajili ya sherehe yetu? 우리 축하 행사를 위해 어디가 좋아요?
- Unaishi wapi? 넌 어디에 살아?
- Amejenga nyumba yake wapi? 그는 집을 어디에 지었니?

nini : 무엇 *

- Umenunua nini leo? 너는 오늘 무엇을 샀니?
- Amekuja kufanya nini hapa? 그는 여기에 뭐하러 왔니?
- Walikuambia nini jana? 그들은 너에게 어제 뭐라고 말했니?
- Nini unataka? 네가 원하는 것이 뭐니?*
- Unajua nimesoma nini? 너 내가 뭘 공부했는지 알아?

Maelezo Zaidi

*wapi의 축약형으로 '-pi'가 있는데, '-pi'는 동사 뒤에 결합된 형태로 사용된다.
  예) Ametokapi? 그는 어디서 왔지?

*nini의 축약형으로 '-ni'가 있는데, '-ni'는 동사 뒤에 결합된 형태로 사용된다.
  예) Analiani? 그는 뭣 때문에 울지?

*문맥상 nini는 목적어지만 강조하기 위해 문장 앞으로 보낼 수 있다.

SARUFI YA KISWAHILI

> -je / vipi : 어떻게

-je는 동사 뒤에 접미사 형태로 결합되어 나오고, vipi는 독립적인 부사 형태로 쓰인다.

- Ulijuaje? 너 어떻게 알았어?
- Amekujaje? 그녀는 어떻게 왔어?
- Unaendeleaje na masomo? 공부는 어때요?
- Nitaendaje Dodoma? 저 도도마 어떻게 가죠?
- Tufanyeje sasa? 우리 이제 어떻게 하지?
- Unaonaje? 네가 보기엔 어때?
- Yukoje? 그녀는 어떻지?*
- Chakula hiki kinatengenezwaje? 이 음식은 어떻게 만들어지나요?
- Nikusaidie vipi? 제가 당신을 어떻게 도와드릴까요?*
- Utanisaidia vipi? 당신은 저를 어떻게 도와줄거죠?
- Ataileta vipi? 그는 그것을 어떻게 가져올까요?
- Mambo vipi? (하시는) 일들은 어때요? / Hali vipi? 상태는 어때요?
- Je, atafika kesho? 그는 내일 도착해요?*
- Je, umemaliza? 너 끝냈어?
- Kahawa, je? 커피는요?*
- Na wewe, je? 당신은요?

Maelezo Zaidi

*생김새가 어떤지, 혹은 건강이 어떤지 묻는 질문이다.
*vipi는 독립적인 부사 역할 '어떻게'
*'Je'가 문장의 맨 앞에 오면 의문문임을 표시함
*'je'가 독립적으로 문장 끝에 오면 '~는 어때요?'라는 의미가 됨

VII 의문사

> kwa nini / mbona : 왜 *

- Kwa nini unasoma Kiswahili? 왜 스와힐리어를 공부해요?
- Kwa nini unampenda? 당신은 왜 그녀를 좋아해요?
- Sijui kwa nini hajafika. 왜 그가 (아직) 도착하지 않았는지 모르겠어요.
- Kwa nini hukunipigia simu jana? 어제 왜 저에게 전화하지 않았어요?
- Mbona umechelewa sana? (도대체) 왜 그렇게 늦었어?
- Mbona hujaniambia hicho? (도대체) 왜 나에게 그걸 이야기하지 않았어?
- Mbona kazi hii haijamalizika bado? (도대체) 왜 이 일이 아직도 안 끝났지?

> gani : 무슨, 어떤 *

gani는 형용사로서 그 앞에 반드시 수식할 명사가 나와야 한다.

- Anafanya kazi gani? 그는 무슨 일을 하나요?
- Utakula chakula gani? 당신은 무슨 음식을 먹을 건가요?
- Nikusaidie kitu gani? 제가 당신을 위해 어떤 것을 도와줄까요?
- Niambie huyu ni mtu gani. 이 사람이 어떤 사람인지 나에게 말해주세요.
- Unapenda masomo gani? 넌 무슨 과목을 좋아해?

Maelezo Zaidi

*mbona는 kwa nini와 같은 의미로 쓰이지만, 그 안에 따지거나 질책하는 의미를 내포하고 있다. kwa nini의 축약형으로 'kwani'가 있는데, '왜' 또는 '왜냐하면'의 의미로 쓰인다.
예) Kwani ameondoka? 왜 그녀는 떠났지?

*케냐에서는 gani가 형용사가 아닌 대명사로 사용되어 nini 대용으로 쓰기도 한다.
탄자니아: Nini hiyo 그건 뭐죠? / Unapenda nini? 넌 뭘 좋아해?
케냐: Gani hiyo? 그건 뭐죠? / Unapenda gani? 넌 뭘 좋아해?

> -ngapi : 몇 (개), 몇 (명)

-ngapi는 수식하는 명사가 속한 부류에 따라 호응 변화를 일으킨다.

- Watu wangapi wamejeruhiwa? 몇 사람이 다쳤나요?
- Wamefaulu wanafunzi wangapi? 몇 명의 학생이 합격했어요?
- Umepanda miti mingapi? 너 나무 몇 그루 심었어?
- Amenunua maembe mangapi? 그는 망고를 몇 개 샀어요?
- Umesoma vitabu vingapi? 너 책 몇 권 읽었어?
- Sahani ngapi zinahitajika? 접시가 몇 개 필요하죠?

> -pi : 어느 (것), 어느 (사람)

-pi는 그 앞에 주격 접사가 결합된 형태로 사용되므로, 명사 부류에 따라 그 모양이 달라진다. pa-ku-mu 부류와 -pi가 결합한 형태는 거의 사용되지 않는다.

명사 부류	단·복수 접두사	주격 접사	-pi
m-wa	m-/mu- (단)	a- / yu-	yupi
	wa- (복)	wa-	wepi/wapi
m-mi	m-/mu- (단)	u-	upi
	mi- (복)	i-	ipi
(ji)-ma	(ji)- (단)	li-	lipi
	ma- (복)	ya-	yapi
ki-vi	ki-/ch- (단)	ki-	kipi
	vi-/vy- (복)	vi-	vipi

VII 의문사

명사 부류	단·복수 접두사	주격 접사	-pi
n	(n)- (단)	i-	ipi
	(n)- (복)	zi-	zipi
u	u-/w- (단)	u-	upi
	n-/m-/ny-/∅ (복)	zi-	zipi
ku	ku-	ku-	kupi
pa	∅	pa-	papi
ku	∅	ku-	kupi
mu	∅	m-	mupi

- Utamchagua yupi? 당신은 어떤 사람을 선택할 건가요?
- Miti ipi ni mizuri kwetu? 어느 나무들이 우리에게 좋지?
- Tusome kitabu kipi? 우리 어느 책을 읽을까?
- Vijiji vipi vimechaguliwa? 어느 마을들이 선택되었나요?
- Nyumba ipi ni ya kwenu? 어느 집이 너희 집이야?
- Nguo zipi zimechafuka? 어느 옷들이 더러워졌어?
- Unataka kununua gari lipi? 당신은 어느 차를 사고 싶은가요?
- Maua yapi yatapandwa hapa? 여기에 어느 꽃들을 심을 건가요?
- Mahali papi panavutia? 어느 곳이 매력적인가요?

부사 / 전치사 / 접속사

형용사나 동사를 수식하는 역할 / 조사 역할 / 두 개의 단어나 문장을 연결

> 부사는 형용사를 수식하거나 동사를 수식하는 역할을 한다.

⚙ **Huyu ni mtu mzuri sana.** 이 사람은 아주 좋은 사람이다.

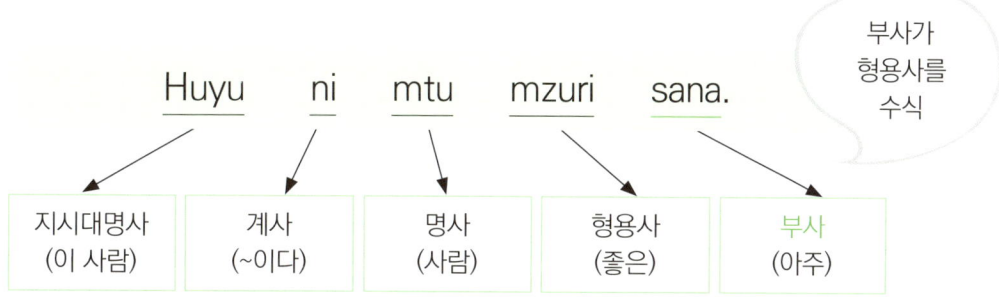

이 문장에서 'sana'는 앞서 나온 형용사 'mzuri'를 수식한다.

⚙ **Huyu anakupenda sana.** 이 사람은 너를 아주 좋아한다.

이 문장에서 'sana'는 앞서 나온 동사 '-penda'를 수식한다.

VIII 부사 / 전치사 / 접속사

> 전치사는 명사 앞에 위치하여 그 명사와 의미적으로 밀접하게 연결되고, 문장 전체를 보면 명사와 결합하여 그 문장의 동사를 수식한다.* 전치사는 우리말의 조사와 비슷한 역할을 한다고 보면 된다.

⚙️ **Kata kwa kisu.** 칼로 잘라라.

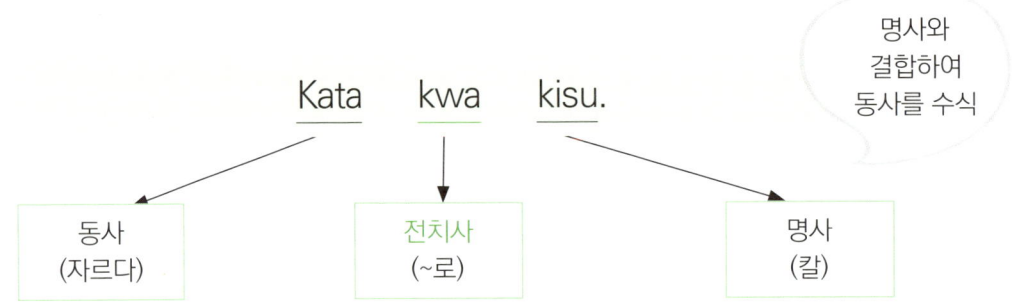

이 문장에서 'kwa'는 뒤에 오는 명사와 결합하여 도구나 수단의 의미를 표현한다.

⚙️ **Alizaliwa katika nyumba hii.** 그녀는 이 집에서 태어났다.

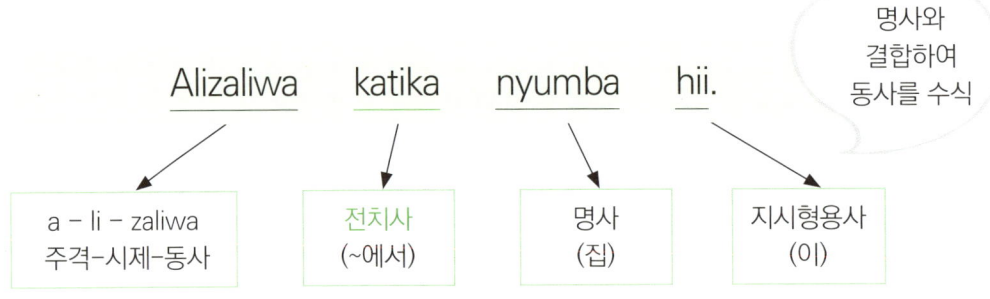

이 문장에서 'katika'는 뒤에 오는 명사와 결합하여 장소의 의미를 표현한다.

Maelezo Zaidi

*전치사 뒤에는 단순히 명사뿐만 아니라 명사 상당어구, 즉, 명사, 대명사, ku 부정사 등도 올 수 있다.
· Hicho ni kikwazo kikubwa katika kufanikisha lengo letu.
  그것은 우리의 목표를 달성하는 데 있어서 커다란 장애물이다.

SARUFI YA KISWAHILI

> 접속사는 두 개의 단어, 구, 문장을 이어주는 역할을 한다.

⚙ Unataka maji au soda? 물을 원하세요, 음료수를 원하세요?

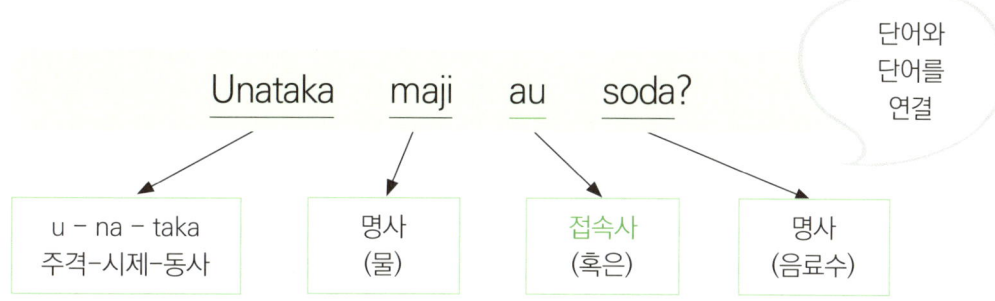

이 문장에서 'au'는 'maji'와 'soda'라는 두 개의 단어를 연결하는 역할을 한다.

⚙ Nimemsaidia kwenye matatizo lakini hana shukrani.
그가 어려울 때 내가 도와줬지만, 그는 고마움을 모른다.

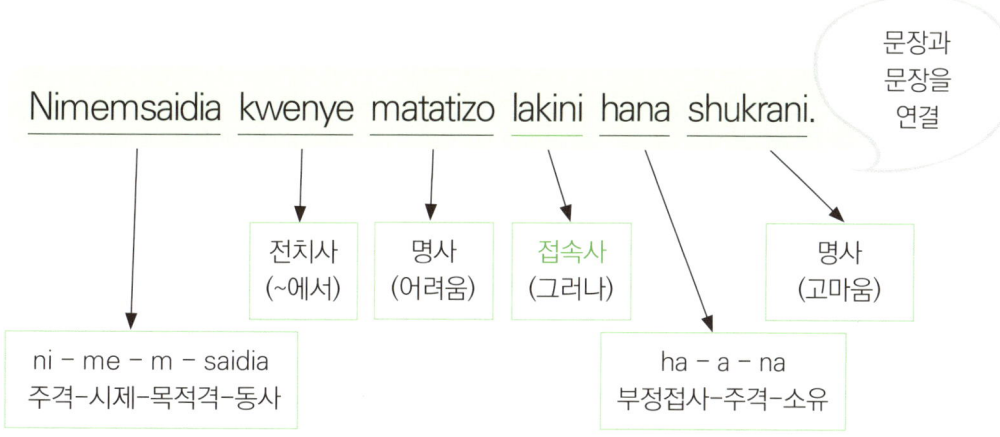

이 문장에서 'lakini'는 'nimemsaidia kwenye matatizo'라는 문장과 'hana shukrani'라는 두 개의 문장을 연결하는 역할을 한다.

211

부사 / 전치사 / 접속사

> 부사나 전치사, 접속사는 그 형태가 변하는 것이 아니므로, 문장 내에서 그 위치가 어딘지만 파악하면 어렵지 않게 쓸 수 있다. 대체로 부사는 수식하는 형용사나 동사의 뒤에 위치하고, 전치사는 명사 앞에 위치하며, 접속사는 이어주는 두 단어 혹은 문장 사이에 위치한다.

- Ameumia vibaya mno. 그는 아주 심하게 다쳤다.
- Ninafanya kazi kutoka saa mbili mpaka saa kumi. 나는 8시부터 4시까지 일한다.
- Tulirudi mapema kwa sababu tulikuwa tumechoka. 우리는 피곤해서 일찍 돌아왔다.

부사/전치사/접속사	뜻	부사/전치사/접속사	뜻
aghlabu	주로, 보통, 대체로	alimradi	~하는 한, ~을 조건으로
ama	혹은, 또는	au	혹은, 또는
baadaye	나중에, 뒤에	bado	아직, 여전히
bali	그 반대로, 도리어	basi	됐어요, 그건 그렇고, 그러면
bila	~없이	bure	공짜로, 쓸데없이
chali	등을 아래로(눕다)	chini	아래에
endapo	만약 ~할 경우에	ghafla	갑자기
hadi	~까지	hakika	확실히, 정말로
halafu	그리고 나서, 나중에	haraka	빨리, 서둘러서
hasa	특히, 정확히 말하면	hata	~까지, ~만이라도
hivi	이렇게, 이런 식으로, 대략	hivyo	그렇게, 그런 식으로
huku	~하면서	hususan	특히, 각별히
ijapo	~이긴 하지만	ijapokuwa	~이긴 하지만
ikiwa	만약 ~하면	ila	~을 제외하고

부사/전치사/접속사	뜻	부사/전치사/접속사	뜻
ilhali	그와 반대로, ~이지만	ili	~하기 위하여
ilimradi	만약 ~하면	ingawa	~에도 불구하고
isipokuwa	~를 제외하고	isitoshe	더군다나, 그 위에
iwapo	~하면, ~이면	jana	어제
juu	위에	juzi	그제
kabisa	완전히, 철저히	kabla	~하기 전에(뒤에 부정문이 옴)
kama	~처럼, 만약, 대략, ~쯤	kamwe	전혀/절대로(~하지 않다)
karibu	가까이, 거의	kasoro	~이 부족한, ~을 제외한
katika	~에, ~에서	katikati	한가운데에, 중앙에
kesho	내일	kiasi	어느 정도, 적당히
kidogo	조금, 약간	kienyeji	함부로, 아무렇게나, 현지식으로
kifudifudi	얼굴을 아래로, 엎드려서	kimoyomoyo	마음속으로
kimya	조용히	kinaganaga	상세히, 명확하게
kisha	그리고 나서, 그 뒤에	kisirisiri	비밀리에
kulia	오른쪽(으로)	kuliko	~보다
kuhusu	~에 대하여	kumbe	그런데, 오오, 아
kushoto	왼쪽(으로)	kusudi	일부러, ~하기 위해서
kutoka	~로부터	kuwa	~하다는 것, ~라는 것
kwa	~로, ~을 위해, ~를 사용해서	kwamba	~하다는 것, ~라는 것
kwani	왜냐하면, ~이므로, 그래서	kweli	정말로, 진짜로
kwenye	~에, ~에서	labda	아마도, 어쩌면
laiti	~했다면, ~라면	lakini	그러나, 하지만
leo	오늘	makusudi	일부러, 고의로

VIII 부사 / 전치사 / 접속사

부사/전치사/접속사	뜻	부사/전치사/접속사	뜻
mapema	일찍, 빨리	mbali	멀리
mbele	앞에	mbio	빠르게, 날쌔게
mbona	왜, 뭣 때문에	mfululizo	계속하여, 연속해서
mno	아주, 매우, 지나치게	mpaka	~까지
mradi	~하는 한, ~을 조건으로	mwishowe	마침내, 결국
na	~와, ~에 의해서	ndani	안에
nje	밖에	nyuma	뒤에
ovyo	아무렇게나, 부주의하게	pamoja	함께
pekupeku	맨발로	pengine	아마도, 다른 곳에서, 때로는
pia	역시, 또한	polepole	천천히, 주의 깊게
sana	매우, 아주	sasa	지금
sawa	좋아요, 그래요; 같은, 동등한	sawasawa	같은, 동등한; 좋아요, 그래요
sikuzote	항상	tangu	~이래로, ~이후로
taratibu	천천히, 조심스럽게, 순서대로	tena	다시, 또
toka	~부터, ~이래로	tokea	~부터, ~이래로
tu	단지, 그냥, ~밖에	upesi	빠르게, 서둘러
upya	새롭게	vibaya	나쁘게, 서투르게, 대단히, 매우
vigumu	어렵게, 힘들게	vilevile	또한, 역시, 똑같이
vinginevyo	그렇지 않으면	vipi	어떻게
vivyo	바로 그렇게, 정확히	vizuri	잘, 좋게, 적절하게
wala	~도 ~않다, ~이지 ~이 아니다	walakini	그러나, 하지만
yaani	즉, 다시 말해	yamkini	아마, 어쩌면
zaidi	더(~하다), ~이상으로	zamani	예전에, 옛날에

복합 부사·전치사·접속사	뜻	복합 부사·전치사·접속사	뜻
baada ya	~후에, ~뒤에	baada ya hapo	그 뒤에, 그 후에
badala ya	~대신에	bado kidogo	곧, 얼마 안 있어
baina ya	~의 사이에	bila kujali	부주의하게, ~을 신경쓰지 않고
bila shaka	의심할 여지없이, 틀림없이	bila ya	~없이
chini ya	~아래에, ~하에	dhidi ya	~에 대항하여, ~에 반대하여, ~에 거슬러
hadi kisogoni	(맛이나 즐거움을) 엄청나게(느끼다)	hata hivyo	그럼에도 불구하고, 그러나
hata kidogo	조금도(~않다)	hivi karibuni	최근에, 얼마 전에, 곧
juu ya	~위에, ~에 대하여	juu ya hayo	그것에 더해, 게다가
kabla ya	~에 앞서, ~하기 전에	kabla ya hapo	그 전에
kadiri -vyo-	~할수록, ~하는 만큼	kama kwamba	마치~처럼
kama vile	바로~처럼, ~와 같은	kana kwamba	마치~처럼
kando ya	~의 옆에	karibu na	~와 가까이
kati ya	~의 사이에	katikati ya	~의 중간에
kesho kutwa	모레	kesho yake	그 다음날
kila siku	매일	kisogoni pa	~의 뒤에
kulingana na	~에 따라서, ~에 준하여	kupita kiasi	지나치게, 과도하게
kutoka kwa	~에게서, ~로부터	kwa ajili ya	~를 위해, ~로 인하여
kwa bahati	운좋게도	kwa bidii	열심히
kwa ghafla	갑자기	kwa hali ilivyo	지금 형편으로는
kwa haraka	빨리, 서둘러	kwa hiari	자발적으로, 자유 의지로
kwa hima	빠르게, 신속히게	kwa hivyo	그래서, 그런 까닭에
kwa hiyo	그래서	kwa jumla	다 합하여, 전부

VIII 부사 / 전치사 / 접속사

복합 부사·전치사·접속사	뜻	복합 부사·전치사·접속사	뜻
kwa kasi	빠른 속도로	kwa kawaida	보통, 일반적으로
kwa kutumia	~를 사용하여	kwa kuwa	~때문에, ~이므로
kwa kweli	정말로, 진심으로	kwa maana	왜냐하면, ~이므로
kwa makini	주의깊게, 신중히	kwa makusudi	일부러, 고의적으로
kwa mfano	예를 들면	kwa miguu	걸어서
kwa mintarafu ya	~에 관해서, ~에 대해서	kwa mkopo	외상으로, 대부(貸付)로
kwa mkupuo	한번에	kwa moyo	마음으로, 진심으로
kwa mtazamo wangu	내 생각으로는, 내 견해로는	kwa muhtasari	요약하면, 요약해서
kwa mujibu wa	~에 따르면, ~에 의하면	kwa niaba ya	~을 대신하여, ~을 대표하여
kwa nini	왜	kwa sababu	왜냐하면
kwa sababu ya	~때문에, ~으로 인해	kwa sauti kubwa	큰 소리로
kwa shingo upande	마지못해	kwa siri	비밀리에, 몰래
kwa ufupi	간단히, 짧게	kwa ujumla	전체적으로, 다 합해서
kwa vile	~하므로, ~인 까닭에	licha ya	~에도 불구하고, ~은 차치하더라도
machoni pa	~의 앞에	mara kwa mara	때때로
mara moja	한번에, 한번만	mara nyingi	자주
mbali na	~와 멀리 떨어져	mbele ya	~의 앞에
mchana kutwa	낮 동안 내내	miongoni mwa	~의 사이에, ~중에서
moja kwa moja	곧장, 똑바로	moja moja	따로따로, 하나씩
mwaka jana	작년	mwaka juzi	재작년
mwaka kesho	내년	mwezi jana	지난 달
na kadhalika (n.k.)	…등등, …따위	ndani ya	~의 안에
nje ya	~의 바깥에	nyuma ya	~의 뒤에

복합 부사·전치사·접속사	뜻	복합 부사·전치사·접속사	뜻
pamoja na	~와 함께, ~에도 불구하고	pamoja na hayo	그것에 더해, 그럼에도 불구하고
papa hapa	바로 여기	papo hapo	바로 거기
peke yangu	나 혼자, 나만	peke yako	너 혼자, 너만
peke yake	그/그녀/그것 혼자	peke yetu	우리들만, 우리들끼리
peke yenu	너희들만, 너희들끼리	peke yao	그들만, 그들끼리
saa ile	아까, 조금 전에	sasa hivi	바로 지금
sawa na	~와 같은, ~와 동일한	siku hizi	요즘
siku ile	요전날, 일전에	siku nzima	하루 종일
tofauti na	~와 다른, ~와 다르게	ukingoni mwa	~의 가장자리에
usiku kucha	밤새도록	vivi hivi	바로 이렇게
vivyo hivyo	바로 그렇게	zaidi ya	~보다 더, ~보다 많이
zaidi ya hayo	그에 더해, 게다가	zamani za kale	옛날 옛적에

- Kujifunza Kiswahili si vigumu, bali ni rahisi. 스와힐리어를 배우는 것은 어렵지 않고, 오히려 쉽다.
- Ikiwa ana kitambulisho cha taifa, basi, yeye ni raia wa Tanzania.
  만약 그녀가 국가가 발행한 신분증을 갖고 있다면, 그렇다면 그녀는 탄자니아 국민이다.
- Je, nimevumilia bure? 그럼, 나 쓸데없이 참은 거야?
- Nchi hii haiko tayari endapo maambukizi yatakuwa mabaya zaidi.
  전염병이 더 심해질 경우 이 나라는 (그에 대비한) 준비가 되어 있지 않다.
- Aliongea maneno hayo huku akiwa anatazama chini. 그녀는 땅을 쳐다보면서 그렇게 말했다.
- Watu wote wamefika ila Juma. 주마를 제외하고 모든 사람이 도착했다.
- Iwapo unataka kujua nchi fulani jifunze lugha ya nchi hiyo kwanza.
  어떤 나라를 알고 싶으면 먼저 그 나라의 언어를 배워라
- Kito hiki ni haba, juu ya hayo ni ghali sana. 이 보석은 희귀한 데다, 매우 비싸다.

VIII 부사 / 전치사 / 접속사

- Nipigie simu kabla hujaondoka. 너 떠나기 전에 나에게 전화해라. ※ kabla 뒤에는 -ja- 부정문이 옴
- Anafanya mazoezi kabla hajaoga. 그는 샤워를 하기 전에 운동을 한다.
- Sijui kama anajua Kiswahili. 그가 스와힐리어를 아는지 모르겠다.
- Bei yake itakuwa kama shilingi elfu tano. 그것의 가격은 오천 실링 정도일 거예요.
- Wauguzi wameeleza hofu kuhusu ugonjwa huo. 간호사들이 그 병에 관한 두려움을 설명했다.
- Tembo wawili wamekwama kwenye matope. 코끼리 두 마리가 진흙에 빠졌다.
- Umefanya makusudi? 너 일부러 그랬지?
- Dereva aliendesha gari kwa masaa 12 mfululizo bila kupumzika.
  운전 기사는 쉬지 않고 12시간 연속으로 차를 운전했다.
- Akiongea asiongee, si shida mradi aje kikaoni.
  그가 회의에 오기만 한다면, 말을 하든 안 하든 문제가 되지 않는다.
- Umenitenda vibaya. 너는 나에게 나쁘게 행동했다.
- Anajua Kiswahili vibaya mno. 그녀는 스와힐리어를 정말 잘 안다.
- Kutoa ni moyo wala si utajiri. (뭔가를) 내놓는 것은 마음으로 하는 것이지 부자여서 하는 것이 아니다.
- Yamkini kulikuwepo uhasama wa kibiashara kati ya hawa wawili.
  이 두 사람 사이에는 아마도 사업적으로 원한이 있었던 것 같다.
- Wanapika chakula kwa kutumia gesi badala ya mkaa.
  그들은 숯 대신 가스를 사용하여 음식을 한다.
- Bila shaka atajua cha kufanya. 틀림없이 그녀는 뭘 해야 할지 알 것이다.
- Tumeshindwa katika vita dhidi ya ufisadi. 우리는 부패와의 전쟁에서 졌다.
- Hata hivyo, nakupenda sana. 그럼에도 불구하고, 난 당신을 많이 사랑해요.
- Unasemaje juu ya suala hili? 당신은 이 문제에 대해서 어떻게 생각하세요?
- Amenunua kiwanja kutoka kwa rafiki yake. 그는 친구로부터 땅을 샀다.
- Kwa mujibu wa habari kwenye televisheni, kuna maandamano makali nchini Ethiopia.
  텔레비전 뉴스에 따르면, 에티오피아에 과격한 시위가 있다고 한다.
- Alitoa salamu za rambirambi kwa niaba ya shirika hilo. 그녀는 그 기관을 대표하여 애도를 표했다.
- Licha ya kukosa sukari, hata mchele haupatikani. 설탕은 말할 것도 없고, 쌀도 구할 수가 없다.

SARUFI YA KISWAHILI

- Visa vya ukosefu wa ajira miongoni mwa vijana vinazidi kuongezeka.
청년들 가운데 실업하는 경우가 점점 늘고 있다.
- Pamoja na yote uliyomweleza hakuamini. 네가 설명한 모든 것에도 불구하고 그는 믿지 않았다.
- Huyu ni tofauti na watu wengine. 이 사람은 다른 사람들과 다르다.

> ki-vi 부류 접사가 명사나 형용사와 결합하여 부사를 만들 수도 있다. ki-가 붙으면 속성을, vi-가 붙으면 방식을 표현하게 된다.

- Kutembea kijeshi 군인처럼 걷기
- Kusema kitoto 아이처럼 말하기
- Kuvaa kisasa 현대식으로 입기
- Kuishi kizungu 유럽식으로 살기
- Kuwaza kimapinduzi 혁명적으로 사고하기
- Fedha zimetumika kienyeji. 돈이 함부로 사용되었다.*
- Waliumia vibaya. 그들은 심하게 다쳤다.
- Alisoma vizuri. 그는 잘 읽었다.
- Si vigumu kujifunza Kiswahili. 스와힐리어를 배우는 것은 어렵지 않다.
- Fanya hivi. 이렇게 하세요.
- Andika hivyo. 그렇게 쓰세요.

Maelezo Zaidi

*-enyeji를 활용한 단어가 아래와 같이 여러 의미로 사용될 수 있다.
kuku wa kienyeji 토종닭 / mayai ya kienyeji 토종 계란 / kuku wa kisasa 양계 / mayai ya kisasa 양계 계란 / dawa za kienyeji 전통 방식의 약 / tiba ya kienyeji 전통적인 치료법 / pombe ya kienyeji 집에서 만든 술 / mwenyeji 주민, 거주인 / wenyeji mwenyeji의 복수형

명사 부류 호응

※ 주격 접사, 연결사 '-a', 지시사, 소유격의 호응(일치)

명사 부류	주격접사	-a	hi-/hu-/ha- + 주격접사 (이)	주격접사 +"-le" (저)	hi-/hu-/ha- +"-o" (그)
m-wa	a-/yu-	wa	huyu	yule	huyo
	wa-	wa	hawa	wale	hao
m-mi	u-	wa	huu	ule	huo
	i-	ya	hii	ile	hiyo
(ji)-ma	li-	la	hili	lile	hilo
	ya-	ya	haya	yale	hayo
ki-vi	ki-	cha	hiki	kile	hicho
	vi-	vya	hivi	vile	hivyo
n	i-	ya	hii	ile	hiyo
	zi-	za	hizi	zile	hizo
u	u-	wa	huu	ule	huo
	zi-	za	hizi	zile	hizo
ku	ku-	kwa	huku	kule	huko
pa-ku-mu	pa-	pa	hapa	pale	hapo
	ku-	kwa	huku	kule	huko
	m-	mwa	humu	mle	humo

SARUFI YA KISWAHILI

-angu (나의)	-ako (너의)	-ake (그/그녀의)	-etu (우리들의)	-enu (너희들의)	-ao (그들의)
wangu	wako	wake	wetu	wenu	wao
wangu	wako	wake	wetu	wenu	wao
wangu	wako	wake	wetu	wenu	wao
yangu	yako	yake	yetu	yenu	yao
langu	lako	lake	letu	lenu	lao
yangu	yako	yake	yetu	yenu	yao
changu	chako	chake	chetu	chenu	chao
vyangu	vyako	vyake	vyetu	vyenu	vyao
yangu	yako	yake	yetu	yenu	yao
zangu	zako	zake	zetu	zenu	zao
wangu	wako	wake	wetu	wenu	wao
zangu	zako	zake	zetu	zenu	zao
kwangu	kwako	kwake	kwetu	kwenu	kwao
pangu	pako	pake	petu	penu	pao
kwangu	kwako	kwake	kwetu	kwenu	kwao
mwangu	mwako	mwake	mwetu	mwenu	mwao

명사 부류 호응

※ 주격 접사, 의문사 '-pi', 일반형용사, 특수형용사의 호응(일치)

명사 부류	주격접사	-pi	형용사 일치	
			자음시작 형용사	모음시작 형용사
m-wa	a-/yu-	yupi	m-	mw-
	wa-	wepi/wapi	wa-	we- / wa-
m-mi	u-	upi	m-	mw-
	i-	ipi	mi-	my- / mi-
(ji)-ma	li-	lipi	(ji)-	j-
	ya-	yapi	ma-	me- / ma-
ki-vi	ki-	kipi	ki-	ch- / ki-
	vi-	vipi	vi-	vy- / vi-
n	i-	ipi	n- / m- / ∅	ny-
	zi-	zipi	n- / m- / ∅	ny-
u	u-	upi	m-	mw-
	zi-	zipi	n- / m- / ∅	ny-
ku	ku-	kupi	ku-	kw-
pa-ku-mu	pa-	papi	pa-	pe- / pa-
	ku-	kupi	ku-	kw-
	m-	mupi	m-	mw-

-ingi (많은)	-ingine (다른)	-ote (모든)	-o-ote (어떤 …라도)	-enye (…을 가진)	-enyewe (그 자체, 스스로)
mwingi	mwingine	∅	yeyote	mwenye	mwenyewe
wengi	wengine	sote / nyote / wote	wowote	wenye	wenyewe
mwingi	mwingine	wote	wowote	wenye	wenyewe
mingi	mingine	yote	yoyote	yenye	yenyewe
jingi (lingi)	lingine (jingine)	lote	lolote	lenye	lenyewe
mengi	mengine	yote	yoyote	yenye	yenyewe
kingi	kingine	chote	chochote	chenye	chenyewe
vingi	vingine	vyote	vyovyote	vyenye	vyenyewe
nyingi	nyingine	yote	yoyote	yenye	yenyewe
nyingi	nyingine	zote	zozote	zenye	zenyewe
mwingi	mwingine	wote	wowote	wenye	wenyewe
nyingi	nyingine	zote	zozote	zenye	zenyewe
kwingi	kwingine	kote	kokote	kwenye	kwenyewe
pengi	pengine	pote	popote	penye	penyewe
kwingi	kwingine	kote	kokote	kwenye	kwenyewe
mwingi	mwingine	m(w)ote	mom(w)ote	mwenye	mwenyewe

IX 관계사 구문

동사 구문이 앞에 나오는 명사를 꾸밀 수 있도록 해준다

> 스와힐리어에서 관계사는 동사 구문이 앞에 나오는 명사를 꾸밀 수 있도록 해주는 접사이다. 그 의미는 '~하는' 또는 '~인'이 된다. 관계사도 명사 부류에 따라 그 형태가 달라진다. 관계사 구문을 만드는 방법은 3가지가 있다.

1. 관계사의 호응(일치)

명사 부류	단·복수 접두사	주격 접사	목적격 접사	-a	관계사
m-wa	m-/mu- (단)	a- /yu-	-m-	wa	-ye-
	wa- (복)	wa-	-wa-	wa	-o-
m-mi	m-/mu- (단)	u-	-u-	wa	-o-
	mi- (복)	i-	-i-	ya	-yo-
(ji)-ma	(ji)- (단)	li-	-li-	la	-lo-
	ma- (복)	ya-	-ya-	ya	-yo-
ki-vi	ki-/ch- (단)	ki-	-ki-	cha	-cho-
	vi-/vy- (복)	vi-	-vi-	vya	-vyo-
n	n- (단)	i-	-i-	ya	-yo-
	n- (복)	zi-	-zi-	za	-zo-
u	u-/w- (단)	u-	-u-	wa	-o-
	n-/m-/ny-/∅ (복)	zi-	-zi-	za	-zo-
ku	ku-	ku-	-ku-	kwa	-ko-
pa-ku-mu	pa-	pa-	-pa-	pa	-po-
	ku-	ku-	-ku-	kwa	-ko-
	m-	m-	-m-	mwa	-mo-

SARUFI YA KISWAHILI

2. 기본 관계사 구문 (-na-, -li-, -taka-)

기본 관계사 구문은 관계사가 동사 앞에 접사 형태로 결합하고, 올 수 있는 시제가 '-na-(현재)', '-li-(과거)', '-taka-(미래)'로 제한되어 있다. 가장 일반적인 형태의 관계사 구문으로, '주격+시제+관계사+목적격+동사'의 구조를 가진다. 부정문은 시제 -na-, -li-, -taka-를 떼어내고 그 자리에 부정 접사 '-si-'를 넣으면 된다. 긍정문에서는 3가지 시제로 구분이 되지만, 부정문에서는 시제 자리에 모두 '-si-'가 들어가기 때문에 시제를 파악하기 어려우므로 문맥을 통해 시제를 파악해야 한다.

- Nampenda mvulana yule anayecheza mpira pale.
  나는 저기 축구를 하고 있는 저 소년을 좋아한다.
- Msichana yule anayekuja ni mpenzi wangu.
  저기 오고 있는 소녀는 내가 사랑하는 사람이다.
- Mtu yule aliyeniuzia kitu hiki ni mwizi.
  나에게 이 물건을 판 저 사람은 도둑놈이다.
- Nimeijibu barua iliyofika jana.
  나는 어제 도착한 편지에 답장을 했다.
- Watoto watakaosoma kitabu hiki watafurahi sana.
  이 책을 읽을 아이들은 매우 기뻐할 것이다.
- Chakula kilichotutosha kilikuwa kitamu.
  우리에게 충분했던 그 음식은 맛있었다.
- Kitu hiki ni nilichokitaka kujua jana.
  이것이 내가 어제 알고 싶어 했던 것이다.
- Ndizi zilizoiva zitauzwa sokoni kesho.
  다 익은 바나나는 내일 시장에서 팔 것이다.
- Nani aliyesema hivi? 이렇게 말한 사람이 누구지?
- Nani wanaoongea? 이야기하고 있는 사람들이 누구지?

관계사 구문

- Watu wasiokuja kazini jana waende kwa bosi.
  어제 일하러 오지 않은 사람들은 사장님께 가게 해라.
- Watu wasiokuja kazini leo wasipate fedha yao.
  오늘 일하러 오지 않은 사람들은 돈을 받지 못하게 해라.
- Watu wasiokuja kazini kesho watapata shida.
  내일 일하러 오지 않는 사람들은 곤란을 겪을 것이다.
- Weka pale miti hii isiyofaa! 쓸모없는 이 나무들을 저기에 놓아라!
- Uchakavu na vumbi lililokuwa limejaa ndani ya magari hayo ni mambo yaliyoanza kudhoofisha nia ya safari yangu.
  그 차들 안에 가득 쌓인 먼지와 낡은 모습이 나의 여행 의지를 약화시키기 시작한 것들이다.
- Uliona maua jinsi yalivyokuwa mazuri? 꽃들이 얼마나 예쁜지 봤어? *
- Ndivyo itakavyokuwa. 바로 그렇게 될거야.*
- Kama wazee wanavyosema, "Elfu huanzia moja." *
  노인들이 말하는 것처럼, "천리 길도 한걸음부터 시작한다."
- Nionyeshe jinsi ulivyoiba hicho. 네가 그것을 훔친 방법을 나에게 보여주라. *
- Hivyo sivyo ninavyokung'uta mkeka! 난 그런 식으로 돗자리를 털지 않아! *
- Mzee asiyenijua amenipigia simu. 나를 알지 못하는 노인이 나에게 전화를 했다.
- Popote ninaposimama, matope yananisumbua sana.
  내가 서 있는 곳마다 진흙 때문에 아주 괴롭다.
- Hatujui alikokwenda. 우리는 그가 간 곳을 모른다.
- Hatujui alipoviweka. 우리는 그가 그것들을 놓아둔 곳을 모른다.

Maelezo Zaidi

*본래 -vyo-는 ki-vi 부류의 복수형을 받는 관계사로 쓰이지만, 방법이나 방식, 정도를 나타내는 jinsi나 kama, kadiri 등의 단어와도 함께 사용된다. 관계사 -vyo-가 이렇게 방법이나 방식, 정도를 나타내는 의미로 쓰일 때는 아예 선행사 없이 사용되기도 한다.

· Kadiri anavyokutenda vibaya jitahidi kumtendea vizuri.
  그가 너에게 나쁘게 대할수록 그에게 좋게 대하려고 노력해라.
· Ninavyoona atachelewa leo. 내가 보기에 오늘 그는 늦을 것 같다.

SARUFI YA KISWAHILI

- Hatujui alimoingia. 우리는 그가 들어간 곳을 모른다.
- Je, wamepata maji nyumbani walimokula? 그들은 음식을 먹은 집에서 물을 얻었니?
- Twataka kujenga kanisa hapa mjini tunapokaa. 우리는 우리가 살고 있는 이 도시에 교회를 짓고 싶다.
- Kule mjini anakokwenda kuna watu wengi. 그가 가는 그 도시에는 사람들이 많다.
- Aliponiona aliniamkia. 그는 나를 보자 나에게 인사를 했다.*
- Simba anapolia, tunaogopa sana. 사자가 울부짖을 때, 우리는 아주 무섭다.
- Nitampa kisu chake nitakapomwona. 내가 그를 보면 그에게 그의 칼을 주겠다.

> 선행사*가 때나 장소를 나타내는 경우에는 비록 그 선행사가 다른 명사 부류에 속한다고 해도 관계사 -po-를 사용할 수 있다.

- Siku askari watakapoandamana, nitakaa tu nyumbani.
  경찰들이 시위하는 날에는 난 그냥 집에 있을 것이다.
- Hali ilipotulia nikatoka nje. 상태가 진정되자, 나는 밖으로 나갔다.

- mwaka uliopita 지나간 해 ⇒ 작년, 지난해   ※ mwaka jana 작년 / mwaka juzi 재작년
- mwezi uliopita 지나간 달 ⇒ 지난달   ※ mwezi jana 지난달
- wiki iliyopita 지나간 주 ⇒ 지난주
- Jumapili iliyopita 지나간 일요일 ⇒ 지난 일요일

Maelezo Zaidi

*-po-는 원래 장소를 나타내는 관계사지만 그 의미가 시간을 표현하는 것으로 확장되었다. 장소를 나타내는 말이 시간의 의미로 확장되는 것은 많은 언어에서 일반적으로 나타나는 현상이다. 하지만, 이런 의미 확장은 pa-ku-mu 부류 중 -po-에서만 나타나고 -ko-나 -mo-는 시간의 의미로 쓰이지 않는다.

*선행사는 동사 구문 앞에 위치하여 그 동사 구문의 수식을 받는 명사나 명사 상당어구를 말한다.

관계사 구문

3. 'amba-' 관계사 구문

'amba-' 관계사 구문은 관계사가 동사와 분리되어 선행사와 동사 사이에 위치한다. 그리고 관계 접사는 항상 'amba-' 뒤에 결합된 형태로 나온다. 영어의 관계사 구문과 비슷한 구조를 보인다. 'amba-' 관계사 구문은 동사와 분리되어 있으므로 뒤에 나오는 동사 구문은 기본 관계사 구문과 같은 제약이 없어 모든 시제를 다 표현할 수 있다. 'amba-' 관계사 구문의 부정문 역시 앞서 배운 시제별 부정 표현을 써서 부정할 수 있으므로, 부정문에서도 대부분의 시제를 다 표현할 수 있다.

- Mtu ambaye anakuja 오고 있는 사람
- Watu ambao wanakuja 오고 있는 사람들
- Mtu ambaye atakuja 올 사람
- Mtu ambaye amekuja 온 사람
- Mtu ambaye alikuja 왔던 사람
- Mtu ambaye haji 오지 않는 사람
- Watu ambao hawaji 오지 않는 사람들
- Mtu ambaye hatakuja 오지 않을 사람
- Mtu ambaye hajaja (아직) 오지 않은 사람
- Mtu ambaye hakuja 오지 않았던 사람
- Mtu ambaye lazima aje 와야 하는 사람
- Watu ambao lazima waje 와야 하는 사람들
- Mtu ambaye lazima asije 오지 말아야 하는 사람
- Watu ambao lazima wasije 오지 말아야 하는 사람들
- Mimi ambaye nilikuja 왔던 나
- Wewe ambaye ulikuja 왔던 너
- Sisi ambao tulikuja 왔던 우리들
- Ninyi ambao mlikuja 왔던 너희들

SARUFI YA KISWAHILI

- Mti ambao umeanguka 쓰러진 나무

- Viti ambavyo vilivunjika jana 어제 부서진 의자들

- Mzungu ambaye ana watoto wawili 아이 둘을 가진 유럽인

- Hamisi ambaye alinunua vitu jana 어제 물건들을 샀던 하미시

- Vitu ambavyo alivinunua Hamisi jana 어제 하미시가 샀던 물건들
  (= Vitu ambavyo Hamisi alivinunua jana.)

- Watu ambao niliwaona 내가 보았던 사람들

- Mimi ambaye waliniona 그들이 보았던 나

- Wale ambao watakwenda Moshi, wataona mlima wa Kilimanjaro.
  모시에 가는 사람들은 킬리만자로 산을 볼 것이다.

- Tunawangoja wageni ambao hawajaja bado.
  우리는 아직 오지 않은 손님들을 기다리고 있다.

- Kazi ambayo sikuifanya jana lazima niifanye leo.
  내가 어제 하지 않은 일을 오늘 반드시 해야 한다.

- Wamelima shamba zuri ajabu ambalo sisi tuliolitazama hatujawahi kuona maishani mwetu.
  그 밭을 본 우리가 우리 평생에 본 적이 없는 그런 놀랍고 멋진 밭을 그들은 경작했다.

- Tulitembelea kijiji ambacho sifa yake imeenea nchini kote.
  우리는 그 명성이 전국적으로 퍼져있는 마을을 방문했다.

- Wanakijiji wamejenga ghala ambayo ndani yake watahifadhi nafaka.
  마을 주민들은 안에 곡식을 저장할 수 있는 창고를 지었다.

- Hawa ndio watu ambao tulisoma habari zao katika gazeti.
  이 사람들이 바로 우리가 신문에서 읽었던 그 사람들이다.

- Hili ni gari ambalo kwalo twaweza kusafirisha mazao.
  이것은 우리가 농작물을 운반할 수 있는 차이다.

- Viazi ambavyo ulivinunua jana ni vibovu. 어제 네가 산 감자들은 좋지 않은 것들이다.

- Mizigo ambayo ilifika jana ni yangu. 어제 도착한 짐들은 내 것이다.

- Mzee alimwuliza mtoto ambaye alikuwa akipita huko.
  노인은 거기를 지나가고 있던 아이에게 물었다.

관계사 구문

4. 포괄적 관계사 구문

포괄적 관계사 구문은 관계사가 동사 뒤에 접사 형태로 결합한다. '주격+(목적격)+동사+관계사'의 구조를 가진다. 포괄적 관계사 구문에는 시제가 들어가지 않는다. 그러므로 문맥을 통해 그 시제를 파악해야 한다. 부정문을 만들고 싶다면, 앞서 설명한 두 가지 관계사 구문의 부정문 형태로 만들어야 한다. 포괄적 관계사 구문에는 관용적인 표현이 많다.

- **Simba aliaye kila siku anakula kila kitu.** 매일 울부짖는 그 사자는 뭐든지 먹어치운다.
- **Mwalimu afundishaye watoto wale anapenda kuimba.**
  저 아이들을 가르치는 선생님은 노래 부르는 걸 좋아한다.
- **Siku zijazo zitakuwa na mvua nyingi.** 앞으로 며칠간 비가 많이 내릴 것이다.
- **Mkutano utaanza Jumanne ijayo.** 모임은 다음 화요일에 시작될 것이다.
- **Vijana wasiofanya kazi wanahangaika mjini.** 일을 하지 않는 젊은이들이 시내에서 배회한다.
- **Nguo zibakizo zimechukuliwa na mama.** 남아 있던 옷들은 어머니가 가져갔다.
- **Nguo zisizobaki zimechukuliwa na mama.** 남아 있지 않은 옷들은 어머니가 가져갔다.
- **Tupande miti kadiri tuwezavyo.** 우리가 할 수 있는 만큼 나무를 심자.*

Maelezo Zaidi

*kadiri가 관계사 -vyo-와 함께 사용되면 '~하는 만큼' 혹은 '~할수록'이라는 의미가 된다. 특히 'kadiri -vyo-, ndivyo -vyo-'의 형태로 사용되면 '(더) ~할수록, (더) ~하다'라는 뜻으로 해석할 수 있다. 구어체에서는 kadiri 대신 kadri가 사용되기도 한다.

· Rais ameahidi kufanya juhudi kadiri awezavyo kwa ajili ya taifa na wananchi wake.
  대통령은 국가와 국민을 위해서 할 수 있는 노력을 다하겠다고 약속했다.
· Lengo langu lilikuwa kutembelea nchi nyingi kadiri iwezekanavyo.
  내 목표는 가능한 많은 나라를 여행하는 것이었다.
· Thamani ya nyumba itaongezeka kadiri muda upitavyo.
  시간이 흐를수록 집의 가치는 올라갈 것이다.
· Kadiri tulivyo na mali zaidi, ndivyo tulivyo na tamaa nyingi zaidi.
  우리는 가진 것이 많아질수록 더 많은 욕심을 갖게 된다.
· Kadiri siku zilivyopita ndivyo maisha yao yalivyoendelea kukumbwa na matatizo.
  날이 갈수록 그들의 삶은 계속 어려움에 부딪혔다.

- Nionavyo mimi hatakuja. 내가 보기에 그는 오지 않을 것이다.

- Fanya kama utakavyo. 네가 원하는 대로 해라.

- Kokote uendako, niko pamoja nawe. 당신이 가는 곳마다 난 당신과 함께 있어요.

- Vyovyote upendavyo, unaweza kufanya hivyo. 어떤 식이든 네가 좋아하는 대로 할 수 있다.

- Mtu awaye yote atakayekiuka sheria hiyo, atahukumiwa nayo.
 그 법을 어기는 사람은 누구든지 그 법에 의해 심판을 받을 것이다.

- Watu wawao wote wasumbukao na kuteseka kwa neno liwalo lote, uwaponye na kuwafariji.
 어떤 말이든지 그 말로 (인해) 힘들어하고 고통받는 사람들은 누구라도 당신께서 치료하고 위로해 주십시오.

- Hakujishughulisha na aina iwayo yote ile ya ufisadi.
 그는 어떤 형태로도 부정부패에 자신을 연루시키지 않았다.

- Sababu ziwazo zote, kiwango cha uhalifu mjini kinaendelea kukua.
 어떤 이유에서건, 도시에서 범죄율이 계속 늘어나고 있다.

- Amenisaidia nisiongozwe na tamaa ziwazo zote zilizoko hapa duniani.
 그녀는 내가 이 세상에 있는 어떤 욕망에도 끌려다니지 않도록 도와주었다.

- mwaka ujao 다가올 해 ⇒ 내년　　　※ mwaka kesho 내년
- mwezi ujao 다가올 달 ⇒ 다음달　　※ mwezi kesho 다음달
- wiki ijayo 다가올 주 ⇒ 다음주
- Jumatano ijayo 다가올 수요일 ⇒ 다음 수요일

5. 주격접사 + '- li -' + 관계사 구문

관계사 구문 중 '주격+'-li-'+관계사' 형태의 구문이 종종 나타난다. 이는 포괄적 관계사 구문의 일종으로, 중간에 들어있는 '-li-'는 과거시제의 '-li-'가 아니라 자체적으로 계사(~이다/있다)의 의미를 갖는다. 부정문은 중간의 '-li-'를 떼어내고 그 자리에 부정 접사 '-si-'를 넣으면 된다.

- Mwite mtu aliye mganga. (전통) 의사인 사람을 불러라.

관계사 구문

- Sisi tulio wageni hapa, hatujui njia. 이곳에 처음 온 우리는 길을 모른다.
- Usilete mizigo iliyo mizito. 무거운 짐들은 가지고 오지 마라.
- Maduka yaliyo Dar es Salaam ni mazuri kabisa. 다르에스살람에 있는 상점들은 정말 좋다.
- Ukisoma kwa taa zisizo kali, utaharibu macho. 어두운 전등 아래서 공부하면 눈이 나빠진다.
- Watu wasio wanachama hawawezi kuingia. 회원이 아닌 사람들은 들어갈 수 없다.
- Usinywe maji yasiyo safi. 깨끗하지 않은 물은 마시지 마라.
- Ulete vipofu walio na macho, viziwi walio na masikio.
  눈이 있어도 소경이요 귀가 있어도 귀머거리인 백성을 이끌어 내라.
- Amesema anafanya kazi asiyo na ujuzi nayo.
  그는 자신이 잘 알지 못하는 일을 하고 있다고 말했다.
- Onyesha ulicho nacho. 당신이 가진 것을 내보이시오.
- Hivi ndivyo Tanzania ilivyo. 이게 바로 탄자니아야.
- Hivyo ndivyo tulivyo, sivyo? 그게 바로 우리 모습이지, 안 그래?
- popote ulipo 당신이 있는 곳 어디든지
- popote uendapo 당신이 가는 곳 어디든지
- vitu vyote vilivyomo 그 안에 있는 모든 것들
- kwa mujibu wa taarifa iliyopo 현재 있는 정보에 따르면
- ukiacha waliopo hapa 여기에 있는 사람들을 제외하고
- wasionacho 무산자들, 갖지 못한 사람들
- wasioweza 힘없는 사람들
- yaliyomo 목차
- Maarifa yaliyomo ndani ya kitabu yathibitishwe kabla ya kuchapishwa.
  책 안에 있는 정보는 출판하기 전에 검증되어야 한다.
- Njia ya mkono wa kulia ni njia ya kutumiwa kwa kupita gari lile lililoko mbele yako, ukishapita urudi kushoto. 우측 차선은 네 앞에 있는 차를 추월하기 위해 사용하는 것이니, 추월한 후에는 왼쪽 (차선)으로 돌아가라.

6. 복합시제와 관계사 구문

시제가 두 개 이상으로 이루어진 복합시제 구문에서 관계사는 계사 '-wa'가 포함되어 있는 문장에 들어간다.

- Mtoto huyu amemsumbua kaka yake aliyekuwa akisoma kitabu.
  이 아이는 책을 읽고 있는 형/오빠를 귀찮게 했다.

- Alitulia na kusikiliza kwa makini kila neno alilokuwa analizungumza babu yake.
  그녀는 할아버지가 이야기한 모든 말을 얌전히 집중해서 들었다.

- Swali alilokuwa anaulizwa alishindwa kulijibu.
  그는 질문받은 것을 대답하지 못했다.

- Amenusurika kifo baada ya gari lake alilokuwa akisafiria kupata ajali.
  그는 타고 가던 자동차가 사고가 났지만 가까스로 죽음을 모면했다.

- Risasi nyingi zilirushwa ila hakuna hata moja iliyolipata gari alilokuwa anaendesha.
  수많은 총알이 발사되었지만, 그 중의 한발도 그가 운전하던 차를 맞히지 못했다.

- Kisu na kijiko vilivyokuwa vimetumika vilikuwa vya chuma cha pua. *
  사용되었던 칼과 수저는 스테인리스였다.

Maelezo Zaidi

*서로 다른 명사부류에 속하는 2개 이상의 명사가 주어로 사용될 경우, 주격접사 vi-로 받거나 주격접사와 가까운 쪽에 있는 명사와 호응을 한다. 때때로 주격접사 zi-가 사용되기도 한다.

· Maji pamoja na jua vinapatikana kwa wingi. 햇볕과 물은 풍부하다.
· Mafuta na sukari ni muhimu lakini vinahitajika kwa kiasi kidogo mwilini.
기름과 당이 중요하긴 하지만 몸에서는 적은 양만 필요로 한다.
· Ina vyumba vinne, umeme na maji vinapatikana, ulinzi na usalama ni wa kutosha.
방이 4개 있고, 전기와 물 사용 가능하며, 경비와 안전도 확실합니다.
· Meza na kiti kinakusubiri. 탁자와 의자가 당신을 기다리고 있습니다. (물건 판매시)
· Matangazo yote na taarifa zinapatikana hapa. 모든 발표와 정보는 여기에서 얻을 수 있다.
· Mazungumzo yamemalizika bila mwafaka juu ya mageuzi na hatua za kubana matumizi, ambavyo viliwekwa na wakopeshaji kama sharti la kupewa mkopo mpya wa kuinusuru nchi hiyo isifilisike.
그 국가의 파산을 막기 위해 지원하는 신규 차관을 받는 조건으로 채권자들이 제시한 개혁과 지출 제한 조치에 대해 합의점을 찾지 못하고 회담이 끝났다.

Tanzania Nakupenda Kwa Moyo Wote

Tanzania Tanzania
Nakupenda kwa moyo wote
Nchi yangu Tanzania
Jina lako ni tamu sana
Nilalapo nakuota wewe
Niamkapo ni heri mama wee
Tanzania Tanzania
Nakupenda kwa moyo wote

Tanzania Tanzania
Ninapokwenda safarini
Kutazama maajabu
Biashara nayo makazi
Sitaweza kusahau mimi
Mambo mema ya kwetu kabisa
Tanzania Tanzania
Nakupenda kwa moyo wote

Tanzania Tanzania
Watu wako ni wema sana
Nchi nyingi zakuota
Nuru yako hakuna tena
Na wageni wakukimbilia
Ngome yako imara kweli wee
Tanzania Tanzania
Heri yako kwa mataifa

Tanzania Tanzania
Karibu wasio kwao
Wenye shida na taabu
Kukimbizwa na walowezi
Tanzania yawakaribisha
Mpigane kiume chema wee
Tanzania Tanzania
Mola awe nawe daima

탄자니아 탄자니아
온 마음으로 너를 사랑해
나의 나라 탄자니아
네 이름은 정말 달콤하구나
잠이 들면 난 네 꿈을 꾸고
잠에서 깨면 평화가 가득해
탄자니아 탄자니아
온 마음으로 너를 사랑해

탄자니아 탄자니아
여행을 갈 때면
놀라운 광경을 보고
활발한 경제와 매력적인 삶의 모습
난 잊을 수가 없을 거야
우리나라의 정말 좋은 것들
탄자니아 탄자니아
온 마음으로 너를 사랑해

탄자니아 탄자니아
너의 사람들은 참 좋구나
많은 나라들이 너를 꿈꾸고
너처럼 빛나는 건 어디에도 없구나
손님들이 너에게 달려가고
너의 요새는 정말 단단하구나
탄자니아 탄자니아
너는 모두가 부러워할 축복이구나

탄자니아 탄자니아
집 떠난 사람들 환영해요
어려움과 고난이 있는 사람들
식민자들에게 쫓기는 사람들
탄자니아는 여러분을 환영해요
여러분 힘내서 싸우세요
탄자니아 탄자니아
신께서 영원히 너와 함께 하기를

동사의 파생

I. 동사의 파생
II. 지향형
III. 수동형
IV. 상태형
V. 사역형
VI. 재귀형
VII. 상호형

I 동사의 파생

모음 '-i-' 또는 '-e-' 삽입 규칙

> 스와힐리어 동사는 그 어간의 앞이나 뒤에 어떤 형태소*가 결합하느냐에 따라 문법적으로나 의미적으로 변화를 일으키게 된다. 동사 어간의 앞쪽에 결합하는 요소로는 주격, 시제, 목적격, 관계사 등의 접사가 있는데, 이는 '문장의 구조' 부분에서 이미 자세히 설명하였다. 여기에서는 동사 어간의 뒤쪽에 형태적인 변화가 생김으로써, 그 동사의 의미가 어떻게 변하는지 살펴보고자 한다. 스와힐리어에서는 동사 어간의 앞쪽에 일어나는 변화를 동사의 굴절이라고 하고, 동사 어간의 뒤쪽에 일어나는 변화를 동사의 파생이라고 한다. 동사의 파생에서 공통적으로 적용되는 규칙이 하나 있는데, 바로 아래와 같이 모음 '-i-' 또는 '-e-' 삽입 규칙이다.

> 끝에서 두 번째 모음이 "a, i, u"이면 "i" 삽입
>
> 끝에서 두 번째 모음이 "e, o"이면 "e" 삽입

즉, 동사 원형에서 끝에서 두 번째 모음이 '-a-'나 '-i-'나 '-u-'이면 동사 어미 '-a' 앞에 '-i-'를 삽입하고, 끝에서 두 번째 모음이 '-e-'나 '-o-'이면 동사 어미 '-a' 앞에 '-e-'를 삽입하는 것이다.

Maelezo Zaidi

*'뜻을 가진 가장 작은 말의 단위'를 형태소라 한다.

SARUFI YA KISWAHILI

- k<u>a</u>ta 자르다
뒤에서 두 번째 모음이 '-a-'임
→
- kat<u>i</u>a ~에게 잘라주다
'-i-'가 삽입됨

- and<u>i</u>ka 쓰다
뒤에서 두 번째 모음이 '-i-'임
→
- andik<u>i</u>a ~에게 쓰다
'-i-'가 삽입됨

- ge<u>u</u>ka 돌다
뒤에서 두 번째 모음이 '-u-'임
→
- geuk<u>i</u>a ~에게로 돌다
'-i-'가 삽입됨

- l<u>e</u>ta 가져오다
뒤에서 두 번째 모음이 '-e-'임
→
- let<u>e</u>a ~에게 가져오다
'-e-'가 삽입됨

- s<u>o</u>ma 읽다
뒤에서 두 번째 모음이 '-o-'임
→
- som<u>e</u>a ~에게 읽어주다
'-e-'가 삽입됨

지향형

-ia, -ea, -lia, -lea (~에게, ~를 위해, ~에, ~로)

> 동사 어간 뒤에 '-i-'나 '-e-'가 결합하면 그 동사의 의미가 달라지게 된다. 본래의 동사 뜻에 '~에게, ~를 위해, ~에, ~로' 등의 의미가 더해지는데, 대체로 방향성을 띠기 때문에 이를 지향형이라고 부른다. 두 개의 연속된 모음으로 끝나는 동사는 자음 '-l-'이 추가되어 '-li-'나 '-le-'의 형태로 결합하게 된다.

> 끝에서 두 번째 모음이 "-a-, -i-, -u-"일 경우 동사 어미 "-a" 앞에 "-i-"를 삽입한다.

- pata 얻다
뒤에서 두 번째 모음이 '-a-'임
→ - patia ~에게 얻게 해주다
'-i-'가 삽입됨

- anguka 넘어지다
뒤에서 두 번째 모음이 '-u-'임
→ - angukia ~로 넘어지다
'-i-'가 삽입됨

원형	뜻	지향형	뜻
-amka	일어나다, 깨다	-amkia	~에게 인사하다
-andika	쓰다	-andikia	~에게 쓰다
-anguka	넘어지다, 떨어지다	-angukia	~에 넘어지다, ~에 떨어지다
-chemsha	끓이다, 데우다, 요리하다	-chemshia*	~를 위해 끓이다/데우다
-fika	도착하다	-fikia	~에 도착하다 (구체적인 장소와 함께 쓰임)
-fuata	따르다, 따라가다	-fuatia	추격하다

SARUFI YA KISWAHILI

원형	뜻	지향형	뜻
-geuka	돌다, 방향을 바꾸다, 변하다	-geukia	~에게로 돌다, ~를 향해 돌다
-hama	~로부터 이사하다/옮기다	-hamia	~로 이사하다/옮기다
-kata	자르다	-katia	~에게 잘라주다
-kunja	접다, 접어 포개다	-kunjia	~를 위해 접어주다
-nuka	(좋지 않은) 냄새가 나다	-nukia	(좋은) 냄새가 나다
-paa	벗기다, 긁어내다	-palia	잡초를 제거하다
-pata	얻다, 구하다	-patia	~에게 구해주다, ~에게 주다 ~를 위해 얻게 해주다
-pita	지나가다	-pitia	~를 지나가다, ~에 들르다
-ruka	뛰어오르다, 날다	-rukia	~에게 덤벼들다, ~를 공격하다, ~에게 날아가다
-simama	멈추다, 일어서다	-simamia	~를 지켜보며 서있다, ~를 감독하다
-teremka	내리다, 내려가다	-teremkia*	~로/~에게 내리다, ~로/~에게 내려가다
-teremsha	내리게 하다, 내려주다	-teremshia*	~에게 ~을 내려주다
-tuma	보내다	-tumia	~에게 보내다, ~을 사용하다

- Aliandika barua. 그는 편지를 썼다.

- Aliniandikia barua. 그는 나에게 편지를 썼다. ※ Aliniandika barua. (X)

- Mpatie mtoto kalamu. 아이에게 펜을 주어라.

- Nikupikie chakula? 제가 당신에게 음식을 해드릴까요?

- Tuchemshie maji. 우리에게 물을 끓여주세요.

- Alinikunjia kitambaa hiki vibaya. 그녀는 나에게 이 천을 엉망으로 접어주었다.

- Nilimpigia simu jana. 나는 어제 그에게 전화를 했다.

II 지향형

- Nataka uniuzie unga. 저는 당신이 저에게 (옥수수/밀)가루를 팔기를 원합니다.
- Simba alimrukia mtoto. 사자가 아이에게 덤벼들었다.
- Watu walihama hapa, wakahamia Tanga. 사람들은 여기를 떠나서 탕가로 옮겨갔다.
- Vitu hivi vinavyooza vinanuka sana; lakini majani ya mti huu yananukia vizuri.
  썩고 있는 이것들은 냄새가 심하게 난다; 하지만 이 나무의 잎들은 좋은 향이 난다.
- Geukeni, watoto, mnigeukie. 애들아 돌아라, 나를 향해 돌아라.

끝에서 두 번째 모음이 "-e-, -o-"일 경우 동사 어미 "-a" 앞에 "-e-"를 삽입한다.

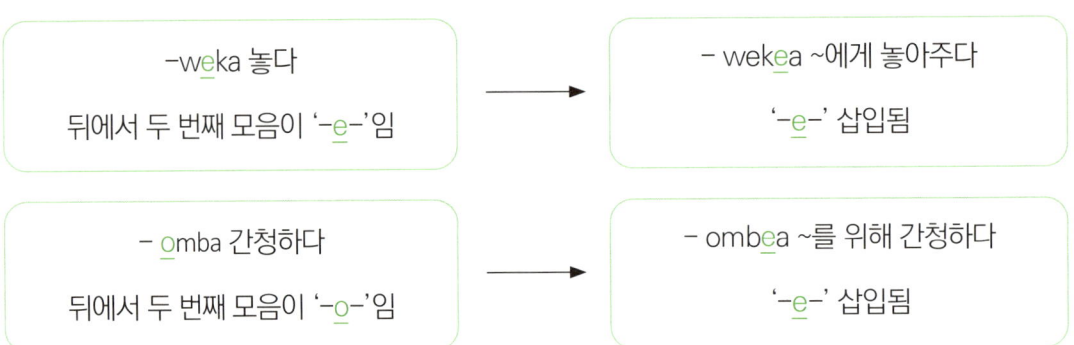

원형	뜻	지향형	뜻
-enda	가다	-endea	~에게 가다
-kosa	실수하다, 잘못하다	-kosea	잘못 계산해서 틀리다
-leta	가져오다	-letea	~에게 가져오다
-ngoja	기다리다	-ngojea	(일정 시간 동안) 기다리다, (인내를 가지고) 기다리다
-omba	~에게 간청하다/기도하다	-ombea	~를 위해 간청하다/기도하다

SARUFI YA KISWAHILI

원형	뜻	지향형	뜻
-soma	읽다	-somea	~에게 읽어주다
-tenda	~에게 (나쁘게) 대하다/행동하다	-tendea	~에게 (좋게) 대하다/행동하다
-weka	놓다	-wekea	~를 위해 놓다

- Nitaleta vitabu. 내가 책들을 가져오겠다.
- Nitakuletea vitabu. 내가 너를 위해 책들을 가져오겠다. ※ Nitakuleta vitabu. (X)
- Tuwekee chakula. 우리에게 음식을 갖다 주세요.
- Umekosea hapa. 너 여기가 틀렸구나.
- Tutakuombea Mungu. 우리가 당신을 위해 하나님께 기도하겠습니다.
- Amenitenda mabaya, lakini amemtendea mema ndugu zangu.
  그는 나에게 안 좋게 대했지만, 내 형제들에게는 잘 대해주었다.

> 2개의 연속된 모음으로 끝나는 동사는 동사 어미 "-a" 앞에 "-li-"나 "-le-"를 삽입한다.

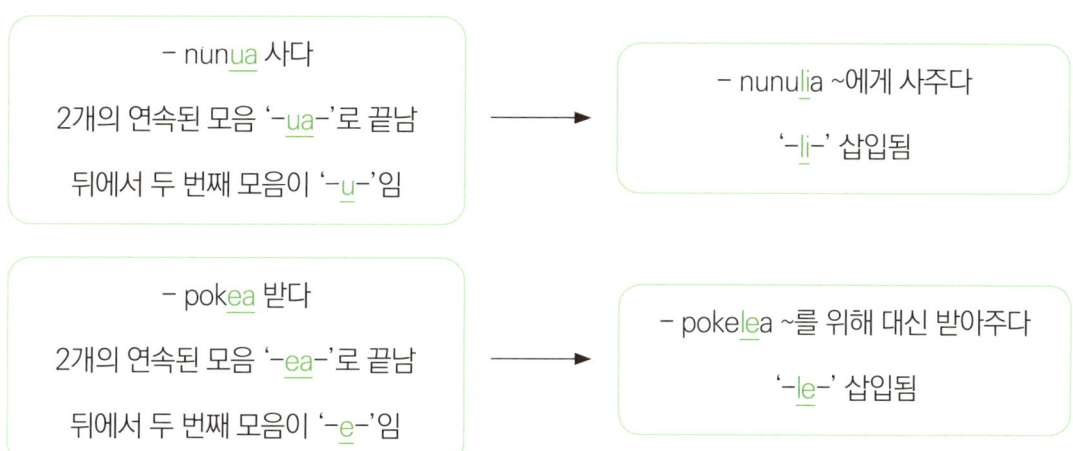

II 지향형

원형	뜻	지향형	뜻
-chukua	가져가다, 취하다, (시간이) 걸리다	-chukulia	~를 위해 가져가다
-faa	유용하다, 적합하다, 충분하다	-falia	~에게 적합하다/충분하다
-fagia	쓸다, (먼지)를 털다	-fagilia	~를 위해 쓸다/털다
-ingia	들어가다	-ingilia	끼어들다, 간섭하다
-kimbia	뛰어가다, 달아나다	-kimbilia	~에게로 뛰어가다, ~에게로 달아나다
-lea	기르다, 양육하다	-lelea	~를 위해 양육하다
-lia	울다	-lilia	~로 인하여 울다, ~를 애도하다
-nunua	사다, 구입하다	-nunulia	~에게 사주다, ~를 위해 구입하다
-ondoa	없애다, 제거하다	-ondolea	~를 위해 없애다/제거하다
-pokea	받다	-pokelea	~를 위해 받다
-toa	꺼내다, 내놓다	-tolea	~에게서 가져가다/없애다, ~를 위해 꺼내다/내놓다
-ua	죽이다	-ulia	~를 위해 죽이다
-zaa	(아이를) 낳다, (열매를) 맺다	-zalia	~에게 (아이를) 낳아주다; ~와의 사이에서 (아이를) 낳다

- Ninunulie mkate. 나에게 빵을 사주세요.

- Utufungulie mlango huu. 우리에게 이 문 좀 열어주세요.

- Mchukulie barua hii Bwana Lee. 이선생님에게 이 편지를 갖다 주세요.

- Mtoto amekimbia; amemkimbilia baba yake. 아이가 달아났다; 그는 아빠에게 달려갔다.

- Amekwenda mjini kunipokelea zawadi yangu. 그는 나를 대신하여 내 선물을 받으러 시내에 갔다.

- Wengine huchagua kuzalia hospitalini au katika kituo cha afya.
  다른 사람들은 병원이나 보건소에서 출산하는 것을 택한다.

원형	1차 변화 (지향형)	2차 변화 (수동형)
-sahau 잊다, 잊어버리다	→ -sahaulia 거의 사용되지 않음	→ -sahauliwa 잊혀지다
-dharau 경멸하다, 무시하다	→ -dharaulia 거의 사용되지 않음	→ -dharauliwa 멸시/무시 당하다

- Hivi sasa barabara zinaboreshwa, lakini mtembea kwa miguu amesahauliwa kabisa.
  요즘 도로 상태가 나아지고 있지만, 보행자는 전혀 고려되지 않았습니다.
- Aliogopa kusahauliwa na kudharauliwa. 그는 잊혀지고 무시당하는 것이 두려웠다.
- Mwanamke amedharauliwa kiasi cha kutothaminiwa katika jamii.
  여성은 공동체 내에서 (전혀) 존중받지 못할 정도로 무시당했다.
- Mawazo yote mazuri yamedharauliwa. 좋은 생각들이 모두 무시되었다.

> 동사 어미가 "-i"나 "-u"인 동사는 "-ia"로, "-e"인 동사는 "-ea"로 바꾼다.

원형	뜻	지향형	뜻
-rudi	돌아오다, 돌아가다	-rudia	~에게 돌아오다/돌아가다
-jibu	대답하다	-jibia	~에게 대답하다

원형	1차 변화 (지향형)	2차 변화 (상호형)
-samehe 용서하다	→ -samehea 거의 사용되지 않음	→ -sameheana 서로 용서하다

- Amemrudia mkewe. 그는 아내에게로 (다시) 돌아갔다.
- Yeye atanijibia vizuri swali langu. 그녀는 나의 질문에 답변을 잘해줄 것이다.
- Wale wawili wamesameheana. 저 두 사람은 서로를 용서했다.

II 지향형

단음절 동사의 변화형

원형	뜻	지향형	뜻
-cha	날이 새다, 밝아지다	-chea	~로 날이 새다
-chwa	해가 지다	-chwea	~에 날이 어두워지다
-ja	오다	-jia	~에(게) 오다
-la	먹다	-lia	~에서 먹다, , ~에서 자라다
-nywa	마시다	-nywea	~에서 마시다
-wa	~이다, 있다	-wia	~에게 ~이다, ~에게 ~하다

원형	1차 변화 (지향형)	2차 변화
-fa 죽다	→ -fia	→ -fiwa 상을 당하다, 여의다
-pa 주다	→ -pea	→ -peana 서로 주고받다

- Watu wengi wamenijia leo. 오늘 많은 사람들이 나에게 왔다.*
- Mambo haya yataniwia magumu sana. 이 일들은 나에게 매우 어려울 것이다.
- Nimezaliwa hapa, nimekulia hapa na naomba nifie hapa.*
  난 여기에서 태어났고, 여기에서 자랐으며, 여기에서 죽기를 바란다.
- Amefiwa na mtoto wake. 그는 아이를 잃었다. (그의 아이가 죽었다.)

Maelezo Zaidi

*구어체에서는 지향형이 아닌 원형을 사용하여 "Watu wengi wamekuja kwangu leo."라고 표현한다.

*'-lia'는 '~에서 먹다'는 뜻인데, 그 뜻이 확장되어 '~에서 자라다' 혹은 '~에서 길러지다'라는 의미로도 쓰인다. 그리고 실제 쓰임에서는 단음절 동사처럼 '-ku-'가 붙어 '-kulia'의 형태로 사용된다.
Mchumba ninayemtaka ni vema awe amekulia malezi ya kidini.
내가 원하는 (배우자감으로서의) 애인은 종교적으로 양육된 사람이면 좋겠다.

SARUFI YA KISWAHILI

> 도구, 수단, 목적의 의미를 나타낼 때 연결사 "-a"나 전치사 "kwa" 뒤에 지향형 동사 사용

표현	뜻
Kisu cha kukatia nyama	고기를 자르는 칼
Moto wa kupikia chakula	음식을 요리하기 위한 불
Fedha ya kununulia nguo	옷을 사기 위한 돈
Masikio ya kusikilia	듣기 위한 귀
Unga wa kupikia mkate	빵을 만들기 위한 가루
Kibao kifaacho kwa kuwekea vyombo	그릇들을 놓아두기에 적절한 판자/선반
Mahali pa kuzalia mbu	모기들이 번식하는 곳
Nyumba ya kulalia	잠을 자기 위한 집
Chumba cha kulia chakula	음식을 먹기 위한 방
Vyombo vya kulia chakula	음식을 먹는 그릇
Kijiko cha kulia chakula	음식을 먹는 수저
Mahali pa kulia chakula	음식을 먹는 장소

- Chakula cha kulia (X) → Chakula cha kula (○) 먹을 음식

- Nyama ya kulia (X) → Nyama ya kula (○) 먹을 고기

- Kikaango kikipata moto weka mafuta ya kupikia vijiko viwili.
  프라이팬이 열을 받으면 식용유 두 숟가락을 넣으세요.

- Jiko la umeme la kupikia halifanyi kazi. 전기 레인지가 작동을 하지 않는다.

- Watu hawakupata kuni za kuwashia moto wa kupikia.
  사람들은 요리할 불을 붙일 땔나무를 구하지 못했다.

- Misitu inapoharibiwa, wanyama hupoteza makao na mahali pa kuzalia.
  숲이 망가지면 동물들은 서식지와 번식할 장소를 잃게 된다.

III 수동형

-wa, -iwa, -ewa, -liwa, -lewa (~해지다 ~당하다)

> 동사 어간 뒤에 '-w-'가 결합하면 그 동사에 수동의 의미가 추가되어 '~해지다, ~당하다'라는 의미를 띠게 된다. 동사에 따라 '-i-'나 '-e-'가 추가되어 '-iw-'나 '-ew-'의 형태로 삽입되기도 하고, 두 개의 연속된 모음으로 끝나는 동사일 경우에는 대체로 자음 '-l-'이 추가되어 '-liw-'나 '-lew-'의 형태로 결합하게 된다.
>
> 수동형 문장은 "na⋯에 의해서"나 "kwa⋯으로"와 함께 사용되는 경우가 많다.

> 기본적으로 동사 어미 "-a" 앞에 "-w-"를 삽입하면 수동형이 된다.

원형	뜻	수동형	뜻
-andika	쓰다 write	-andikwa	쓰이다, 써지다
-anza	시작하다	-anzwa	시작되다
-cheza	놀다, (운동 경기를) 하다	-chezwa	(운동 경기가) 행해지다
-fanya	하다, 만들다	-fanywa	행해지다, 만들어지다
-ficha	숨기다	-fichwa	숨겨지다
-fuata	따라가다	-fuatwa	따름을 당하다
-funga	잠그다, 닫다	-fungwa	잠기다, 감옥에 갇히다
-iba	훔치다, 도둑질하다	-ibwa	도둑맞다, 도난당하다
-iba	훔치다, 도둑질하다	-ibiwa	~가 ~을 도둑맞다/도난당하다
-jenga	짓다, 건축하다	-jengwa	지어지다
-kamata	붙잡다, 체포하다	-kamatwa	붙잡히다, 체포되다
-kumbuka	기억하다	-kumbukwa	기억되다

SARUFI YA KISWAHILI

원형	뜻	수동형	뜻
-lima	경작하다, 농사짓다	-limwa	경작되다
-lipa	지불하다	-lipwa	지불되다
-ongeza	늘리다, 더하다, 보태다	-ongezwa	늘려지다, 더해지다
-panda	오르다, 타다, 심다	-pandwa	심기다, 올라탐을 당하다
-panga	정리하다, 방/집을 (세를 내고) 빌리다	-pangwa	정리되다, (방/집이) 임대되다
-penda	좋아하다, 사랑하다	-pendwa	사랑받다
-piga	때리다	-pigwa	맞다
-sema	말하다	-semwa	말해지다, 언어가 사용되다
-sikia	듣다, 느끼다	-sikiwa	들리다, 느껴지다
-tafuta	찾다	-tafutwa	찾음을 당하다
-taka	원하다, 바라다	-takwa	원해지다
-tia	넣다, 집어넣다	-tiwa	넣어지다
-tuma	보내다	-tumwa	보내지다
-weka	놓다	-wekwa	놓여지다
-winda	사냥하다	-windwa	사냥 당하다

- Mtoto alipigwa na baba yake. 그 아이는 아빠에게 맞았다.
- Kikombe kimevunjwa na mtoto. 컵이 아이에 의해 깨졌다.
- Barua ilisomwa na mwalimu. 편지가 선생님에 의해 읽혀졌다.
- Ngoma itasikiwa usiku. 북소리는 저녁에 들릴 것이다.
- Ameibiwa pochi. 그는 지갑을 도둑맞았다.

Ⅲ 수동형

- Kitabu kililetwa na mtoto yule. 그 책은 저 아이가 가져왔다.
- Chakula kilipikwa na mwanamke yule. 음식은 저 여자에 의해 요리되었다.
- Mafuta ya nazi hutumiwa na wapishi. 야자유는 요리사들에 의해 일상적으로 사용된다.
- Mishahara iliongezwa na Wakorea. 월급이 한국 사람들에 의해 인상되었다.
- Kama maziwa yangetiwa katika chupa yangeweza kuchukuliwa na mtoto.
  우유를 병에 담는다면 아이가 가져갈 수 있을 텐데.
- Mtoto alikatwa kwa kisu. 아이가 칼로 베였다. (아이가 칼로 상처를 입었다.)
- Kiti kilifunikwa kwa kitambaa. 의자가 천으로 덮여 있었다. ※ -funika 덮다, 닫다

> "-aa", "-ua", "-oa"로 끝나는 동사는 동사 어미 "-a" 앞에 "-liw-"나 "-lew-"를 삽입한다.

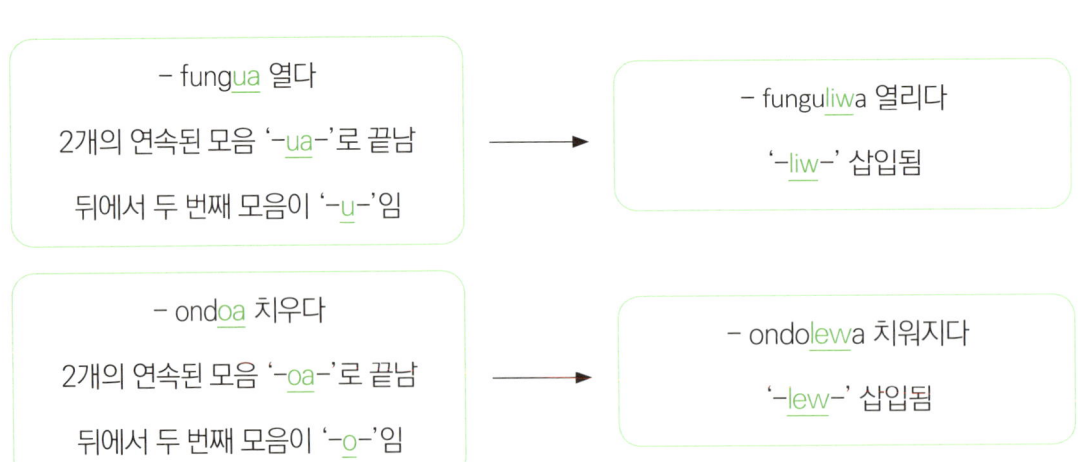

원형	뜻	수동형	뜻
-chagua	선택하다, (선거에서) 뽑다	-chaguliwa	선택되다, (선거에서) 뽑히다
-chukua	가져가다	-chukuliwa	취해지다
-fungua	열다	-funguliwa	열리다
-jua	알다	-juliwa	알려지다
-kataa	거절하다, 거부하다	-kataliwa	거절당하다
-ng'oa	뿌리째 뽑다	-ng'olewa	뿌리째 뽑히다
-nunua	사다, 구입하다	-nunuliwa	구입되다
-oa	(남자가) 결혼하다, 장가가다	-olewa	(여자가) 결혼하다, 시집가다
-ondoa	치우다, 없애다, 제거하다	-ondolewa	치워지다, 제거되다
-pokea	받다, 맞이하다	-pokelewa	받아지다, 맞아지다
-toa	꺼내다, 없애다	-tolewa	꺼내지다, 제거되다
-ua	죽이다	-uawa	죽임을 당하다, 살인을 당하다
-zaa	(아이를) 낳다, (열매를) 맺다	-zaliwa	태어나다

- Alizaliwa Dar es Salaam. 그녀는 다르에스살람에서 태어났다.

- Mihogo imeng'olewa na ngiri. 카사바 나무가 멧돼지에 의해 뿌리째 뽑혔다.

- Watu wengi waliuawa na simba. 많은 사람들이 사자에게 죽었다.

- Mlango ule umefunguliwa na upepo. 저 문은 바람에 의해 열렸다.

- Mizigo mizito ile inachukuliwa na vibarua wale. ※ kibarua 일용직 노동자, 잡부
  저 무거운 짐들은 저 일용직 근로자들에 의해 옮겨진다.

- Ninafurahi kukuarifu kuwa umechaguliwa na kujiunga na kidato cha tano katika shule ya sekondari. 당신이 중등학교 5학년에 진학할 수 있게 선발되었다는 것을 알려드리게 되어 기쁩니다.

- Rais wa nchi hiyo ameondolewa madarakani na jeshi.
  그 나라의 대통령은 군에 의해 (대통령)직에서 축출되었다.

III. 수동형

> 동사 어미가 "-i"나 "-u"인 동사는 "-iwa"로, "-e"인 동사는 "-ewa"로 바꾼다.

원형	뜻	수동형	뜻
-dharau	경멸하다, 무시하다	-dharauliwa	멸시당하다, 무시당하다
-fikiri	생각하다	-fikiriwa	생각되어지다, 간주되다
-haribu	망가뜨리다, 못쓰게 하다	-haribiwa	망가지다, 못쓰게 되다
-hitaji	~을 필요로 하다	-hitajiwa	(주어가) 필요해지다
-jaribu	노력하다, 시도하다	-jaribiwa	시도되다
-jibu	대답하다	-jibiwa	대답되다, 답변을 받다
-kubali	~에게 동의하다	-kubaliwa	동의되어지다
-sahau	잊다, 잊어버리다	-sahauliwa	잊혀지다
-samehe	용서하다	-samehewa	용서받다
-sifu	칭찬하다, 찬양하다	-sifiwa	칭찬받다, 찬양받다

- Nguo zimeharibiwa na mvua. 옷들이 비에 의해 망가졌다.
- Shauri lilikubaliwa na wazee. 그 조언이 원로들에 의해 받아들여졌다.
- Barua yangu imejibiwa. 내 편지에 대한 답변을 받았다.
- Watoto hawatasamehewa. 아이들은 용서받지 못할 것이다.
- Maneno yake hayasahauliwi. 그의 말들이 잊혀지지 않는다.
- Mihindi isipoharibiwa na nyani itazaa vizuri.
  옥수수가 원숭이에 의해 망쳐지지만 않는다면 열매를 잘 맺을 것이다.
- Amesifiwa na mkubwa wake kutokana na jinsi alivyokuwa mchapa kazi.
  그는 열심히 일한 것으로 그의 상사에게 칭찬을 받았다.

단음절 동사의 변화형

원형	뜻	수동형	뜻
-cha	날이 새다	-chwa	해가 지다
-fa	죽다	-fiwa	상을 당하다, 여의다
-la	먹다	-liwa	먹히다, 먹을 수 있다
-nywa	마시다	-nywewa	마셔지다
-pa	주다	-pewa	받다

- Matunda haya yaliwa? Hayaliwi.
  이 과일들은 먹는 건가요? 못 먹어요.

- Chakula hiki kinaliwa sana na Waafrika. 이 음식은 아프리카 사람들이 많이 먹는다.

- Nimepewa pesa na baba yangu. 나는 아버지에게서 돈을 받았다.

- Tulipewa zawadi nyingi kikiwemo kifurushi cha intaneti. *
  우리는 인터넷 패키지를 포함한 많은 선물을 받았다.

- Amefiwa na baba yake. 그는 부친상을 당했다.

- Pombe hiyo yote imenywewa na panya. 그 술은 쥐들이 모두 마셨다.

Maelezo Zaidi

*-kiwemo는 '~을 포함하여'라는 뜻으로 그 포함되는 대상을 받는 주격접사가 앞에 붙는다.

· Basi hilo lina vitu vya kupendeza vikiwemo bafu, televisheni na hata jiko la kupikia.
  그 버스에는 욕실, 텔레비전, 심지어 요리를 할 수 있는 부엌을 포함한 멋진 것들이 (설치되어) 있다.
· Wataalamu wengi wakiwemo wauguzi na madaktari wanaondoka nchi hii.
  간호사와 의사를 포함한 많은 전문인력들이 이 나라를 떠난다.
· Gazeti hili huchapisha habari mbalimbali zikiwemo zile za siasa, utamaduni na michezo.
  이 신문은 정치, 문화, 스포츠 소식을 포함한 다양한 뉴스를 발행한다.
· Baraza la mawaziri liliidhinisha mapendekezo 12 likiwemo kubuniwa kwa baraza la kitaifa la Kiswahili. 국무회의에서 국립 스와힐리어 협회 설립을 포함한 12개의 안건이 통과되었다.

상태형

-ika, -eka, -uka, -oka, -lika (상태나 가능성)

동사 어간 뒤에 '-k-'가 결합하면 상태나 가능성의 의미가 추가되어 '(어떤 상태에) 있다' 혹은 '~일 수 있다, ~될 수 있다'라는 의미를 갖게 된다. 동사에 따라 '-i-'나 '-e-'가 추가되어 '-ik-'나 '-ek-'가 삽입되기도 하고, 혹은 '-lik-'의 형태로 결합하기도 한다. 어떤 상태형 동사는 의미적으로 수동형과 비슷한 것처럼 보이기도 하지만, 수동형과는 다르게 동작의 상태나 가능성이 그 의미 속에 내포되어 있는 것으로 이해하면 된다.

- 상태형은 기본적으로 동사 어미를 "-ika"나 "-eka"의 형태로 바꾸어준다.
- 이중모음으로 끝나는 반투어원 동사는 두 모음 사이에 "-k-"를 삽입한다.
- 반투어원 동사 중에서 "-aa"로 끝나는 동사는 두 모음 사이에 "-lik-"를 삽입한다.
- 이중모음으로 끝나는 아랍어원 동사는 동사 어미 뒤에 "-lika"를 붙여준다.

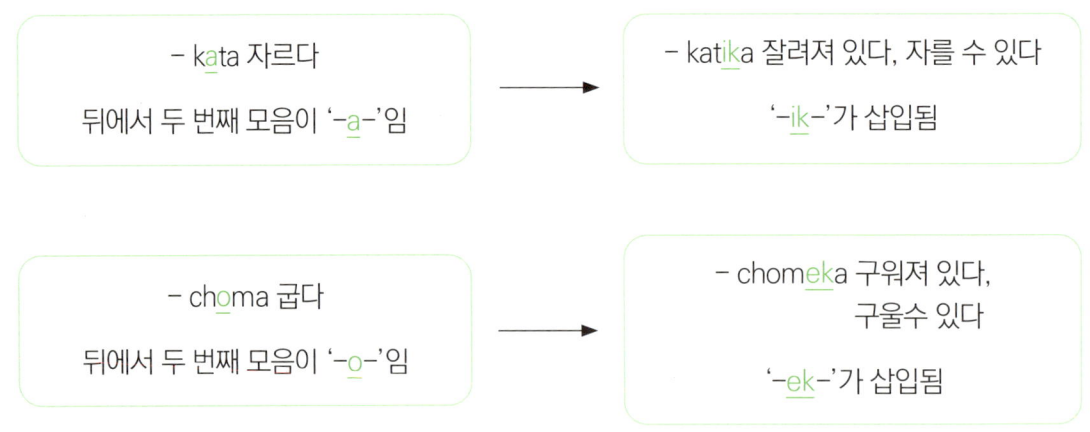

SARUFI YA KISWAHILI

원형	뜻	상태형	뜻
-badili	바꾸다, 교환하다	-badilika	바뀌다, 변하다, 바뀔 수 있다, 변할 수 있다
∅	∅	-bandika	붙이다, 접착시키다
∅	∅	-choka	피곤하다, 지치다
-choma	굽다, 찌르다	-chomeka	구워져 있다, 찔려 있다, 구울 수 있다, 찌를 수 있다
-funga	닫다, 잠그다	-fungika	닫혀 있다, 닫을 수 있다
-fungua	열다	-funguka	열려 있다, 열 수 있다
-haribu	망치다, 못쓰게 하다	-haribika	망가지다, 못쓰게 되다
-jibu	대답하다	-jibika	대답할 수 있다, 대답되어지다
-kaa	앉다, 머무르다, 살다	-kalika	앉을 수 있다, (누군가가) 앉아 있다
∅	∅	-kasirika	화나다, 짜증내다
-kata	자르다	-katika	잘려져 있다, 끊어져 있다
-kubali	동의하다	-kubalika	동의되다, 동의할 수 있다
-mwaga	쏟다, 붓다, 낭비하다	-mwagika	쏟아지다, 넘치다, 낭비되다
-nusa	냄새를 맡다	-nuka	(좋지 않은) 냄새가 나다
-pasua	쪼개다, 찢다	-pasuka	쪼개지다, 찢어지다
-pindua	뒤집다	-pinduka	뒤집히다
-sahau	잊다, 잊어버리다	-sahaulika	잊혀지다
-samehe	용서하다	-sameheka	용서될 수 있다
-sikia	듣다	-sikika	들리다, 들을 수 있다
-tosha	충분하다	-tosheka	만족스럽다

IV 상태형

원형	뜻	상태형	뜻
-vaa	입다, 신다, (모자/안경을) 쓰다	-valika	입혀져 있다, 입을 수 있다
-vunja	부수다, 깨뜨리다	-vunjika	깨지다, 부서지다

원형	1차 변화 (상태형)	2차 변화 (상호형)
-jua 알다	→ -julika 거의 사용되지 않음	→ -julikana 알려지다
-ona 보다	→ -oneka 거의 사용되지 않음	→ -onekana (눈에) 보이다, ~처럼 보이다
-pata 얻다	→ -patika 거의 사용되지 않음	→ -patikana 얻을 수 있다
-weza ~할 수 있다	→ -wezeka 거의 사용되지 않음	→ -wezekana 가능하다

> 상태형은 수동의 의미를 일부 담고 있어 수동형과 헷갈릴 수도 있는데, 상태형은 말 그대로 주어가 처한 상태에 주목하는 반면, 수동형은 주어의 의지와 상관없이 어떤 대상이나 힘에 의해 그 행위가 이루어진 것에 주목한다.

- Kikombe kimevunjwa na mtoto. 아이에 의해 컵이 깨뜨려졌다. (깨뜨려진 행위에 주목함)
- Kikombe kimevunjika. 컵이 깨졌다. (깨져있는 상태에 주목함)
- Nguo zimeharibiwa na mvua. 비로 인해 옷이 손상되어졌다. (손상되어진 행위에 주목함)
- Nguo zimeharibika. 옷이 손상되었다. (손상되어 있는 상태에 주목함)
- Nywele zake ndefu alizokuwa amezibana vizuri akazifungua na kuziacha zining'inie, zikampendezesha sana. 그녀는 잘 묶어놓았던 긴 머리카락을 풀어 아래로 늘어뜨렸고, 그것은 그녀를 매우 아름답게 보이도록 만들었다.

> 상태형 동사가 '-me-' 시제와 결합하면 대체로 '(어떤 상태에) 있다'는 의미를 담고,
> '-na-' 시제와 결합하면 대체로 가능성의 의미를 담는다.

- Kamba hii imekatika. 이 줄이 끊어졌다. (← 이 줄이 끊어져 있다.)
- Kamba hii inakatika? 이 줄은 끊어지나요? (← 이 줄은 끊을 수 있나요?)
- Hali ya hewa imebadilika. 날씨가 바뀌었다. (← 날씨가 바뀌어져 있다)
- Mlango huu unafunguka? 이 문은 열리나요? (← 이 문은 열 수 있나요?)
- Barua haisomeki. 편지가 읽을 수 없다.
- Njia hii haipitiki. 이 길은 지날 수 없다.
- Kazi hii haikufanyika. 이 일은 행해지지 않았다.
- Neno hili halisahauliki. 이 말은 잊을 수 없다.
- Madirisha haya hayafunguki vizuri. 이 창문들은 잘 열리지 않는다.
- Sauti yake haisikiki kwa mbali. 그의 목소리는 멀리서 (잘) 들리지 않는다.
- Nyama hii haitafuniki, ni ngumu mno. ※ -tafuna 씹다 ※ mno 매우, 대단히
  이 고기는 (잘) 씹히지 않는다. 아주 질기다.
- Anajulikana sana kwa mitindo yake ya mavazi ya kuvuta macho.
  그는 눈길을 끄는 패션 스타일로 널리 알려져 있다.
- Leo ndizi hazipatikani sokoni. 오늘은 시장에서 바나나를 구할 수 없다.
- Jambo hili haliwezekani. 이 일은 불가능하다/할 수 없다.
- Mama alinipa ujasiri wa kujaribu mambo ambayo inaonekana haiwezekani.
  어머니는 불가능해 보이는 일들을 시도해 볼 수 있는 용기를 나에게 주셨다.
- Nyota zilizoonekana hazihesabiki, hazina idadi. ※ -hesabu 세다, 계산하다 ※ idadi 수
  (눈에) 보였던 별들은 셀 수가 없다. 그 수가 무수히 많다.
- Jina hilo lilikubalika na limetumika kwa miaka na miaka hadi leo hii.
  그 명칭은 받아들여졌고 오늘날까지 오랜 기간 사용되어져 왔다.

사역형

-isha, -esha, -iza, -eza (~하게 하다, ~시키다)

동사 어간 뒤에 '-sh-'나 '-z-'가 결합하면 사역의 의미가 추가되어 '~하게 하다' 혹은 '~시키다'라는 의미를 갖게 된다. 동사에 따라 '-i-'나 '-e-'가 추가되어 '-ish-'나 '-esh-' 혹은 '-iz-'나 '-ez-'의 형태로 삽입되기도 한다.

- 사역형은 기본적으로 동사 어미를 "-isha"나 "-esha"로 바꾸어준다.
- 사역형 중에서 일부는 동사 어미를 "-iza"나 "-eza"로 바꾸어준다.
- 이중모음으로 끝나는 동사는 대체로 두 모음 사이에 "-z-"를 삽입한다.
- "-ka"나 "-ta"로 끝나는 동사는 일반적으로 "-ka"나 "-ta"를 "-sha"로 바꾸어준다.
- 형용사나 명사에 "-isha"를 붙여서 사역형을 만들 수 있다.

원형	뜻	사역형	뜻
-amka	일어나다, 깨다	-amsha	깨우다
-andika	쓰다, 받아 적다	-andikisha	입학시키다, 입회시키다, 등록시키다
-anguka	떨어지다, 넘어지다	-angusha	쓰러뜨리다, 떨어뜨리다
*bahati	운 luck	-bahatisha	운에 맡기다
-chemka	끓다	-chemsha	끓이다
-elea	분명하다, 명확하다, 떠다니다	-eleza	설명하다, 이해시키다
-enda	가다	-endesha	가게 하다, 운전하다
-fika	도착하다	-fikisha	도착하게 하다
-funda	배우다	-fundisha	가르치다
-geuka	(다른 방향으로) 돌다, 바뀌다	-geuza	돌리다, 바꾸다
*hakika	확신	-hakikisha	확인하다, 확신시키다
-hama	(위치를) 옮기다, 이사하다	-hamisha	(물건을) 옮기다, 이사하게 하다

SARUFI YA KISWAHILI

원형	뜻	사역형	뜻
-kauka	마르다, 건조하다	-kausha	말리다
-ingia	들어가다	-ingiza	들어가게 하다, 집어넣다
-jaa	(가득) 차다	-jaza	(가득) 채우다
-kaa	앉다, 머물다	-kaza	고정시키다, 단단하게 하다
-kataa	거절하다, 거부하다	-kataza	~하지 못하게 하다, ~하지 못하게 막다
-kopa	(돈을) 빌리다	-kopesha	(돈을) 빌려주다
*laini	부드러운	-lainisha	부드럽게 하다, 매끄럽게 하다
*lazima	의무, 책임	-lazimisha	(어쩔 수 없이) ~하게 만들다
-legea	느슨해지다, 헐렁해지다	-legeza	느슨하게 하다, 풀다
-la	먹다	-lisha	먹이다
-oa	(남자가) 결혼하다	-oza	결혼시키다, 결혼하게 하다
-oza	썩다, 상하다	-ozesha	썩게 하다, 발효시키다
-penda	좋아하다, 사랑하다	-pendeza	좋아하게 만들다, 기쁘게 하다, 잘 어울리다
-potea	(물건이) 없어지다, 길을 잃다	-poteza	(물건을) 잃어버리다
-pungua	줄어들다, 작아지다	-punguza	줄이다, (가격을) 깎다, 작게 만들다
-rudi	돌아오다, 돌아가다	-rudisha	돌려주다, 되돌리다
*safi	깨끗한, 명료한	-safisha	깨끗하게 하다, 청소하다
*sawa	같은, 동일한, 올바른	-sawazisha	올바르게 하다, 평평하게 하다
-shuka	내리다	-shusha	내려주다, 내리게 하다
-simama	일어서다, 멈추다	-simamisha	일어서게 하다, 멈추게 하다

V 사역형

원형	뜻	사역형	뜻
*tayari	준비가 된	-tayarisha	준비시키다, 채비를 갖추게 하다
-tembea	걷다, 여행 다니다	-tembeza	데리고 다니다, (물건을) 돌아다니며 팔다
-teremka	내려가다, 내려오다	-teremsha	내려주다, 낮추다
-lewa	(술·마약 등에) 취하다	-levya	(술·마약 등에) 취하게 하다
-ogopa	무서워하다, 두려워하다	-ogofya	무서워하게 하다, 위협하다
-takata	깨끗해지다, 순수해지다	-takasa	깨끗하게 하다, 정결하게 하다
-pita	지나다	-pisha	통과시키다, 지나가게 해주다
-waka	(불빛이) 비추다, (불이) 타다, 시동이 걸리다	-washa	(불을) 붙이다, 켜다, 시동을 걸다
-weza	~할 수 있다	-wezesha	~할 수 있게 해주다, ~할 수 있는 능력을 주다
-vaa	입다	-valisha	입히다
		-vika	입히다
		-visha	입히다
-choka	피곤해지다, 지치다	-chokesha	피곤하게 하다, 지치게 하다
		-chosha	지치게 하다, 싫증나게 하다
-lala	자다	-lalisha	재우다
		-laza	재우다, 눕히다, 입원시키다
-pata	얻다	-pasha	얻게 해주다, 알리다, 보고하다
		-pasa	~할 필요가 있다, ~하도록 만들다

- Simba aliniogofya nikakimbia. 사자가 날 겁나게 해서 도망쳤다.
- Serikali imepiga marufuku matumizi ya dawa za kulevya. 정부는 마약의 사용을 금했다.
- Nywele zake ndefu alizokuwa amezibana vizuri akazifungua na kuziacha zining'inie, zikampendezesha.
그녀는 잘 묶어놓았던 긴 머리카락을 풀어 아래로 늘어뜨렸고, 그것은 그녀를 매력적으로 만들었다.

SARUFI YA KISWAHILI

원형	1차 변화	2차 변화 (사역형)
-nyamaa 조용하다	→ -nyamaza* 조용히 하다	→ -nyamazisha 조용하게 만들다
-penda 좋아하다	→ -pendeza 어울리다, 매력적이다	→ -pendezesha 매력적이게 만들다
-sikia 듣다	→ -sikiliza* 귀 기울여 듣다, 경청하다 → -sikiza 듣게 하다	∅

- Pasha moto chakula hiki. 이 음식을 데워라.
- Tunaandikisha sasa. 지금 입학/등록 신청을 받고 있습니다.
- Amejaza vikapu vitatu na viazi. 그는 바구니 세 개를 감자로 채웠다.
- Tumewalisha watoto mapema leo. 우리는 오늘 아이들에게 밥을 일찍 먹였다.
- Nyamaza! 조용히 해! / 시끄러워!
- Chemsha maji! 물을 끓여라!
- Nionyeshe njia. 나에게 길을 보여줘라. (→ 나에게 가는 길을 알려 달라.)
- Wasimamishe watoto. 아이들을 멈춰 세워라. / 아이들을 일으켜 세워라.
- Unapofundisha, usiwachoshe watoto. 가르칠 때 아이들을 지치게 하지 마라.
- Vibarua wale wameangusha miti mingi kule. 저 인부들이 저기에서 많은 나무를 쓰러뜨렸다.
- Nimepoteza mwavuli wangu. 내 우산을 잃어버렸다.   ※ mwavuli 우산
- Rudisha kikapu hiki kwa mkulima. 이 바구니를 농부에게 돌려주어라.
- Utayarishe chumba kile kwa mgeni wangu. 내 손님을 위해 저 방을 (정리하고) 준비해라.
- Usiwaamshe watoto mapema kesho. 내일 아이들을 일찍 깨우지 마라.

Maelezo Zaidi

*-nyamaza나 -sikiliza는 형태적으로 사역형의 변화가 일어났지만, 의미적으로는 각각 '조용히 하다', '귀 기울여 듣다'에서 보듯이 사역형의 의미를 포함하지는 않는다.

재귀형

−ji− (자신을 ~하다, 스스로 ~하다)

> 동사 어간 앞에 '−ji−'를 결합하면 그 동작의 작용이 주어에게 돌아오는 재귀형이 된다. 재귀형은 다른 동사 파생과 달리 '−ji−'라는 접사가 동사 어간 앞에 온다. 재귀형이 되면 '자신을 ~하다, 스스로 ~하다'라는 의미를 갖게 된다.

원형	뜻	재귀형	뜻
−andaa	준비하다	−jiandaa	스스로 준비하다
−dai	요구하다, 청구하다, 주장하다	−jidai	자랑하다, 허풍떨다, ~인 체하다
−danganya	속이다	−jidanganya	착각하다, 자신을 속이다
−fanya	하다, 만들다	−jifanya	~인 체하다, 가장하다
−ficha	숨기다	−jificha	숨다
−fundisha	가르치다	−jifundisha	배우다
−funga	닫다, 잠그다	−jifunga	열중하다, 몰두하다, 임신하다
−fungua	열다	−jifungua	아이를 낳다, 출산하다 ; 사람에게만 사용
−funza	가르치다	−jifunza	배우다
−futa	닦다, 문지르다, 지우다, 취소하다	−jifuta	스스로를 닦다
−hifadhi	보존하다, 지키다, 저장하다	−jihifadhi	자신을 지키다/보호하다
−hisi	느끼다	−jihisi	스스로 느끼다
−kinga	보호하다, 지키다	−jikinga	자신을 지키다/보호하다
−laza	눕히다, 재우다, 입원시키다	−jilaza	스스로 눕다, 입원하다
−linda	지키다, 보호하다	−jilinda	스스로를 지키다
−nyima	거절하다, 거부하다, 억누르다	−jinyima	자제하다, 삼가다, 그만두다

SARUFI YA KISWAHILI

원형	뜻	재귀형	뜻
-nyonga	질식시키다, 목매달다	-jinyonga	스스로 목매달다, 자살하다
-ona	보다, 느끼다	-jiona	우쭐해하다, 뽐내다, 스스로 느끼다
-pa	주다	-jipa	가장하다, ~인 체하다, 자신에게 주다
-pamba	장식하다, 꾸미다	-jipamba	자신을 꾸미다, 치장하다, 잘 차려입다
-pima	재다, 검사하다	-jipima	입어보다, 시험해보다, 자신을 성찰하다
-sajili	(사람이나 물건 등을) 등록하다	-jisajili	(스스로) 등록하다
-salimisha	포기하다, 넘겨주다	-jisalimisha	자수하다, 항복하다, 포기하다
-sifu	칭찬하다, 찬양하다	-jisifu	뽐내다, 자랑하다
-tayarisha	준비시키다, 채비시키다	-jitayarisha	준비하다, 채비하다
-tegemea	기대다, 의지하다	-jitegemea	자립하다, 스스로 해나가다
-toa	빼내다, 꺼내다, 치우다	-jitoa	스스로 물러나다, 철회하다, 자진하여 ~하다
-twika	(깃발이나 돛을) 올리다, (머리나 어깨 위에 짐을) 올려놓다	-jitwika	(스스로 머리나 어깨 위에) 짐을 지다
-ua	죽이다	-jiua	자살하다
-unga	섞다, 합치다, 연결하다	-jiunga	가입하다, 참여하다, 구독하다
-uzulu	해고하다, 물러나게 하다	-jiuzulu	사임하다, 물러나다
-vuna	수확하다, 모으다	-jivuna	우쭐대다, 자랑하다, 뽐내다
-zuia	막다, 못하게 하다	-jizuia	자제하다, 삼가다

VI. 재귀형

원형	1차 변화	2차 변화	2차/3차 변화 (재귀형)
-andika (글을) 쓰다	→ -andikisha 등록하다	→	-jiandikisha 입학하다, 등록하다
-enda 가다	→ -endesha 운전하다	→	-jiendesha 자동으로 움직이다, 자동으로 ~하다
-pata 얻다	→ -patia ~에게 ~을 주다	→	-jipatia 스스로 얻다, 자기 힘으로 획득하다
-penda 좋아하다	→ -pendeka 호감이 가다, 좋아할 만하다	→ -pendekeza 좋아하게 만들다, 제안하다	→ -jipendekeza 환심을 사다, 비위를 맞추다
-toa 빼내다, 꺼내다	→ -toka 나가다, 나오다	→ -tokeza 나타나다	→ -jitokeza 나타나다, 불쑥 나오다
-toa 빼내다, 꺼내다	→ -tolea ~에게 꺼내주다	→	-jitolea 희생하다, 자원하여 ~하다
-zoea 익숙해지다	→ -zoeza 익숙해지게 만들다	→	-jizoeza 연습하다, 실습하다, 훈련하다

일부 동사는 재귀형이 되면서 원래의 의미에서 약간 멀어져 그 뜻을 유추하기가 어려운 경우도 있다. 이런 동사는 예외적인 용법으로 외워두는 것이 좋다.

원형	뜻	재귀형	뜻
-dai	요구하다, 청구하다, 주장하다	-jidai	자랑하다, 허풍떨다, ~인 체하다
-fanya	하다, 만들다	-jifanya	~인 체하다, 가장하다
-ona	보다, 느끼다	-jiona	우쭐해하다, 뽐내다, 스스로 느끼다
-pa	주다	-jipa	가장하다, ~인 체하다, 자신에게 주다
-vuna	수확하다, 모으다	-jivuna	우쭐대다, 자랑하다, 뽐내다

SARUFI YA KISWAHILI

- Ninajihisi vibaya sana. 난 아주 좋지 않게 느낀다. (→ 몸이 좋지 않다 / 기분이 좋지 않다.)
- Tunajifunza Kiswahili. 우리는 스와힐리어를 배우고 있다.
- Waziri mkuu amejiuzulu wiki iliyopita baada ya kashfa ya ufisadi.
  국무총리는 부패 스캔들 이후 지난주에 사임했다.
- Amejiua mwaka jana. 그녀는 작년에 자살했다.
- Alikuwa amejiandaa vizuri kupata ushindi katika mchezo huo.
  그는 그 경기에서 승리하기 위해 잘 준비했었다.
- Paka wangu amejificha kikapuni. 내 고양이가 바구니에 숨었다.
- Alijifungua mapacha watatu mwaka jana. 그녀는 작년에 세쌍둥이를 출산했다.
- Tujifunze jinsi ya kujikinga dhidi ya ugonjwa huo.
  그 질병에 대항하여 우리 자신을 지키는 방법을 배우자.
- Wakati huo alikuwa amejilaza katika hospitali ya wilaya ya Kishapu.
  그 때 그는 키샤푸 군립병원에 입원해 있었다.
- Wanafunzi wa darasa la saba wamejisajili kwa masomo ya ziada.
  7학년 학생들은 보충수업에 등록했다.
- Matumaini yetu ni kwamba kijiji chetu kijitegemee kiuchumi.
  우리가 바라는 것은 우리 마을이 경제적으로 자립하는 것이다.
- Nimejiunga na Chuo Kikuu huria katika masomo ya Uzamili, fani ya Maendeleo ya Uchumi wa Jamii. 나는 방송통신대학 대학원 과정의 사회경제개발 분야에 입학했다.
- Amejitolea kwa hali na mali ikiwemo kuhatarisha maisha yake ili kutetea haki za wanyonge.
  그녀는 약자들의 권리를 옹호하기 위해 자신의 목숨까지 걸고 모든 것을 희생했다.
- Mitambo hiyo ni ya kisasa na inajiendesha yenyewe. 그 기계들은 현대식이고 자동으로 작동한다.
- Mwanamume mmoja aliyekuwa anajifanya kama afisa wa Mamlaka ya Mapato Tanzania, alikamatwa siku ya Jumamosi.
  탄자니아 국세청 직원인 것처럼 행세했던 한 남성이 토요일에 체포되었다.
- Anayeshindwa kuendana na mabadiliko yanayotakiwa kulingana na sayansi, teknolojia na matakwa ya soko anakuwa amejinyima mwenyewe nafasi ya kutumia nembo ya TBS.
  과학 기술과 시장의 요구에 따른 변화를 따라가지 못하는 사람은 TBS (인증) 마크를 사용할 기회를 스스로 포기해버린 것이다.

상호형

-ana (서로 ~하다)

동사 어간 뒤에 '-an-'이 결합하면 동작의 상호성이 추가되어 '서로 ~하다'라는 의미를 갖게 된다. 문법적으로 상호형 동사는 형태소 '-an-'을 동사 어간과 어미 '-a' 사이에 삽입하는 것이지만, 직관적으로 보면 상호형은 동사 끝에 '-na'를 추가하는 것처럼 보인다.

- 상호형은 기본적으로 동사 어미 "-a" 앞에 "-an-"을 삽입한다.
- 아랍어원 동사는 먼저 지향형으로 바꾼 다음, "-a" 앞에 "-an-"을 삽입한다.

원형	뜻	상호형	뜻
-ambia	~에게 말하다	-ambiana	서로에게 말하다
-amkia	~에게 인사하다	-amkiana	서로 인사하다
-fuata	따르다	-fuatana	서로 따라가다
-fundisha	가르치다	-fundishana	서로 가르치다
-jibu	대답하다	-jibiana	서로에게 답변하다
-jua	알다	-juana	서로 알다
-kimbilia	~에게 달려가다	-kimbiliana	서로에게 달려가다
-kuta	만나다	-kutana	서로 만나다, 모임을 갖다
-ngoja	기다리다	-ngojana	서로 기다리다
-penda	좋아하다, 사랑하다	-pendana	서로 좋아하다, 서로 사랑하다
-rudi	돌아오다, 돌아가다	-rudiana	서로에게 돌아가다
-saidia	돕다	-saidiana	서로 돕다
-samehe	용서하다	-sameheana	서로 용서하다
-shinda	이기다, 정복하다	-shindana	서로를 정복하다, 경쟁하다

SARUFI YA KISWAHILI

원형	뜻	상호형	뜻
-ua	죽이다	-uana	서로 죽이다
-vuta	끌다, 당기다, 반하게 하다	-vutana	서로 끌어당기다
-zoea	익숙하다	-zoeana	서로에게 익숙해지다
-ona	보다	-onana	만나다
-pata	얻다	-patana	동의하다, 합의하다
-kosa	잘못하다, 실수하다	-kosana	서로 어긋나다, 싸우다
-piga	때리다	-pigana	서로를 때리다, 싸우다
-pa	주다	-peana	서로 주고받다

원형		1차 변화		2차 변화 (상호형)
-pata 얻다	→	-patika	→	-patikana 얻을 수 있다, 구할 수 있다
-ona 보다	→	-oneka	→	-onekana 보이다, ~처럼 보이다
-jua 알다	→	-julika	→	-julikana 알려지다, 유명하다
-weza ~할 수 있다	→	-wezeka	→	-wezekana 가능하다
-kosa 실수하다, 잘못하다	→	-koseka	→	-kosekana 모자라다, 부족하다

- Samahani, mteja uliyempigia hapatikani kwa sasa. Jaribu tena, baadaye.
  죄송합니다, 지금은 고객님이 전화를 받을 수 없습니다. 나중에 다시 시도해 주세요.
- Ukweli ni kwamba nidhamu imekosekana hapa. 사실은 이곳에 규율이 없다.

VII 상호형

- Ninataka kumwona Rehema. 나는 레헤마를 보고 싶다.
- Ninataka kuonana na Rehema. 나는 레헤마를 만나고 싶다.
- Wao hugombana sikuzote. 그들은 항상 싸운다. ※ -gomba 싸우다, 다투다
- Wale wawili wanapendana. 저 둘은 서로 사랑한다.*
- Yafaa watu wote wasaidiane. 사람들은 모두 서로 도와야 한다.
- Watu walipeana zawadi. 사람들이 선물을 주고받았다.
- Wazuie watoto wale wasipigane. 저 아이들이 서로 싸우지 못하게 해라.*
- Walifundishana lugha zao. 그들은 서로의 말을 가르쳤다. ※ lugha 언어, 말
- Wanataka kukutana kuzuia watu wale wasiuane.
  사람들이 서로 죽이는 걸 막기 위해서 그들은 만나고 싶어 한다.
- Tuliachana saa saba. 우리는 1시에 헤어졌다.
- Wawili hao walijibizana vikali kwa muda kuhusu suala hili.
  그 두 사람은 이 문제에 대해 한동안 격하게 설전을 벌였다.
- Watu walivutana na kusukumana kwenye foleni ndefu ili kupata vyakula vya msaada.
  사람들은 후원 음식을 얻기 위해 길게 늘어선 줄에서 서로 잡아당기고 밀쳤다.
- Jambo hili litawafanya kwenda kinyume cha mikataba ambayo wamepatana, na pengine watashtakiwa. 이 일은 그들이 합의한 계약을 위반하게 만들 것이고 어쩌면 그들은 고소당할 수도 있다.
- Ramani ya mji huu inapatikana hapa. 이 도시의 지도는 이곳에서 구할 수 있다.
- Anaonekana kuwa mwenye furaha na mwenye afya. 그녀는 행복하고 건강한 사람처럼 보인다.
- Kitabu hiki kinajulikana sana katika nchi yetu. 이 책은 우리나라에서 널리 알려져 있다.
- Tukiwa pamoja kila kitu kinawezekana. 우리가 함께 하면 어떤 일이든 가능하다.
- Ni kitu kipi kinakosekana katika majibu yake? 그의 답변에서 어떤 것이 빠졌나요?

Maelezo Zaidi

*-pendana를 사용해 다음과 같이 관계사 구문을 만들 수 있다.
Wanaopendana / Watu ambao wanapendana / Wapendanao^{연인}

*-zuia 뒤에는 가상법 부정문이 나온다.
Mke wake alimzuia asinywe pombe, tena asivute sigara.
그의 아내는 그가 술을 못 마시게 했고, 담배도 못 피우게 했다.

접촉형

-ata, -ota (접촉 의미)

동사 어간 뒤에 '-at-'이나 '-ot-'가 결합되어 접촉의 의미를 나타내는 접촉형 동사가 된다. 그렇지만 접촉형 동사는 그 수도 얼마 되지 않고 그나마 그 중에서도 원형을 찾아내기 어려운 동사들도 있기 때문에 별개의 단어처럼 그냥 외우는 것이 좋다.

원형	뜻	접촉형	뜻
-fumba	(눈을) 감다, (입을) 다물다	-fumbata	(손으로) 꽉 잡다, 붙들다, 포옹하다
-kama	짜다, 누르다	-kamata	잡다, 체포하다
-kokoa	(먼지 등을) 쓸다, 탈곡하다	-kokota	끌다, 잡아당기다, (말을) 질질 끌다
-nasa	잡다, 붙들다, (덫이나 함정으로) 붙잡다	-nata	달라붙다
-okoa	구해주다, 구원하다, 절약하다	-okota	줍다, (우연히) 발견하다
-paka	바르다, 칠하다	-pakata	(무릎으로) ~를 붙들다, 들고 가다
-suka	땋다, 엮다, (돗자리 등을) 짜다	-sokota	엮어 짜다, 뒤틀다, 말다
∅	∅	-ambata	붙이다, 접착시키다
∅	∅	-gota	(문을) 두드리다
∅	∅	-gogota	두드리다, 때리다

원형	1차 변화	2차 변화 (접촉형)
-kumba 밀다, 밀치다, 모으다	→ -kumbata 꼭 쥐다, 껴안다	→ -kumbatia 껴안다, 포옹하다

- Polisi amemkamata mwizi aliyeiba vitu vyangu. 경찰관이 내 물건을 훔쳐간 도둑을 잡았다.
- Nimeokota shilingi elfu mbili. 나는 2천실링을 주웠다.

반대형

-ua, -oa (반대 또는 의미 강조)

> 동사 어간 뒤에 '-u-'나 '-o-'가 결합하면 원래 동사의 반대 의미를 갖게 된다. 실제로 반대형을 만들 수 있는 동사는 그렇게 많지 않다. 일부 동사에서는 '-u-'나 '-o-'가 결합하여 원래의 의미를 더 강조하기도 한다.

원형	뜻	반대형	뜻
-anika	(빨래나 물기 있는 것을) 널다	-anua	(말리기 위해 널어놓은 것을) 걷다
-bandika	붙이다, 바르다	-bandua	떼어내다, 벗기다
-choma	찌르다, 굽다	-chomoa	뽑다, 빼내다
-fukia	묻다, 매장하다, 메우다	-fukua	파내다, 발굴하다
-fuma	(피륙을) 짜다, 엮다	-fumua	(얽힌 실 등을) 풀다
-fumba	눈을 감다, 입을 다물다	-fumbua	(눈을) 뜨다, (입을) 벌리다
-funga	닫다, 잠그다	-fungua	열다
-funika	덮다, 가리다	-funua	(뚜껑, 덮개 등을) 벗기다, 밝히다
-inama	구부리다, 숙이다	-inua	들어올리다, 세우다
-kunja	접다, 접어 포개다	-kunjua	(접은 것을) 펼치다
-tata	엉키게 하다, 얽히게 하다	-tatua	(얽힌 것을) 풀다, (문제를) 해결하다
-tega	덫을 놓다	-tegua	덫을 풀어주다
-vaa	입다	-vua	벗다
-ziba	(구멍 등을) 막다, 메우다	-zibua	(구멍 등을) 열다, (마개 등을) 뽑다
-kama	죄다, 짜내다	-kamua	쥐어짜다
-songa	밀어붙이다, 짜내다	-songoa	쥐어짜다, 힘껏 비틀다

SARUFI YA KISWAHILI

- Mama ameanua nguo nilizoanika asubuhi. 어머니는 내가 아침에 널어놓은 빨래를 걷었다.
- Amebandua marumaru katika jengo hili. 그는 이 건물에서 타일을 떼어냈다.
- Alichomoa kisu kwa nia ya kunidunga. 그는 나를 찌르려는 의도로 칼을 뽑았다.
- Walifukua na kugundua mabaki ya majengo ya kale. 그들은 고대 건축물의 유적을 발굴해서 찾아냈다.
- Amefumua sweta yake aliyofuma yeye mwenyewe. 그녀는 자신이 직접 짠 스웨터를 풀었다.
- Funga mlango, fungua madirisha. 문을 닫고 창문을 열어라.
- Mwanasayansi huyo anasema amefunua siri ya maandishi ya piramidi.
  그 과학자는 피라미드 문자의 비밀을 밝혀냈다고 말한다.
- Nilipoamka nilimwona Neema akiwa amefumbua macho akinitazama.
  내가 잠에서 깼을 때 네에마가 눈을 뜨고 나를 바라보고 있는 것을 보았다.
- Aliinua mkuki wake na kuwatisha wale wajumbe. 그는 창을 들어올려서 대의원들을 위협했다.
- Amekunjua kitambaa hicho nilichokikunja. 그는 내가 접어놓은 그 천을 펼쳤다.
- Nimetatua shida nyingi kwa kupata kazi. 일자리를 얻음으로써 나는 많은 문제를 해결했다.
- Anadai alitegua kitendawili cha maisha baada ya kifo.
  그녀는 사후세계의 삶에 대한 수수께끼를 풀었다고 주장한다.
- Lilikuwa ni swali la mtego ambao kuutegua mtego wenyewe lazima kuibue maswali.
  그것은 푸는 것 자체로 (또 다른) 질문들이 나올 수밖에 없는 마치 덫과 같은 질문이었다.
  (의역: 그 질문에 답변을 하면 그 답변으로 인해 또 다른 질문이 나올 수밖에 없었다.)
- Alivua miwani na koti lake kisha aliilegeza tai yake shingoni.
  그는 안경과 코트를 벗은 후 넥타이를 느슨하게 풀었다.
- Alizibua mfuniko wa mtungi huo. 그녀는 그 항아리의 뚜껑을 열었다.
- Walikamua maziwa ya ng'ombe wakanikabidhi. 그들은 우유를 짜서 나에게 맡겼다.
- Taabu nilizokuwa nazo kipindi kile zilikuwa zinanisonga roho.
  그 시기에 나에게 있었던 고난들이 나를 짓누르고 있었다.
- Nilipokuwa ninasongoa nguo uwanjani alikuwa anasongoa kuku uani.
  내가 마당에서 (젖은) 옷을 짜고 있을 때 그는 뒤뜰에서 닭의 목을 비틀고 있었다.

기동형 / 정지형

-pa (기동형), -ama (정지형)

1. 기동형

형용사나 명사에 '-pa'를 결합하면 어떤 동작이 시작되는 것을 표현하는 기동형이 된다. 그 의미는 '~하게 되다'가 된다. 그렇지만, 기동형 동사는 지극히 제한적으로 몇 개 되지 않는다.

원형	뜻	기동형	뜻
-oga	겁 많은, 소심한	-ogopa	두려워하다, 무서워하다
-nene	살찐, 두터운	-nenepa	살찌다, 뚱뚱해지다
uwongo	거짓말, 속임수	-ongopa	거짓말하다, 속이다
-kali	날카로운, 사나운, 엄한	-kalipia (= karipia)	꾸짖다, 나무라다, 혼내다

- Mtoto wake amenenepa sana. 그녀의 아이는 살이 아주 많이 쪘다.
- Unaogopa nini? 뭐가 무서워서 그래?
- Yule fundi ameniongopea. 그 기술자는 나에게 거짓말을 했다.
- Nilipofika nyumbani mama mdogo alinikaripia sana kwa kuchelewa kwangu.
  내가 집에 도착했을 때 작은 이모는 내가 늦었다고 많이 꾸짖었다.

2. 정지형

동사 어간 뒤에 '-am-'이 결합되어 고정되고 불변하는 의미를 표현하는 정지형 동사가 된다. 그렇지만 정지형 동사는 원형 동사를 통해 그 뜻을 유추하기가 쉽지 않을뿐더러 그 수도 얼마 되지 않기 때문에 별개의 단어처럼 그냥 외우는 것이 좋다.

정지형은 동사 어미 "-a" 앞에 "-am-"을 붙인 형태이다.

SARUFI YA KISWAHILI

원형	뜻	정지형	뜻
-ficha	숨기다	-fichama	숨겨져 있다, 감춰져 있다
-lowa	젖다	-lowama	젖어 있다
-lala	눕다, 자다	-lalama	불평하다, 애도하다
-ganda	응고하다, 굳어지다, 얼다	-gandama	들러붙다, 점착하다
∅	∅	-simama	멈추다, 일어서다
∅	∅	-inama	구부리다, 굽히다, (인사하기 위해) 머리를 숙이다
∅	∅	-chutama	웅크리다, 쪼그리고 앉다
∅	∅	-tazama	주시하다, 응시하다, 조사하다

원형	1차 변화	2차 변화 (상호형)
-funga 매다, 닫다	→ -fungama 단단히 매어지다, 꽉 죄어지다	→ -fungamana 서로 얽히다, 서로 깊이 관련되다
-andaa 준비하다, 요리할 준비를 하다	→ -andama 따르다, 뒤를 잇다, 시작하다	→ -andamana 서로 따르다, 함께 가다, 함께 모여 시위하다
-unga 섞다, 합치다, 연결하다	→ -ungama 인정하다, 시인하다, 고백하다	→ -ungamana 서로 붙어있다, 서로 연결되어 있다, 서로 의존하다

- Mtoto anamwandama mama yake kila mahali. 아이는 엄마가 가는 곳마다 따라다닌다.
- Maelfu ya watu waliandamana jana mjini. 수천 명의 사람들이 어제 시내에서 시위를 했다.
- Mtazame yule mzee. 저 노인을 봐라.

중첩형 / 복합파생

동사 어간 중첩 반복적인 동작 및 의미 약화

1. 중첩형

중첩은 동사 어간을 반복해서 두 번 쓰는 것으로, 반복적인 동작을 표현하거나 본래의 의미가 약화되는 경향이 있다.

원형	뜻	중첩형	뜻
-funga	매다, 닫다	-fungafunga	여기저기 매다
-lewa	술 등에 취하다	-lewalewa	비틀거리다
-lia	울다	-lialia	칭얼거리다
-piga	때리다	-pigapiga	토닥거리다
-tanga	빈둥거리다, 어슬렁거리다	-tangatanga	할 일 없이 여기저기 돌아다니다

- Mtoto analialia kwa sababu anasikia usingizi. 아이가 잠이 와서 칭얼댄다.
- Zuena alinipigapiga mgongoni na kunifariji. 주에나는 내 등을 토닥거리면서 나를 위로해주었다.
- Vijana wasiopata kazi wanatangatanga mjini. 일자리가 없는 젊은이들은 시내에서 할 일 없이 돌아다닌다.
- Korogakoroga uji usigande. 죽이 굳지 않도록 계속 저어라.
- Katakata vitunguu, hoho na karoti na usage. 양파와 피망, 당근을 잘게 썰어서 갈아라.
- Anapenda kutembeatembea huku na huko. 그는 여기저기 돌아다니는 것을 좋아한다.
- Amejikunakuna kichwa. 그는 머리를 긁적거렸다.
- Huwa anaimbaimba nyimbo za zamani akipika jikoni.
  그는 부엌에서 요리할 때 옛날 노래를 흥얼거리곤 한다.
- Kwa muda wa miaka kumi alizungukazunguka katika nchi mbalimbali za Ulaya.
  그녀는 10년 동안 유럽의 여러 나라를 돌아다녔다.
- Alikuwa anafagiafagia nje. 그는 밖을 (여기저기) 쓸고 있었다.
- Simu yangu inazimazima. 내 전화기는 계속 꺼진다.
- Mtandao unakatikakatika. 네트워크가 계속 끊어진다.

- Anakung'utakung'uta sofa kabla ya kupanga vitambaa juu yake.
  그는 소파 커버를 씌우기 전에 소파를 두드려 털고 있다.
- Alipofika nyumbani alipondaponda ile mizizi aliyotoka nayo porini.
  그는 집에 도착하자 숲에서 가져온 뿌리를 찧었다.

2. 복합파생

한 단어에서 두 개 내지 세 개의 파생이 함께 일어날 수 있다. 그렇다고 모든 동사에서 무한정으로 파생이 일어나는 것은 아니다.

원형	1차 변화	2차 변화
-piga 때리다	→ -pigana (상호형) 서로 때리다	→ -pigania (지향형) ~를 위해 싸우다
-funga 잠그다	→ -fungua (반대형) 열다	→ -fungulia (지향형) ~에게 열어주다
-enda 가다	→ -endelea (지향형) 계속하다	→ -endeleza (사역형) 진행시키다, 개발하다
-sema 말하다	→ -semeza (사역형) 말을 시키다	→ -semezana (상호형) 대화하다, 말다툼하다
-pata 얻다	→ -patana (상호형) 합의하다	→ -patanisha (사역형) 중재하다

- Anapigania masilahi ya wakulima. 그녀는 농부들의 권익을 위해 싸우고 있다.
- Walinifungulia mlango. 그들은 나에게 문을 열어주었다.
- Wameamua kuendeleza mpango wa ubinafsishaji. 그들은 민영화 계획을 진행하기로 결정했다.
- Watu watasemezana na kunong'onezana kuwa unapenda kujipendekeza kwa mkubwa.
  사람들은 당신이 상사에게 아부하고 싶어 한다고 서로 속닥거리며 이야기할 것이다.
- Mzee aliwapatanisha vijana waliokuwa wamegombana. 원로가 서로 싸웠던 젊은이들을 화해시켰다.

동사의 변화 (파생)

※ 동사의 변화 (파생)

> 기본 원칙 : a, i, u → i / e, o → e
>
> 동사 어간의 뒤에서 두 번째 모음이 'a'나 'i', 'u'일 때는 동사 어미 'a' 앞에 'i'가 첨가되고, 동사 어간의 뒤에서 두 번째 모음이 'e'나 'o'일 때는 동사 어미 'a' 앞에 'e'가 첨가된다.

변화형	동사 형태	의미	예문
지향형 -i-/-e-	-ia, -ea, -lia, -lea	~에게, ~를 위해, ~에, ~로	-andika → -andikia // -leta → -letea • Aliniandikia barua. • Nitakuletea vitabu.
수동형 -w-	-wa, -iwa, -ewa, -liwa, -lewa	~해지다, ~당하다	-piga → -pigwa // -ng'oa → -ng'olewa • Mtoto alipigwa na baba yake. • Mihogo imeng'olewa na nguruwe.
상태형 -k-	-ika, -eka, -ka, -lika	상태나 가능성	-vunja → -vunjika // -tosha → -tosheka • Kikombe kimevunjika. • Nimetosheka.
사역형 -sh-/-z-	-isha, -esha, -iza, -eza	~하게 하다, ~시키다	-anguka → -angusha // -jaa → -jaza • Vibarua wale wameangusha miti mingi kule. • Amejaza vikapu vitatu na viazi.
상호형 -an-	-ana	서로 ~하다	-penda → -pendana -samehe → -sameheana • Wale wawili wanapendana. • Tumesameheana.
반대형 -u-/-o-	-ua, -oa	반대 또는 의미 강조	-funga → -fungua // -choma → -chomoa • Funga mlango, fungua madirisha. • Umechomoa betri ya gari?

SARUFI YA KISWAHILI

변화형	동사 형태	의 미	예 문
재귀형 ji-	ji-	자신을 ~하다, 스스로 ~하다	-fundisha → -jifundisha // -hisi → -jihisi • Tunajifundisha Kiswahili. • Ninajihisi vibaya sana.
기동형 -p-	-pa	~하게 되다	-nene → -nenepa // -oga → -ogopa • Mtoto wake amenenepa sana. • Unaogopa nini?
정지형 -am-	-ama	지속적인 상태나 정지 상태	-ficha → -fichama // -lowa → -lowama • Kitu hicho kilikuwa kimefichama. • Nguo zile zimelowama.
접촉형 -t-	-ata, -ota	접촉 의미	-kama → -kamata // -okoa → -okota • Polisi amemkamata mwizi aliyeiba vitu vyangu. • Nimeokota shilingi elfu mbili.
중첩형	동사 어간 중첩	반복적인 동작 및 의미 약화	-lia → -lialia // -lewa → -lewalewa • Mtoto analialia kwa sababu anasikia usingizi. • Yule mzee alikuwa amelewalewa.

읽을거리

UVIKO-19?
Safisha mikono yako!
Weka umbali wa kijamii!
Vaa barakoa!

UVIKO-19 ni kifupisho cha Ugonjwa wa Virusi vya Korona. Katika Kiingereza, UVIKO ni COVID (Corona Virus Disease). Katika kifupisho UVIKO-19, 'U' kinawakilisha 'Ugonjwa,' 'VI' 'Virusi,' na 'KO' ni Korona. Jina 'COVID' linafuata taratibu za Shirika la Afya Duniani za kutaja magonjwa mapya ya kuambukiza kwa binadamu.

Mnamo Januari, 2020, Shirika la Afya Duniani lilitangaza mlipuko wa ugonjwa mpya wa virusi vya korona katika Mkoa wa Hubei, China, kuwa suala la Hali ya Hatari ya Afya ya Umma Kimataifa kwa sababu ya uwezekano mkubwa wa Ugonjwa wa Virusi vya Korona vya mwaka 2019 (UVIKO-19) kuenea duniani kote. Kufikia Septemba 10, 2020, wagonjwa zaidi ya 28,057,154 wameambukizwa katika nchi zaidi ya 200, zaidi ya watu 908,659 wamekufa kutokana na ugonjwa huo, lakini wengine 20,123,188 pia wametibiwa na kupona tangu kuzuka kwa ugonjwa huo. Katika bara la Afrika matukio ya ugonjwa huu yameripotiwa katika nchi 55 zote. Watu wengi walioambukizwa huonyesha dalili zisizo kali na kiwango cha takribani 3.2% cha vifo ulimwenguni ni cha chini kikilinganishwa na magonjwa mengine ya kuambukiza yanayotokea katika bara hili kama vile VVU/UKIMWI, surua au Ebola. Janga hili halijaathiri tu sekta ya afya, bali limeathiri uchumi kwa ujumla, ikiwa ni pamoja na biashara na utalii, ambazo ndizo nguzo kuu za maisha katika nchi nyingi.

Dalili za UVIKO-19 kwa wagonjwa wengi ni homa, uchovu na kikohozi kikavu. Wagonjwa wengine wanaweza kuwa na uchungu wa misuli, maumivu ya koo, kubanwa pua, kutokwa kamasi au kuharisha. Ugonjwa huu husambaa kupitia vitone vidogo

vidogo wakati mtu aliyeambukizwa anapopiga chafya, anapokohoa au anapopumua. Wakati mwingine watu huambukizwa UVIKO-19 wanapogusa vitu au sehemu yenye virusi na kujigusa machoni, puani au mdomoni.

Njia bora ya kuzuia kuambukizwa ni kuepukana na kukumbana na virusi. Hili linawezekana kwa kuzingatia hali ya juu ya usafi, kuepuka kugusana na watu walioambukizwa na kujitenga na watu wengine kwa umbali wa mita 2, kwa sababu virusi hivyo husambaa mara nyingi kutoka mtu mmoja kwenda mwingine na baina ya watu waliokaribiana. Hili ni muhimu sana haswa kwa watu ambao wako katika hatari kubwa ya kuwa wagonjwa.

Hatua mwafaka za usafi ni kama zifuatazo:
- Safisha mikono yako mara kwa mara kwa kuiosha kwa sabuni na maji kwa angalau sekunde 20, haswa baada ya kuwa mahali pa umma, au baada ya kusafisha pua, kukohoa, au kupiga chafya.
- Unaweza pia kutumia kitakasa mikono ambacho kina angalau asilimia 60 ya kileo. Sugua mikono yako mpaka ikauke.
- Usijiguse machoni, puani na mdomoni kwa mikono isiyooshwa.
- Vaa barakoa ukiwa mahali penye watu wengi kama vile supamaketi, usafiri wa umma, kanisa, msikiti, n.k.

Hofu na wasiwasi vinaweza kusababisha unyanyapaa wa kijamii, kwa mfano, kwa watu waliokuwa kwenye karantini ya UVIKO-19. Unyanyapaa unatokana na kutokuwa na habari kamili kuhusu UVIKO-19 na jinsi unavyoenea au kutokana na udaku na uzushi. Unaweza kuzuia unyanyapaa na kuwasaidia wengine kwa kutoa msaada wa kijamii. Unaweza kupinga unyanyapaa kwa kujifunza na kuwafunza wengine ukweli, kwa mfano kwamba virusi havilengi makundi fulani ya jamii. Habari mojawapo isiyo ya kweli ni kwamba Waafrika wana kinga dhidi ya UVIKO-19. Usiamini habari kama hiyo. Ugonjwa huu haumbagui mtu yeyote. Toa taarifa mpya kuhusu UVIKO-19 kwa wenzako lakini epukana na kueneza uongo.

읽을거리/표현정리

Kichwa cha makala
- umbali 거리
- -a kijamii 사회의, 사회적인
- barakoa 마스크

Aya ya kwanza
- kifupisho 약어, 축약
- virusi 바이러스
- virusi vya korona 코로나 바이러스
- -wakilisha 표시하다, 대표하다
- -fuata 따르다
- taratibu 절차, 순서
- shirika 기관, 기구, 단체
- Shirika la Afya Duniani 세계보건기구
- -taja 언급하다, 이름을 붙이다
- -ambukiza 전염시키다
- binadamu 인간, 사람

Aya ya pili
- mnamo (시간적으로) ~에
- -tangaza 발표하다
- mlipuko 폭발, 발발, 창궐
- suala 문제, 현안
- umma 대중, 공중
- Hali ya Hatari ya Afya ya Umma Kimataifa 세계 공중보건 위기 상황
- kwa sababu ya ~의 이유로
- uwezekano mkubwa 큰 가능성
- -enea 퍼지다
- duniani kote 전세계에, 전세계적으로
- kufikia ~까지
- zaidi ya ~ 이상, ~보다 많은
- kutokana na ~의 결과로, ~로 인하여
- -tibu 치료하다
- -pona 낫다
- -zuka 나타나다, 출현하다
- bara 대륙, 육지, 본토
- tukio/matukio 발생, 사건
- -ripoti 보고하다, 공표하다
- dalili 징후, 증세
- watu huonyesha dalili 사람들은 보통 증상을 보인다
- dalili zisizo kali 심각하지 않는 증세들
- kiwango 비율, 분량, 등급
- takribani 대략, 약
- kifo 죽음
- ulimwengu 세상, 세계, 우주
- ni cha chini (= ni kiwango cha chini) 낮은 수준이다
- -linganisha 비교하다
- -tokea 나타나다, 발생하다
- VVU 에이즈 바이러스(Virusi vya Ukimwi)
- UKIMWI 에이즈(Ukosefu wa Kinga Mwilini)
- surua 홍역
- Ebola 에볼라
- janga 참사, 재앙
- -athiri 영향을 미치다
- sekta 분야, 영역
- afya 건강, 보건
- bali 그러나, 이와 반대로
- uchumi 경제
- halijaathiri tu sekta ya afya, bali limeathiri uchumi 그것은 보건 분야에만 영향을 미친 것이 아니라 경제에도 영향을 미쳤다
- kwa ujumla 전체적으로, 종합적으로
- biashara 장사, 사업
- utalii 관광
- ikiwa ni pamoja na biashara na utalii 사업 및 관광 (분야를) 포함하여
- ndizo 바로 ~이다
- nguzo 기둥, 대들보

Aya ya tatu
- homa 발열, 고열
- uchovu 피로감
- kikohozi 기침
- -kavu 마른
- uchungu 고통, 진통
- msuli/misuli 근육
- uchungu wa misuli 근육통
- maumivu 고통, 통증
- koo 인후, 목
- maumivu ya koo 인후통
- -bana 압박하다, 죄다
- kamasi 콧물
- -harisha 설사하다

- -sambaa 퍼지다, 흩어지다
- kupitia ~을 통하여
- kitone 작은 물방울, 비말
- piga chafya 재채기하다
- -kohoa 기침하다
- -pumua 숨을 쉬다, 호흡하다
- -gusa 만지다, 접촉하다
- -enye ~을 가진, ~이 있는

Aya ya nne
- -zuia 막다
- njia bora ya kuzuia ~을 막는 최선의 방법
- -epukana na ~을 피하다
- -kumbana na ~와 마주치다
- -wezekana 가능하다
- -zingatia 명심하다, 새기다
- hali ya juu ya usafi 높은 수준의 위생 상태
- -tenga 분리하다, 떼어놓다
- kwa sababu 왜냐하면
- mara nyingi 종종, 대체로
- virusi husambaa 바이러스는 보통 퍼진다
- kutoka ~로부터
- kwenda ~에게
- baina ya ~의 사이에
- -karibiana 서로 가까이하다
- haswa 특히
- hatari kubwa ya kuwa wagonjwa 환자가 될 높은 위험성

Aya ya tano
- hatua 단계, 조치
- mwafaka 적절한, 좋은
- zifuatazo 뒤따르는 것들
- ni kama zifuatazo 다음과 같다
- mara kwa mara 자주, 종종
- -osha 씻다
- angalau 적어도, ~조차도
- baada ya ~후에
- mahali pa umma 공공장소
- kitakasa mikono 손 세정제
- asilimia 퍼센트, 백분율
- kileo 알코올
- -sugua 문지르다, 비벼 씻다
- -kauka 마르다
- mikono isiyooshwa 씻지 않은 손
- penye ~이 있는 (장소)
- kama vile ~같은
- usafiri wa umma 대중교통수단
- n.k. 등등(na kadhalika)

Aya ya sita
- hofu 두려움, 공포
- wasiwasi 걱정
- vinaweza에서 vi-는 앞에 나온 (서로 다른 명사부류에 속하는) 두 개의 명사를 받기 위해 쓴 주격접사이다
- -sababisha ~을 초래하다, 야기시키다
- unyanyapaa 혐오, 거부
- kwa mfano 예를 들면
- karantini 격리, 검역소
- tokana na ~로부터 생겨나다, ~에 기인하다
- kutokuwa na habari kamili 정확한 정보가 없는 것
- kuhusu ~에 대하여
- jinsi unavyoenea (그 질병이) 퍼지는 방식
- udaku 소문내기, 수다 떨기
- uzushi 추측, 억측, 가짜 뉴스
- msaada 도움, 지원
- -pinga 반대하다, 방해하다
- -lenga 겨냥하다, 목표하다
- kundi/makundi 집단
- fulani 어떤
- jamii 사회, 공동체
- virusi havilengi makundi fulani ya jamii 바이러스는 사회의 특정 집단만을 겨냥하지는 않는다
- -mojawapo ~중의 하나
- habari mojawapo isiyo ya kweli 진짜가 아닌 뉴스 중의 하나
- kinga 보호, 예방, 면역
- dhidi ya ~에 대항하여, ~에 반대하여
- -bagua 차별하다
- taarifa 정보, 보고
- wenzako 당신의 동료들(wenzi wako)
- -eneza 퍼뜨리다, 유포하다
- uongo 거짓말

SARUFI YA KISWAHILI